Detlef Bluhm
VON AUTOREN, BÜCHERN UND PIRATEN

Detlef Bluhm

VON AUTOREN, BÜCHERN UND PIRATEN

KLEINE GESCHICHTE DER BUCHKULTUR

ARTEMIS & WINKLER

Bibliografische Information der Deutschen Nationalbibliothek: Die Deutsche National-
bibliothek verzeichnet diese Publikation in der Deutschen Nationalbibliografie; detaillierte
bibliografische Daten sind im Internet über http://dnb.d-nb.de abrufbar. © 2009 Patmos
Verlag GmbH & Co. KG, Artemis & Winkler Verlag, Düsseldorf. Alle Rechte vorbehalten.
Autorenfoto Umschlagklappe: © Johanna Hahn. Umschlagmotiv: © init. Büro für Gestaltung,
Bielefeld. Umschlaggestaltung: init. Büro für Gestaltung, Bielefeld. Printed in Germany
ISBN 978-3-538-07285-5 **www.artemisundwinkler.de**

INHALT

Beim Dichter ist das Mittelmaß verpönt,
nicht Menschen, nicht Götter gönnen ihm Raum – auch nicht die
Anschläge der Buchhandlungen.

HORAZ   [65–8 v. Chr.]

Das Mittelmaß ist das Maß aller Dinge.

Sprichwort, 20. Jahrhundert

Vom bibliophilen Handel und plagiatorischen Händeln in der Antike

VON TOTENBÜCHERN, HELDENEPEN UND SCHREIBSKLAVEN

VOR etwa 4500 Jahren begann man in Ägypten, den Verstorbenen Literatur mit ins Grab zu geben. Magische Sprüche, die dem Einbalsamierten den Weg ins Jenseits ebnen und Orientierung im Totenreich geben sollten. Nach ägyptischer Vorstellung war der Weg vom Tod zum ewigen Leben ein gefährlicher, von Dämonen und bösen Geistern verstellter Pfad. An vielen Stellen und bei zahlreichen Prüfungen drohte den Verstorbenen die Auslöschung ihrer Seele. Das ägyptische Totenbuch war also eine Art Reiseführer, ohne den man kaum eine Chance hatte, das ewige Leben zu erreichen.

Im Alten Reich meißelte man die Zaubersprüche des Totenbuches in die Wände der zumeist prächtig ausgestatteten Grabkammern. In dieser Zeit war es allein den Pharaonen vorbehalten, mit Hilfe der Zauberformeln den Weg ins ewige Leben zu finden. Im Mittleren Reich, ab 2000 v. Chr., finden sich diese Spruchsammlungen auf den Innenseiten der Sarkophage. Die sogenannten Sargtexte wurden nun auch der Familie des Pharao und hohen Beamten seines Hofstaates mitgegeben. Ab 1500 v. Chr., im Neuen Reich, fertigten Priester Totenbücher auf Papyrusrollen an, die den Toten in den Sarg gelegt wurden. Nun stand jedem Verstorbenen die Möglichkeit offen, sich im Totenreich auf den Weg ins ewige Leben zu begeben.

Eines der prächtigsten ägyptischen Totenbücher auf Papyrus stammt aus dem Grab des Ami, eines Schreibers des Pharao. Es wurde auf das Jahr 1250 v. Chr. datiert und befindet sich heute im British Museum. Ab dieser Zeit stellten die Tempelpriester Totenbücher in einer größeren Anzahl her, so dass man fast von einer Auflage im heutigen Sinn sprechen kann. Zur Individualisierung der vorproduzierten Bücher ließ man im Text Platz für den Namen des Verstorbenen. Für hochgestellte Persönlichkeiten wurden die Bücher außerdem aufwendig illustriert. Diese Prachtausgaben konnten mehr als das halbe Jahresgehalt der höchsten ägyptischen Beamten kosten.

Die ägyptischen Totenbücher wurden wie andere Handelswaren verkauft. Sie sind der früheste Beleg für ein gewerbliches Handeln mit vervielfältigten Texten, der bisher gefunden wurde.

DER URSPRUNG der europäischen Buchkultur und Literaturgeschichte ist untrennbar mit dem Namen Homers verbunden. Homer gilt nicht nur als der erste namentlich bekannte Autor der Antike. Mit seinen Werken begann im 8. Jahrhundert v. Chr. auch die Verschriftlichung von Literatur. Die *Ilias* und die *Odyssee* sind die ältesten Werke der abendländischen Literatur. Mit ihnen vollzog sich ein grundlegender Wandel der Textüberlieferung, die schon lange vorher vom Sänger mit der Leier auf den Rhapsoden übergegangen war, der mit dem Stab in der Hand die alten Gesänge rezitierte. Diese Inkunabeln der europäischen Geistesgeschichte markieren den Übergang vom mündlich überlieferten Heldenepos zur schriftlich fixierten Dichtung. Man kann in dieser Sternstunde der Menschheit auch die erste Medienrevolution der europäischen Geschichte erkennen, in deren Folge das Schriftgedächtnis das Körpergedächtnis ablöste. Zwar wurde früher schon auf Stein, Tonscherben, Holz oder Tierhäuten geschrieben. Aber erst durch das Aufkommen der Papyrusrolle war es möglich, komplexe inhaltliche Zusammenhänge schriftlich niederzulegen. Nun wird die mündliche Überlieferung durch den geschriebenen Text verdrängt. Damit schlägt die Geburtsstunde des Buches. Die Vorteile dieser neuen Form der Textbewahrung liegen auf der Hand. Literarische Schöpfungen werden nun vom Verfasser endgültig formuliert und für die Zeitgenossen und die Nachwelt fixiert. Während der Sänger oder Rezitator Inhalte weglassen, verändern oder hinzufügen konnte, sind diese nun im Buch werkgetreu reproduzierbar – falls beim Kopieren nicht geschludert wird – und ständig verfügbar. Auch die Abhängigkeit des Hörers von der räumlichen und zeitlichen Verfügbarkeit des Werkes ist jetzt aufgehoben. Man kann Inhalte außerdem leicht verbreiten und sogar kommerziell verwerten – wenn auch zunächst in bescheidenem Umfang.

Vor allem aber tritt ein Phänomen auf, das allen Medienrevolutionen eigen ist: Der gleiche Inhalt wird zunächst ohne Veränderung von dem einen auf das andere Medium übertragen. Erst später erkennt man die inhaltlichen und formalen Möglichkeiten des neuen Mediums. Bei der Verschriftlichung der homerischen Heldengesänge etwa wird die rhythmische Struktur des Gesprochenen in die Zeilenform des Geschriebenen übernommen. Die überlieferten Texte werden nicht nacherzählt, sondern in ihrer Urform aufgeschrieben. Aus dem lyrischen Versmaß entwickelt sich erst später die Erzählform der Prosa. Mit der schriftlichen Niederlegung eines Werkes gelingt es dem Autor zwar, dessen endgültige Gestalt festzulegen, doch dadurch ist er nicht vor dem Diebstahl seines geistigen Eigentums geschützt. Wenn Kopien angefertigt werden, kann der Autor den Weg seines Werkes nicht mehr verfolgen und es weder vor Veränderungen aus Absicht oder Nachlässigkeit bewahren noch verhindern, dass ein anderer dieses Werk als sein eigenes ausgibt. Auch die zeitlich und räumlich eingeschränkten Kommunikations- und Reisemöglichkeiten verhindern eine wirksame Kontrolle der Werknutzung durch Dritte. Von einem besonders dreisten Diebstahl geistigen Eigentums wird bereits aus dieser frühen Zeit des Buches berichtet.

Danach hatte ein gewisser Thestorides aus Phokaia angeboten, Homer auf einem seiner Wanderzüge Kost und Logis zu gewähren, wenn dieser ihm eine schriftliche Aufzeichnung aller seiner Werke überlasse. Homer soll aus finanziellen Gründen auf das Geschäft eingegangen sein. Nachdem Homer wieder abgereist war, setzte sich Thestorides nach Chios ab, gründete dort eine Schule und trug Homers Werke als seine eigenen vor. Er soll dadurch zu Ruhm und Geld gekommen sein. Als Homer davon erfuhr, machte er sich auf den Weg nach Chios, um den Betrüger zur Rede zu stellen. Doch Thestorides wurde über die Ankunft des Dichters informiert. Daraufhin soll er vor diesem auf eine andere Insel geflüchtet sein.

An dieser Geschichte, die erst in der nachhomerischen Zeit verschriftlicht wurde, ist zweierlei bemerkenswert: Erstens unterstellt sie dem Plagiator Thestorides ein Unrechtsbewusstsein, das sich in seiner Flucht vor dem wahren Urheber manifestiert. Und zweitens ist sie die wohl älteste überlieferte Erzählung, die den Diebstahl geistigen Eigentums moralisch verurteilt. Auf dieses Unrechtsbewusstsein treffen wir erneut im 6. Jahrhundert v. Chr. Es muss zu dieser Zeit schon weit verbreitet gewesen sein, wie aus einer Fabel des Äsop hervorgeht. Äsops Leben ist so sagenumwoben wie das des Homer. Dennoch gehört das Werk des Begründers der Fabeldichtung unbestritten zum Kanon der Weltliteratur. Seine Fabel von der Krähe mit den fremden Federn hat Gotthold Ephraim Lessing 1765 so nacherzählt:

»Eine stolze Krähe schmückte sich mit den ausgefallenen Federn der farbigen Pfaue und mischte sich kühn, als sie gnug geschmückt zu sein glaubte, unter diese glänzende Vögel der Juno. Sie ward erkannt; und schnell fielen die Pfaue mit scharfen Schnäbeln auf sie, ihr den betriegrischen Putz auszureißen.«

Diese Fabel ist in der gesamten Literaturgeschichte immer wieder auf den Raub geistigen Eigentums bezogen worden.

✒

MAN GEHT ZWAR mit einer gewissen Berechtigung davon aus, dass Bücher bereits zu homerischer Zeit existiert haben, nachgewiesen ist die Existenz von Buchrollen allerdings erst ab etwa 500 v. Chr. Auf mehreren Vasen und Schalen aus dieser Zeit sind Szenen abgebildet, die von der Frühgeschichte des Buches in Europa zeugen. So fertigte der griechische Vasenmaler Duris etwa 480 v. Chr. eine Schale an, die zeigt, wie ein bärtiger Lehrer mit einer geöffneten Buchrolle vor seinem Schüler sitzt.

Gegen die Erfindung des Buches gab es allerlei Einwände. Der prominenteste Kritiker der beginnenden Schriftkultur war Sokrates (469–399 v. Chr). Sein Schüler Platon legte dem griechischen Philosophen im Dialog *Phaidros* folgende Überlegungen in den Mund: »Denn diese Erfindung [des Schreibens] wird der Lernenden Seelen vielmehr Vergessenheit einflößen aus Vernachlässigung des Gedächtnisses, weil sie im Vertrauen auf die Schrift sich nur von außen vermittels fremder Zeichen, nicht aber innerlich sich selbst und unmittelbar erinnern werden.« Neben einer Schwächung des Gedächtnisses vermutete Sokrates auch, dass das Lesen dazu verleitet, sich als wissend zu dünken und überheblich zu werden. Der Philosoph Walther Christoph Zimmerli bemerkte zu diesem Text, dass »Platon diese Technik [des Schreibens] in einem Dialog kritisiert, den er – niedergeschrieben hat. Er kritisiert die Kulturtechnik, indem er sie benutzt.«

Doch Sokrates' Einwände konnten den neuen Weg der Übertragung nicht mehr aufhalten. In jenen Jahren wurde das Abschreiben

Vase des Duris | Lehrer mit Papyrusrolle, etwa 480 v. Chr.

von Büchern hauptsächlich von eigens dazu ausgebildeten Sklaven
vorgenommen. Bereits um 350 v. Chr. war in Griechenland eine Kurz-
schrift in Gebrauch, die sogenannte »Tachygraphie«, die den Zeitauf-
wand beim Kopieren um die Hälfte reduzierte. Der Tragödiendichter
Euripides (480–406 v. Chr.) war bekannt dafür, dass er sich einen
Schreibsklaven hielt. Er galt als einer der Ersten, der eine größere Anzahl von Büchern besaß. Zu seiner Zeit tauchen auch vermehrt Hinweise auf einen gewerblichen Handel mit Büchern in Griechenland
auf. Eupolis (446–411 v. Chr.) spricht bereits von einem bestimmten
Ort des Buchverkaufs, also von einer stationären Buchhandlung. Eupolis' Zeitgenossen Aristomenes und Nikophon führen die Berufsbezeichnung »Buchhändler« ein. In seiner im Jahr 414 v. Chr. aufgeführ-
ten Komödie *Die Vögel* lässt Aristophanes die Athener gleich nach dem
Frühstück »zu den Büchern eilen«. Diese Passage kann nach Meinung
vieler Altertumsforscher nur so verstanden werden, dass die gebildeten Athener es gewohnt waren, zur Morgenzeit die Buchhändler
aufzusuchen, um sich dort neue Bücher anzusehen und darüber zu
diskutieren.

UM 720 v. Chr. gründeten griechische Kolonisten am Golf von Tarent die Stadt Sybaris, die schnell zur größten Polis Italiens aufstieg. Die Sybariten bewirtschafteten den fruchtbarsten Teil Unteritaliens, herrschten über 25 Tochterkolonien und häuften durch ausgedehnte Handelsgeschäfte enorme Vermögen an. Doch der Reichtum machte sie hochmütig. Zum Schutz vor der gleißenden Sonne überspannten die Sybariten ihre Straßen mit Tüchern und verboten im Wohnbereich der aristokratischen Händlerdynastien lärmendes Handwerk und das Halten von Hähnen, damit die Bewohner ungestört schlafen konnten. Für die Erfindung neuer Luxusgüter wurden Prämien ausgeschrieben und die Frauen kleideten sich in feinste milesische Wolle, die mit Scharlach oder Safran gefärbt war. Der Plattstich zur Anfertigung von ornamentalen Stickereien wurde nirgendwo kunstfertiger angewandt. Davon berichtet Aristoteles, der ausführlich den prächtigen Mantel eines Adligen beschreibt, der von dem Syrakuser Tyrannen Dionysios für ein Vermögen erworben wurde. Luxus pur.

Doch mit dem Ruf der Sybariten war es nicht zum Besten bestellt. Ihr prächtiger und luxuriöser Lebensstil wurde schon im antiken Griechenland sprichwörtlich; Sybaritismus ist heute noch ein Synonym für Völlerei und Genussucht. Dies lag auch an dem ausgeprägten Hang zum guten Essen, der alle anderen Oberklassealüren weit übertraf. Um ihre Köche zu Höchstleistungen anzustacheln, erfanden die Sybariten sogar eine neue Rechtsverordnung, die der griechische Grammatiker Athenaios von Naukratis in seinem Hauptwerk *Das Gastmahl der Gelehrten* überliefert hat: »Wenn ein Koch ein köstliches Gericht erfunden hatte, dann sollte es keinem anderen vor Ablauf eines Jahres gestattet sein, von dieser Erfindung Gebrauch zu machen, nur dem Erfinder selbst. Während dieser Zeit sollte er allein den geschäftlichen Gewinn davon haben, damit die anderen sich anstrengten und wetteifernd sich in solchen Erfindungen zu übertreffen suchten.« Dieses ist die erste uns bisher bekannte Urheberrechtsregelung der Geschichte.

Nun soll hier nicht verschwiegen werden, dass in Fachkreisen begründete Zweifel am Wahrheitsgehalt dieser Überlieferung bestehen.

Zum einen ist Athenaios der einzige antike Autor, der diese Urheberrechtsregelung erwähnt, zum anderen kam Athenaios erst knapp 1000
Jahre nach dem Untergang von Sybaris zur Welt, was seine Schilde-
rung nicht gerade glaubwürdig macht. Doch unabhängig von deren
Wahrheitsgehalt – und das bleibt festzuhalten – hat der im 2. Jahrhundert n. Chr. lebende Historiograph Athenaios den juristischen Gedanken eines urheberrechtlichen Schutzes in die Antike eingeführt.
Das bleibt eine seiner größten Leistungen; auch wenn es noch über
1500 Jahre bis zur Einführung eines Urheberrechtsgesetzes dauern
sollte.

Im alten antiken Welt gab es also kein kodifiziertes Recht am geistigen Eigentum, kein Urheber- und kein Verlagsrecht und somit auch
kein Autorenhonorar im heutigen Sinn. Nur an einem gegenständlich
gewordenen Werk, also an einem Buch beziehungsweise an einer
Schriftrolle konnte Eigentum erworben werden, nicht aber an dessen
Inhalt. Jeder durfte ihn abschreiben und verändern. Insofern waren
Autoren nur so lange alleinige Eigentümer ihres Werkes, wie sich der
niedergeschriebene Text als Unikat in ihrem Besitz befand. Nach der
Veräußerung der Manuskripte bestand die Gefahr ihrer Veränderung
und Verfälschung durch die Anfertigung von Kopien. Dieser Gefahr
galt denn auch die große Aufmerksamkeit der griechischen und römischen Autoren – und nicht einem Eigentumsrecht an ihrer Urheberschaft.

Im alten Griechenland galten die Künstler nicht einmal als Schöpfer ihrer Werke. Sie standen vielmehr als auserwählte Sprachrohre
der Götter in Ansehen. Den Prozess des Schaffens betrachtete man
als eine Art Auffindung, Wahrnehmung oder Entgegennahme. Deshalb heißt es in Homers *Odyssee* über die Dichter, die dort Sänger genannt werden: »Die Muse lehrt sie den hohen Gesang, und waltet
über die Sänger.« Noch bei Platon kann man diese Auffassung finden.
In seinem frühen Dialogwerk *Ion* lässt er Sokrates eine Art metaphy-
sischer Poetologie vortragen: »Denn an ihm [dem Dichter Tynnichos]
scheint ganz vorzüglich der Gott uns dieses gezeigt zu haben, ... daß
diese schönen Gedichte nichts Menschliches sind und von Menschen,
sondern Göttliches und von Göttern, die Dichter aber nichts sind als
Sprecher der Götter.«

Durch Prosa und Komödien, Lyrik und Tragödien, philosophische
und wissenschaftliche Veröffentlichungen ließen sich allerdings Ruhm,

Ansehen und damit letztlich auch materielle Wertschöpfungen erzielen. Zwar waren viele antike Autoren von Hause aus begütert, andere jedoch lebten von den Zuwendungen, die Städte, Fürsten oder reiche Kaufleute ihnen gewährten. Und gerade weil es kein Autorenhonorar im heutigen Sinn gab, sondern nur öffentliche und private Unterstützung für die besten und brillantesten Köpfe – oft aber auch für literarische Scharlatane und findige Gaukler –, standen Diebstahl und Fälschung fremden Geisteseigentums und der Streit darüber ganz oben auf der antiken Tagesordnung. Es existierte also keine juristische Regelung in Bezug auf das Recht am eigenen geistigen Eigentum, wohl aber ein moralisches Empfinden der Schriftsteller, dass die Ergebnisse ihres Schaffens ihnen gehörten, und ein eifersüchtiges Wachen darüber, dass andere ihre Werke nicht verfälschten oder für ihre eigenen ausgaben.

LANDLÄUFIG stellt man sich die Dichter der griechischen Antike als edle Geister vor, die in zypressenumsäumten Landvillen oder an mediterranen Gestaden um vollendete Versmaße und gelungene Wortsetzungen gerungen haben, immer dem Ideal einer reinen, zeitlosen Kunst verpflichtet. Die Wirklichkeit sah mit Sicherheit anders aus. Zwar sind wir über den ersten bedeutenden Plagiatsstreit der Literaturgeschichte nur vage informiert, doch schon dieses bruchstückhafte Wissen lässt uns ahnen, dass der Konkurrenzkampf unter den griechischen Schriftstellern mit harten Bandagen ausgefochten wurde.

In der Blütezeit attischer Komödiendichtung, also vor etwa 2500 Jahren, erlangten nur diejenigen Ruhm und Ehre, Geld und die Zuneigung des Publikums, die bei den maßgeblichen Theaterfestspielen ihrer Zeit, den Lenäen und Dionysien, auf das Siegerpodest gelangten. Es ist deshalb kein Zufall, dass zu diesem Zeitpunkt der erste bedeutende Plagiatsstreit der Literaturgeschichte ausgetragen wird.

Aristophanes zählte zu den »literarischen Megastars« seiner Zeit und gehört zu den wenigen, die bis heute einen hohen Rang im Olymp der griechischen Literatur einnehmen. 448 v. Chr. in Athen geboren, begann er dort im Alter von 18 Jahren eine Ausbildung zum Dramatiker. Schon drei Jahre später konnte er mit seiner Komödie *Die Schmausbrüder* den zweiten Preis bei den städtischen Dionysien verbuchen. Zu dieser Zeit war Aristophanes noch eng mit dem fast gleichaltrigen Eupolis befreundet, der sich gleich ihm schon in jungen Jahren als erfolgreicher Dramatiker etabliert hatte. Doch diese Freundschaft sollte nicht lange halten.

423 v. Chr. wurde auf den Dionysien die aus heutiger Sicht bedeutendste Komödie von Aristophanes uraufgeführt: *Die Wolken.* In einer Überarbeitung der Komödie zwischen 421 und 417 v. Chr. legt er bereits im ersten Akt der Führerin des für die griechische Komödie wichtigen Chors folgende Worte in den Mund: »Laßt mich, ihr Athener, einmal euch die Wahrheit sagen frei, / Lautre Wahrheit, beim Dionys, der mich großgezogen hat! / So gewiß ich heute den Preis wünsch' als Meister meiner Kunst, / Traun, so wahr ist's, dass ich gebaut nur auf eure Kennerschaft / und den Wert des komischen Stücks, das ich für mein bestes hielt, / Als ich euch zu kosten es bot, euch zuerst, dies Stück, das mir / wohl die meiste Mühe gemacht! / Dennoch zog man plumpe Kerls unverdienterweise mir vor – Dieses Unrecht klag' ich euch weisen Kennern, denen zulieb' ich mir all die Mühe gab.« Diese Worte galten wohl weniger den Athenern selbst, als vielmehr der Jury, die über die Preisvergabe während der jährlich stattfindenden Festspiele entschied. Nach deutlichen Anspielungen auf verschiedene Zeitgenossen drischt Aristophanes dann unverhohlen auf den ehemaligen Freund ein: »Eupolis vor allen er schleppt seinen Marikas herein / Schmählich! Ein gewendeter Rock! Meine Ritter dumm verhunzt!« Anschließend wirft er Eupolis und anderen Dramatikern vor, seine Ideen »nachgeäfft« zu haben, und beschließt den Vortrag der Chorführerin mit diesen Sätzen: »Nein, wer solche Stümper belacht, dessen Beifall wünsch' ich nicht; / Aber wenn das sinnige Spiel meiner Mus' euch Freude macht, / Dann für alle Zeit scheint ihr als Männer von Geschmack.«

Die Frage, woher Aristophanes' Vorwürfe rühren, ist aufgrund der lückenhaften Quellenlage leider nicht erschöpfend zu beantworten. Vermutlich überließ Eupolis seinem Freund den Stoff für eine Komödie, den dieser in *Die Ritter* verarbeitete, wofür er 424 v. Chr. den ersten Preis bei den Lenäen errang. Dies behauptete Eupolis jedenfalls in seiner Komödie *Baptai* und leitete daher das Recht ab, dieses Thema in einem eigenen Stück, nämlich *Marikas*, gestalten zu dürfen – wahrscheinlich aus Neid über den Erfolg, den Aristophanes mit seiner Bearbeitung hatte.

B EVOR wir zur Gründung der ersten Bibliotheken kommen, müssen wir uns noch einmal der Geschichte des Handelns mit Büchern in der griechischen Antike zuwenden. Spätestens 399 v. Chr. existierte eine Buchhandlung an prominenter Stelle, nämlich zwischen der Akropolis und dem Areopag, an der sogenannten Orchestra. In seinen *Memorabilien* berichtete Xenophon (426–355 v. Chr.), dass Sokrates in seiner Verteidigungsrede davon sprach, dass man dort philosophische Schriften preiswert kaufen könne. Bei Xenophon erfahren wir auch, dass sich nach einem Schiffsunfall an der thrakischen Küste bei Salmydessos unter dem gestrandeten Schiffsgut viele Bücher befanden. Ein Beleg dafür, dass die Athener und die Bewohner der griechischen Kolonien einen Fernhandel mit Büchern betrieben.

Platons Schüler Hermodoros machte sich Mitte des 4. Jahrhunderts v. Chr. dadurch einen Namen, dass er die Schriften seines Lehrers erfolgreich in Sizilien vertrieb. Platons Werke wurden überhaupt zum Verkaufsschlager. Attische Buchhändler versorgten die gesamte griechisch sprechende Welt mit popularisierten Fassungen. Bereits zu dieser Zeit gab es reisende Buchhändler, die von Ort zu Ort zogen, um ihre Bücher direkt an das Publikum zu verkaufen. Möglicherweise betätigten sie sich auch als Zwischenhändler und belieferten ihre Kollegen vor Ort.

DIE ANFÄNGE des Bibliothekswesens im alten Griechenland dürften im 5. Jahrhundert v. Chr. liegen. Der eingangs schon zitierte Athenaios von Naukratis berichtet jedenfalls, dass Polykrates von Samos und Peisistratos von Athen Bibliotheken eingerichtet hatten. Da aus dieser Zeit auch die ersten Belege für ein gewerbliches Handeln mit Büchern stammen, darf ein enger Zusammenhang zwischen der Entwicklung von Bibliotheken und Buchhandlungen vermutet werden, der mit der Gründung der Bibliohek von Alexandria deutlich wird.

Dieses bibliothekarische Megaprojekt wurde zu Beginn des 3. Jahrhunderts v. Chr. in Angriff genommen. Unter Ptolemaios I. (305 bis

282 v. Chr.) entstand nach griechischem Vorbild in Alexandria ein
»Museion«, eine Forschungsstätte von gigantischen Dimensionen.
Herzstück dieser Akademie wurde die Bibliothek, die die bedeutendsten Texte der damaligen Zeit versammelte. Ihre Entstehung war nur
denkbar, weil sich inzwischen ein Netz von international tätigen
Buchhändlern entwickelt hatte, die die Bibliothek mit Schriftrollen
versorgten. Der Buchhandel seinerseits profitierte von den Aufträgen
der Bibliothek und erfuhr dadurch einen nachhaltigen Aufschwung.

Allerdings gingen die Bibliothekare aus Alexandria beim Erwerb
von Büchern auch ungewöhnliche Wege. So soll man sich aus Athen
die um 330 v. Chr. angefertigten Staatsarchivexemplare der Dramatiker Aischylos, Sophokles und Euripides gegen ein finanzielles Sicher-
heitspfand zur Abschrift ausgeliehen haben. Als die Rückgabeforde-
rungen immer drängender wurden, schickte man lediglich die Kopien
zurück. Als Ausgleich verzichtete die Bibliothek auf die Rückzahlung
der geleisteten Sicherheit. Es wird auch berichtet, dass im Hafen einlaufende Schiffe nach raren Büchern durchsucht wurden. Diese kon-
fiszierte man dann und gab ebenfalls nur Abschriften zurück. Wie es
auch gewesen sein mag, der Einkauf über den Buchhandel dürfte zu
den Haupterwerbswegen der Bibliothek gezählt haben.

Zu ihren Bestandszahlen gibt es unterschiedliche Angaben. Recht
zuverlässig dürfte die Überlieferung des lateinischen Autors Aulus
Gellius aus dem 2. Jahrhundert n. Chr. sein, der den Bestand mit
700 000 Rollen beziffert. Das entspricht nach heutigen Maßstäben
etwa 120 000 Bänden mittleren Umfangs – für antike Verhältnisse eine
nahezu unvorstellbare Anzahl von Büchern. Gesammelt wurden Bücher zu allen Wissensgebieten der Alten Welt, solche aus »fremden«
Sprachen wurden eigens für die Bibliothek ins Griechische übersetzt.
Die am Museion forschenden Gelehrten wurden von König Ptolemaios persönlich ernannt. Bei freier Kost und Logis bezogen sie ein steu-
erfreies Gehalt. Ihre Hauptaufgabe bestand neben der Beschaffung
von Büchern und deren Katalogisierung darin, aus verschiedenen Va-
rianten der vorhandenen Texte den Originaltext zu rekonstruieren.
Ihre Tätigkeit begründete die klassische Philologie und bewahrte viele Texte der klassischen Antike vor dem Vergessen.

Lange Zeit glaubte man, die Bibliothek von Alexandria sei 48 v. Chr.
durch Verschulden Caesars in Flammen aufgegangen. Neuere Forschungen gehen jedoch davon aus, dass durch diesen Brand nur ein

Außenmagazin am Hafen vernichtet wurde. Der Hauptbestand der Bibliothek sei erst gegen Ende des 3. Jahrhunderts n. Chr. zerstört worden. Mit der Vernichtung eines ausgelagerten Bestandes von mehr als 40 000 Buchrollen verschwand die Bibliothek von Alexandria schließlich im Jahr 391 n. Chr. endgültig. Der 380 getaufte römische Kaiser Theodosius I. hatte kurz zuvor ein Edikt gegen heidnische Kulte und Kultstätten erlassen, dem die Bibliothek zum Opfer fiel.

Wir können demnach annehmen, dass die Bibliothek von Alexandria fast 700 Jahre als Auftraggeber von einem internationalen Buchhandelsnetz profitierte und zugleich dessen Ausbreitung und Entwicklung stetig beförderte.

DIE BUCHROLLE, DER KODEX UND DIE ERFINDUNG DES TASCHENBUCHS

BIS ins 2. Jahrhundert v. Chr. schrieb man längere Texte ausschließlich auf Papyrus. Das Papier der Antike wurde aus dem Mark und den Stängeln der Papyrusstaude gewonnen, die vor allem im Nildelta wuchs. In Griechenland und Rom maß die Papyrusrolle zwischen sechs und zehn Metern.

Manche Buchrollen beinhalteten mehrere Texte, die von verschiedenen Autoren stammen konnten. Andere Rollen enthielten nur einen langen Text. Außerdem gab es schon damals mehrbändige Werke.

In den Buchhandlungen der Antike muss es wie auf einem orientalischen Basar geduftet haben, denn zum Schutz vor Schädlingen wurden die Papyrusrollen mit Zedernöl und Safran eingestrichen. Ihre Schnittflächen wurden poliert und eingefärbt, um ein Zerfasern am Rand zu verhindern. Zur leichteren Nutzung war die Rolle um einen Stab gewickelt. Nach der Lektüre wurde die Papyrusrolle wieder bis zum Anfang eingerollt. Um jedes Werk leicht auffinden zu können, waren an seinem oberen Rand kleine Streifen (»titulus«) angebracht, die mit dem Namen des Autors und des Werkes versehen wurden. Nach der Lektüre verstaute man die Rollen in einem Schrank oder in einem Regal, der »theke«. Das Wort Bibliothek – früher meinte man damit ein Möbelstück – setzt sich daher aus dem griechischen »bíblion« (Buch) und »theke« (Behältnis) zusammen.

18

EINE AUF Plinius den Älteren zurückgehende Legende besagt, dass der in Ägypten herrschende König Ptolemaios VI. (180–145 v. Chr.) den Export von Papyrus nach Pergamon verboten hatte, um der dortigen, mit Alexandria konkurrierenden Bibliothek das Kopieren weiterer Bücher zu erschweren. König Eumenes II. (221–158 v. Chr.) habe daraufhin aus Not das seit alters bekannte Verfahren zur Anfertigung beschreibbarer Tierhäute verfeinern lassen. Vermutlich hat man in Pergamon tatsächlich eine qualitative Verbesserung dieses Beschreibstoffs entwickelt, was dessen Namensgebung erklären würde. Ein Grund für die Weiterentwicklung des Pergaments könnte auch die geringe Haltbarkeitsdauer von Papyrusrollen gewesen sein. Mehrere antike Autoren berichten, dass kaum eine Schriftrolle länger als 200 Jahre erhalten blieb, wenn sie häufig benutzt wurde. Jedenfalls sind seit dem 2. Jahrhundert v. Chr. Dokumente griechischer Sprache auf Pergament bekannt, aus dem 1. Jahrhundert n. Chr. ist Pergament als Träger literarischer Werke bezeugt. Dieses neue »Papier« erfreute sich schnell wachsender Beliebtheit, denn seine Vorteile waren offensichtlich. So ließ sich das widerstandsfähigere Material platz- und materialsparend beidseitig beschriften.

Doch nicht das neue Papier, sondern die Erfindung einer völlig neuartigen Buchform, die aus ihm entwickelt wurde, führte die zweite Medienrevolution der europäischen Buchgeschichte herbei.

Diese neue Buchform, Kodex genannt, ist im 1. Jahrhundert n. Chr. entstanden. Der Begriff geht auf das lateinische »codex« zurück, mit dem man früher einen Block beweglich verbundener Schreibtafeln bezeichnete. Während die älteren Kodizes einlagig waren, setzte sich ab dem 4. Jahrhundert n. Chr. der mehrlagige Kodex durch. Unter einer Lage versteht man eine geringe Anzahl von Einzelbögen, die geheftet wurden. Mehrere Lagen wurden dann aufeinandergelegt und am Rücken des so entstehenden Buchblocks miteinander vernäht. Den fertigen Buchblock hängte man dann zum Schutz vor Beschädigungen in einen festen Einband aus Holz oder verstärktem Leder ein. Man konnte ihn umblättern und somit leichter handhaben als die Papyrusrolle, die nach jeder Lektüre wieder eingerollt werden musste. Später wurden Kapitelüberschriften und Register eingefügt, um die Nutzbarkeit des Buches zu erhöhen. Der Direktor der Harvard Universitätsbibliothek Robert Darnton, selbst ein ausgewiesener Buchhistoriker, unterstrich, dass erst die Entwicklung des Kodexes eine neue Systematisierung des Wissens ermöglicht hat, und bewertete diesen Prozess als bedeutende Errungenschaft in der Geschichte der Menschheit.

Im 3. Jahrhundert n. Chr. begann der Kodex allmählich, die Buchrolle zu verdrängen. Gemessen an der Anzahl der produzierten Bücher überrundete der Kodex die Papyrusrolle im 4. Jahrhundert. Für literarische Werke wurde die Papyrusrolle bis ins 6. Jahrhundert. benutzt. Später fand sie lediglich für Urkunden, Erlasse und andere amtliche Dokumente Verwendung.

Der Übergang von der Papyrusrolle zum gebundenen Kodex war ein Prozess, der sich über sechs Jahrhunderte erstreckte. Vielleicht hat dieses lange Nebeneinander dazu geführt, dass man für beide Buchformen sowohl in der deutschen als auch in der griechischen und lateinischen Sprache den Begriff »Buch« verwendet und beibehalten hat. In jüngster Zeit sind neue Buchformen entstanden: das Hörbuch und das elektronische oder digitale Buch. Auch hier wird – in Ermangelung eines anderen Begriffes oder weil dieser sich bewährt hat – das Wort »Buch« verwendet, auch wenn es zur besseren Verständigung durch einen Zusatz ergänzt wird. Diesen Gedanken sollten wir bei der aktuellen Diskussion um digitale Bücher im Kopf behalten. Wenn wir heute das Wort Buch verwenden, können verschiedene Formen seiner körperlichen Erscheinung gemeint sein. In jedem Fall reden wir aber über einen Inhalt, den man sich auf unterschiedliche Weise aneignen kann und der in unterschiedlichen Formen vermarktbar ist.

―⌖―

MARCUS VALERIUS MARTIALIS war ein römischer Dichter, der heute noch für seine *Epigramme* bekannt ist. Er wurde um 40 n. Chr. angeblich im März geboren, dem Monat also, dem der römische Kriegsgott Mars seinen Namen gegeben hat. Ob sich das eingedeutschte Adjektiv »martialisch« vom Gott Mars oder vom Dichter Martial herleitet, ist heute nicht mehr zu klären. Aber viele Wissenschaftler vermuten in Martials streitbarem Wesen den Ausgangspunkt dieser Ableitung. Martial war nicht nur Zeitzeuge einer Medienrevolution. Er erwähnte auch als erster Autor der Antike die Herstellung literarischer Werke in Form eines Kodexes:

Wenn du meine Bücher überall bei dir haben willst / und sie dir als Beglei-
ter für eine lange Reise wünschst, / dann kaufe diese hier: Das Pergament-
format reduziert sie auf eine knappe Zahl von Blättern. / Buchrollenbehäl-
ter verwende für die großen Werke, mich kann man in einer Hand halten.

Mit diesen Zeilen dokumentiert Martial einen Umbruch, der sich
zwar über Jahrhunderte erstreckte, aber trotzdem als Medienrevolution gilt. Denn in dieser Zeit vollzog sich ein Prozess, der allen vier
Revolutionen der Mediengeschichte – Übergang vom Körper- zum
Schriftgedächtnis, von der Papyrusrolle zur Kodex-Buchform, vom
geschriebenen zum gedruckten Buch und vom gedruckten Buch zu einem Digitalisat – eigen ist: Alte Inhalte wurden von einem tradierten
Medium auf ein neues, medientechnisch verändertes Format über-
führt.

In seinen *Epigrammen* wird Martial nicht müde, die Vorteile des
Kodexes gegenüber der Papyrusrolle zu preisen. Er ist begeistert von
der Verdichtung der Textmenge und der damit verbundenen Hand-
lichkeit der Bücher:»Zusammengedrängt auf winzigen Häuten ist
der gewaltige Livius; den vollständigen kann meine Bibliothek nicht
fassen.« Genau genommen redet Martial hier von der Erfindung des
Taschenbuchs. Die neue Form des Kodexes wurde erst zu Martials
Zeiten für literarische Werke eingeführt. Martials Vorliebe für dieses
Format machte ihn in seinem sozialen Umfeld zum Vorreiter, denn in
den gehobenen Schichten der gebildeten Gesellschaft blieb die Rolle
noch bis in die Spätantike die bevorzugte Buchform. Von seiner Einführung an beschränkte sich die Verbreitung des Kodexes über Jahrhunderte auf die mittleren und unteren Leserschichten der römischen Gesellschaft. Möglicherweise ist Martials propagandistisches
Eintreten für den Kodex durch diesen Umstand zu erklären; seine als
Kodex gebundenen Werke wurden zum Lesestoff breiter Schichten,
sie verließen den bisherigen elitären Kreis.»Ganz Rom lobt, liebt und
singt jetzt meine Lieder«, konnte sich Martial deshalb im sechsten
Buch der *Epigramme* – also 90 n. Chr. – freuen.

Die Entwicklung des Kodexes zur vorherrschenden Buchform
hängt übrigens eng mit der des Christentums zusammen. Schon im
2. Brief des Paulus an Timotheus, also am Ende des 1. Jahrhunderts
n. Chr., werden Bücher aus Pergament erwähnt:»Den Mantel, den ich
in Troas bei Karpus zurückließ, bringe mit, wenn du kommst, und die

Bücher, besonders die Pergamente.« Dadurch wird die Affinität der Kirche zur Buchform des Kodexes angedeutet. In dieser Zeit und noch lange danach gingen die Christen zur zeitgenössischen Elite auf Distanz. Die gehobenen und gebildeten Schichten bevorzugten nach wie vor die Rolle als Buchform, während die junge Kirche schon früh im Kodex ihr literarisches Selbstverständnis fand. Die Bücher der heutigen Bibel wurden dementsprechend auf Kodizes geschrieben beziehungsweise umgeschrieben. Letzteres gilt vor allem für die Schriften des Alten Testaments. Mit dem Sieg des Christentums über die alten Religionen Roms und seiner Einführung als Staatsreligion zum Ende des 4. Jahrhunderts n. Chr. ging schließlich die Entwicklung des Kodexes als vorherrschende Buchform in der gesamten römischen Gesellschaft einher.

Der bedeutendste erhaltene Kodex der antiken Welt ist der 347 Blätter umfassende *Codex Sinaiticus*. Es handelt sich bei dieser griechischen Handschrift nicht nur um das umfangreichste Buch, das wir aus der Antike besitzen, es ist auch die älteste Bibel der Welt mit der ersten vollständigen Fassung des Neuen Testaments. Der *Codex Sinaiticus* stammt aus dem 4. Jahrhundert n. Chr. und wurde vermutlich von Konstantin dem Großen in Auftrag gegeben. Bedeutend macht ihn auch der Umstand, dass Vollbibeln aus dieser Zeit selten sind. Die meisten überlieferten Bibelhandschriften enthalten lediglich Gruppen von kanonisierten Texten, also die Evangelien, die prophetischen Bücher des Alten Testaments und so weiter. Im 4. Jahrhundert n. Chr. begann man mit der Herstellung besonders kostbarer Kodizes. Die besseren Möglichkeiten zur künstlerischen Buchgestaltung wurden genutzt, um Prachtausgaben der heiligen Schriften anzufertigen, die das Repräsentationsbedürfnis der Kirche und ihr gewandeltes kulturelles Selbstverständnis widerspiegelten. Schon der Kirchenvater Hieronymus beschwerte sich in einer Epistel über die Prunksucht aristokratischer und kirchlicher Kreise, die sich in solchen Ausgaben manifestierte: »Man färbt das Pergament mit Purpur, schreibt die Lettern mit Gold und schmückt die Bücher mit Edelsteinen, während Christus nackt vor euren Türen steht und stirbt.«

I N der Mitte des 2. Jahrhunderts v. Chr. gelang es Rom in mehreren Etappen, die hellenistische Großmacht zu besiegen und ihr politisches Erbe anzutreten. Hundert Jahre später wurde erstmals ein stationärer Buchhandel in Rom erwähnt. Der römische Dichter Catull schrieb 55 v. Chr. in einer Erzählung, dass er, »sobald es hell wird, in alle Buchhandlungen stürmt, um die Bücher von Aquinus, Caesius und Suffenus zu kaufen«. Der schon bei Aristophanes erwähnte morgendliche Gang zum Buchhändler scheint auch in Rom für viele gebildete Leser eine Selbstverständlichkeit gewesen zu sein.

Catulls Zeitgenosse Horaz hatte dagegen keine hohe Meinung vom römischen Buchhandel. Er legte auch keinen großen Wert darauf, dass seine Texte von jedermann gekauft und gelesen wurden. Vielmehr sorgte er sich um das grassierende Plagiatsunwesen. Rund 500 Jahre nach ihrer Erstschrift durch Äsop hat auch Horaz die schon erwähnte Fabel als Warnung vor geistigem Diebstahl verstanden. Im ersten Band seiner *Epistulae* ermahnte er einen Kollegen, nicht die Texte anderer zu kopieren:

Womit ist Celsius beschäftigt? Er brauchte und braucht unsere Mahnung, / eignen Besitz sich zu schaffen und nicht an die Schriften zu rühren, / welche Apollo verwahrt im Palatinischen Tempel; [wo sich die öffentliche Bibliothek befand] / sonst wird es ihm wie der Krähe ergehen, als in Scharen die Vögel / kamen, die Federn wiederzufordern: Beraubt der gestohlnen / Pracht, trug sie nichts als Gelächter davon.

Äsops eitle Krähe hatte sich die fremden Federn, die sie einsammeln konnte, noch geborgt. Horaz verschärft nun den Ton, wenn er von Diebstahl spricht. Diese Steigerung ist ein Indiz für die Vehemenz, mit der in Rom über das Plagiatsunwesen gestritten wurde.

Während in den Texten von Catull und späteren römischen Autoren lediglich von »libraria« (Buchhandlung) die Rede ist, taucht in Martials viertem Buch der *Epigramme* (88 n. Chr.) erstmals der Begriff »bibliopola« (Buchhändler) als Berufsbezeichnung auf. In früheren Zeiten verwendete man den Begriff »librarius«, der ursprünglich eine Bezeichnung für den Schreiber war, der in fremdem Auftrag Texte kopierte. Später wurde damit auch derjenige bezeichnet, der gewerbsmäßig Bücher herstellte und verkaufte; allerdings behielt »librarius« auch seine ursprüngliche Bedeutung bei. Erst Martials »bibliopola« bezeichnete einzig und allein denjenigen, der Bücher produzierte und verkaufte. Die Einführung dieser Berufsbezeichnung in die römische Sprache deutet darauf hin, dass sich die Buchbranche im 1. Jahrhundert n. Chr. nachhaltig professionalisiert hat.

SCHON VOR dieser Blütezeit des Buchhandels waren in Rom und in den Landhäusern der Oberschicht umfangreiche Privatbibliotheken entstanden. Catull gab im 1. Jahrhundert n. Chr. an, dass er ohne seine Bibliothek nicht leben könne. Ovid vermisste in seiner Verbannung am Schwarzen Meer die Anregung, die er aus den Büchern seiner Bibliothek bekommen hatte. Zu Martials Zeit stellte der Besitz einer Privatbibliothek aus selbst gesammelten – also nicht als Trophäe in den besiegten Provinzen erbeuteten – Büchern ein echtes Statussymbol dar. Dies führte dazu, dass so manche Privatbibliothek das geistige Vermögen ihres Besitzers weit überstieg – was den bissigen Spott einiger Intellektueller hervorrief. So mokierte sich Seneca in seinem Dialogband *Über die Ausgeglichenheit der Seele* über Roms neureiche Bibliotheksbesitzer: »Ignoranten, die Bücher nicht als Hilfsmittel der Wissenschaft, sondern als Schaustücke für ihre Mahlzeiten ansehen. Was kannst du denn zur Entschuldigung eines Menschen vorbringen, der sein eigentliches Vergnügen nur an den Vorsatzblättern seiner Schriftrollen und an ihren Titeln hat?«

Die Einrichtung erster öffentlicher Bibliotheken lässt sich ebenfalls in den Zeitraum des Entstehens größerer Privatbibliotheken datieren. Caesars Ermordung verhinderte zwar dessen Plan, die erste öffentliche Bibliothek in Rom zu errichten. Doch nur fünf Jahre später begründete der Feldherr und Dichter Gaius Asinius Pollio 39 v. Chr. mit dem Erlös eines siegreichen Feldzuges im Atrium Libertatis zu Rom eine öffentliche Bibliothek, deren Anlage als griechisch-römische Doppelbibliothek zum Vorbild für fast alle römischen Bibliotheksbauten wurde. Einer Tradition des römischen Buchhandels folgend, führte Gaius Asinius Pollio in seiner Bibliothek Dichterlesungen vor geladenem Publikum durch.

Etwa 20 Jahre später entstand unter Kaiser Augustus mit der Palatinischen Bibliothek die zweite öffentliche Einrichtung dieser Art.

Auch die nachfolgenden Kaiser bauten fleißig Bibliotheken zur öffentlichen Nutzung.

Die öffentlichen Bibliotheken Roms sind allerdings nicht mit den heutigen Bibliotheken vergleichbar. Sie waren zwar prinzipiell für jeden offen, wurden aber nur von einem hochgebildeten Publikum aufgesucht. Diese repräsentativen Bibliotheken waren Stiftungen der Kaiser oder großer Feldherren. In ihnen sammelte man nur die Werke der künstlerischen und wissenschaftlichen Elite, also Bücher, die die allermeisten Römer nicht verstehen konnten. Selbst denen, die einfache Plakatschriften und populäre Literatur lesen konnten, blieb die komplexe Sprach- und Gedankenwelt der Oberschicht weitgehend verschlüsselt. Der Grund hierfür ist neben dem krassen Bildungsgefälle der römischen Gesellschaft auch in der Entwicklung der lateinischen Sprache zu suchen, die sich zur Zeitenwende in ein Normlatein für Gebildete und das sogenannte Vulgärlatein des halb- oder ungebildeten Volkes aufgespaltet hatte.

Doch kommen wir zurück zu den Bibliotheken der Kaiserzeit. Man besuchte diese nicht, um zu lesen, denn das hätte die anderen Anwesenden gestört. Damals las man nämlich noch laut. Die Zeit, in der Literatur nur mündlich überliefert wurde, war zwar längst vergessen, aber die stumme Aufnahme eines Textes weiterhin unüblich. Das leise Lesen ist eine Erfindung des Frühmittelalters. Man ging also in die Bibliothek, um alte Werke einzusehen, bestimmte Stellen miteinander zu vergleichen, sich zu informieren; vor allem aber, um dort Freunde und Bekannte zu treffen. Die Bibliothek war in gewissem Sinn ein öffentlicher Ort. Zu Beginn des 4. Jahrhunderts n. Chr. zählte man in Rom 28 solcher Bibliotheken, dazu kamen zahlreiche weitere im ganzen Römischen Reich und seinen Provinzen.

Für die weniger gebildeten Menschen, die man nicht in den großen Prunkbauten der Stiftungsbibliotheken traf, gab es Bibliotheken mit unterhaltender Literatur, Ratgebern, Zauberbüchern und anderem Lesestoff, der in diesen Kreisen beliebt war. Diese Bibliotheken befanden sich beispielsweise in den großen Thermen oder waren ihnen angeschlossen. Hier konnte man Bücher ausleihen, um sie in den weitläufigen Anlagen der Badehäuser oder außerhalb der Thermen zu lesen.

Schon Cicero erwähnt einfache Menschen aus »bescheidenen Verhältnissen, beispielsweise Handwerker«, die wir uns als Nutzer dieser

Bibliotheken, aber auch als Buchkäufer vorzustellen haben. Nach ihm lasen diese Menschen lediglich »aus Spaß am Lesen«, nicht aber, »um Nutzen daraus zu ziehen«, wie es bei höhergebildeten Lesern üblich war. Diese von Cicero, Horaz und anderen Autoren argwöhnisch beobachtete und geringgeschätzte Leserschaft der »unteren Schichten« entstand im 1. Jahrhundert v. Chr. Zu ihnen gehörten Techniker und Beamte, ranghöhere Soldaten, Kaufleute und Handwerker, Landwirte und Neureiche. Zum Entsetzen mancher Autoren gehörten auch wohlhabende Frauen und sogar »faciles puellae«, also »leichte Mädchen«, dazu. Juvenal beispielsweise vertrat die Auffassung, dass es besser wäre, Frauen würden »einiges in den Büchern nicht verstehen«, denn: eine gebildete Frau sei unerträglich.

In den prosperierenden Jahren der Kaiserzeit wuchs die Zahl dieser Leser stetig an. Man las vor allem allein oder mit Zuhörern zu Hause, aber auch auf Reisen, bei den Mahlzeiten und in den öffentlichen Anlagen der Stadt. Sogar bei der Jagd wurde gelesen – während man darauf wartete, dass die Beute ins Fangnetz lief. Auch bei Schlaflosigkeit griff man gern zum Buch.

Der Buchhandel hielt ein umfangreiches Sortiment an Gebrauchs- und Unterhaltungsliteratur für eine nicht besonders zahlungskräftige, aber zahlenmäßig bedeutende Kundschaft bereit. Dazu gehörten neben Liebes- und Abenteuergeschichten auch Biographien, Bücher über die Kochkunst und den Sport, ferner Horoskope und Texte über Zauberei und Traumdeutung, Spielanleitungen und sonstige Handreichungen für den Alltag. Nicht zu kurz kam dabei die erotische Literatur, die schon in der Antike regen Zuspruch fand. Es gab sogar Erotica mit »obscenae tabellae« (»unanständigen Bildern«) und solche, die fast ausschließlich aus derartigen Bildern bestanden. Ferner wurden Romane verlegt, die offensichtlich für ein weibliches Publikum geschrieben waren.

DIE BUCHHÄNDLER-VERLEGER wussten, was ihre Kunden wollten, und eigentlich hätten ihre Autoren zufrieden sein müssen. Allerdings scheint das Zutrauen einiger Autoren in die Leistungsfähigkeit des römischen Buchhandels – und hier ist vor allem die Textsorgfalt beim Kopieren gemeint – nicht besonders ausgeprägt gewesen zu sein. »Wohin ich mich wegen der Bücher in Latein wenden soll, das weiß ich schon gar nicht, so fehlerhaft wie sie kopiert und verkauft werden«, beklagte sich Cicero (106–43 v. Chr.) in einem Brief an seinen Bruder Quintus und vertraute das Verlegen und den Vertrieb seiner Werke dem Freund Atticus (110–32 v. Chr.) an. In einem Brief an den Freund schrieb Cicero:»Die Ligariana hast Du wunderbar verkauft. Alles, was ich zukünftig schreibe, sollst Du als erster verbreiten.«

Titus Pomponius Atticus stammte aus einer vermögenden Familie. Zwei Erbschaften machten ihn finanziell unabhängig. Sein Freund Cornelius Nepos berichtete in einer Biographie über Atticus, dass »alle seine Geldeinkünfte auf seinen Besitzungen in Epeiros und in der Stadt beruhten«. Diese Mitteilung enthält allerdings nicht die ganze Wahrheit. Aus anderen Quellen wissen wir heute, dass Atticus seinen Reichtum neben Grundstücksspekulationen auch durch geschickte Geldgeschäfte zu vermehren wusste.

Als Verleger rationalisierte er das Kopierwesen seiner Zeit, indem er qualitätsgeprüfte Texte mehreren Schreibern gleichzeitig diktieren ließ. Bei Cornelius Nepos heißt es dazu, dass es in seinem Haushalt »in Sprache und Schrift sehr bewanderte Sklaven [gab], vorzügliche Vorleser und eine Menge Abschreiber«. Alle Kopien wurden anschließend noch einmal auf mögliche Fehler überprüft. Deshalb erfreuten sich seine zuverlässigen Ausgaben im ganzen Römischen Reich großer Beliebtheit. Atticus verlegte nicht nur die Werke Ciceros, sondern auch die anderer Autoren. Wahrscheinlich machte der reiche Römer aber kein nennenswertes Geschäft damit. Für Angehörige der begüterten Oberschicht wie Atticus kam die Betätigung in einem Handelsgewerbe, das üblicherweise von freigelassenen Sklaven, einfachen Leuten und Griechen betrieben wurde, überhaupt nicht in Frage. Obwohl Atticus seine verlegerische Tätigkeit eher als private Passion denn als gewerbliche Profession ausübte – und er deshalb mit den anderen »librarii« seiner Zeit kaum vergleichbar ist –, kann man in ihm den ersten bedeutenden Verleger der Antike sehen.

✹

DAS FEHLENDE Urheber- und Verlagsrecht machte den Buchhandel in der Antike zu einem riskanten Geschäft, in dem sich neben der seriösen Mehrheit auch Scharlatane tummelten, die sich von schludrig angefertigten Kopien einen schnellen Profit versprachen. Das Herstellen von Auflagen war aufwendig, der Markt überschaubar, und jeder konnte jeden Text nach Belieben kopieren und verkaufen. Wer also erfolgreich sein wollte, musste bei einer Neuerscheinung mit einer ausreichenden Anzahl von Exemplaren auf den Markt kommen, um möglichst schnell die potentielle Zielgruppe bedienen zu können. Ferner war ein ausgeklügelter Vertrieb vonnöten, um eine Auflage ohne großen Zeitverlust gleichzeitig im ganzen Römischen Reich verfügbar zu machen. Der jüngere Plinius und Martial berichteten, dass ihre Bücher beispielsweise in Lyon und Vienne, aber auch im Donaugebiet und sogar in Britannien vertrieben wurden. Immerhin wurden im kaiserlichen Rom Auflagen von mehreren hundert Exemplaren hergestellt. Die in der Literatur immer wieder kolportierte Zahl einer Auflage von eintausend Exemplaren bezieht sich auf eine bestellte Traueranzeige, die wohl eine Ausnahme darstellte.

Erfreulich war für die römischen Buchhändler-Verleger mit Sicherheit die Tatsache, dass sie kein Autorenhonorar entrichten mussten. »Dem Verleger gebührt die Einnahme, dem Dichter der Ruhm«, heißt es in der *Ars poetica* des Horaz. Dem antiken Rechtsempfinden entsprechend hatte der Autor lediglich ein Besitzrecht an seinem geschriebenen Manuskript. Für dessen Veräußerung an einen Buchhändler wurde oft ein Honorar bezahlt. Nach dem Verkauf konnte dieses Werk jedoch von jedem beliebig kopiert und vertrieben werden.

Ähnlich wie ihre griechischen Kollegen stammten die römischen Autoren mehrheitlich aus begüterten Familien. Ansonsten waren sie von öffentlichen oder privaten Geldgebern abhängig. So ist das Werk des Horaz ohne seinen Mäzen Maecenas nicht denkbar, und auch Martial musste lange Zeit um die Gunst von Geldgebern betteln.

MARTIAL ALS CHRONIST
DER RÖMISCHEN BUCHKULTUR

MARTIAL war tatsächlich ein streitbarer Mensch, der sogar seine Gönner aufs Korn nahm, wenn sie plagiatorische Vorgänge billigten. Quintianus beispielsweise war ein sehr wohlhabender Förderer Martials und anderer Autoren. Als ein von ihm protegierter Dichter Martials Gedichte als seine eigenen ausgab, wurde der wahre Urheber wütend und verglich diesen Betrug mit dem Raub eines Kindes und der Freilassung eines Sklaven. Wortwörtlich ermahnte Martial seinen Mäzen in einem Epigramm, »dem Plagiator Schamgefühl beizubringen«. Das von ihm erstmals in diesem Zusammenhang verwendete Wort heißt »plagium« und bedeutet wörtlich übersetzt »Menschenraub«. Der Begriff »Plagiat« geht also auf Martial und einen der ältesten Fälle geistigen Diebstahls in der Literatur zurück. Außerdem ist Martial der Autor der Antike, der sich in seinem literarischen Werk am ausführlichsten mit dem Buchhandel seiner Zeit beschäftigt hat.

In seinen *Epigrammen* stilisierte er sich als Bettelpoet und bediente damit das Klischee von der brotlosen Kunst der Dichtung. Dies traf für seine erste Zeit in Rom auch zu, die er in bescheidenen Verhältnissen verbringen musste. Mit viel Mühe brachte er aber im Lauf der Zeit wohlhabende Gönner hinter sich, vor allem die Familie des Seneca. Nach seinem literarischen Durchbruch verstand er es, den unverhofften Ruhm in bare Münze zu verwandeln, und wurde wohlhabend. Ihm gehörte ein Landgut in der Nähe von Rom, er besaß Sklaven, und Sekretäre gingen ihm zur Hand. Martial genoss kaiserliche Steuerprivilegien und wurde in den Ritterstand erhoben, wofür ein Vermögen von mindestens 400 000 Sesterzen notwendig war – das Jahreseinkommen von etwa 300 Legionären. Nach der Rückkehr in seine spanische Heimat schenkte ihm außerdem eine reiche Gönnerin einen luxuriösen Landsitz.

Martial überliefert die Namen von vier römischen Buchhändlern: Atrectus, Quintus Valerianus Pollius, Secundus und Tryphon. Daraus kann man schließen, dass Martial eine relativ enge Beziehung zu seinen Verleger-Buchhändlern pflegte. Bei zwei Buchhandlungen nennt er überdies deren Standort: Secundus unterhielt seinen Laden beim Forum der Pallas, die Buchhandlung des Atrectus befand sich gegenüber dem Caesar-Forum in einer Straße, deren Name auch als Bezeichnung für das ganze Viertel verwendet wurde: Argiletum. Das Argiletum und die gleichnamige Straße galten als Zentrum des römischen Buchhandels. Diese beiden Ortsangaben zeigen, dass sich der Buchhandel in zentralen und verkehrsreichen Lagen angesiedelt hatte. Dort wiesen die Buchhandlungen das Publikum durch Anschläge an Außenwänden und Türpfosten auf Neuerscheinungen hin.

Der sonst nicht weiter bekannte Buchhändler Secundus war nach Martial ein freigelassener Sklave. Auch viele seiner Kollegen waren zumeist nicht sonderlich begüterte Freigelassene, oft griechischer

Herkunft und von sehr unterschiedlichem Bildungsgrad. Während sie in der Frühzeit des römischen Buchhandels auch mit anderen Waren handeln mussten, um ökonomisch über die Runden zu kommen, konnten sie sich um die Zeitenwende auf den Handel mit Büchern konzentrieren. Zu Martials Zeit scheint mit der wachsenden Wertschätzung des Buches auch das Ansehen der Buchhändler deutlich gestiegen zu sein.

Von Martial sind uns auch relativ genaue Angaben zur Preisgestaltung und Buchkalkulation überliefert. So verkaufte der Buchhändler Tryphon den 13. Band der *Epigramme* in einer »eleganten« Pergamentausgabe für vier Sesterzen, den Tagesverdienst eines Arbeiters. »Vier ist zuviel?«, fragt Martial dann seinen Leser und rät ihm, zu feilschen. »Du kriegst sie auch für zwei, und trotzdem macht der Buchhändler Tryphon noch immer einen Gewinn.« Für eine »mit Bimsstein geglättete und in Purpur gebundene« Luxusausgabe eines Buches von Martial verlangte Atrectus bereits den Wochenlohn eines Arbeiters.

Der Buchhändler Quintus Valerianus Pollius hatte schon Martials Jugendgedichte mit gewissem Erfolg verkauft und diese offensichtlich noch viele Jahre später lieferbar gehalten. Jedenfalls bedankt sich Martial dafür in koketter Bescheidenheit mit den Worten: »Ihm ist es zu verdanken, daß meine poetischen Nichtigkeiten nicht untergehen.« Damit streift Martial das Thema der verlegerischen Leistung des Buchhandels; genauer gesagt die Frage, inwieweit römische Buchhändler-Verleger Autoren zu ihren Werken inspiriert oder motiviert haben. Bei Martials Zeitgenossen Marcus Fabius Quintillanus (35–96 n. Chr.) heißt es in einem Brief an den uns schon bekannten Buchhändler Tryphon, dieser habe ihn zur Herausgabe eines Buches ermuntert, obwohl er selbst in dieser Frage unsicher gewesen sei. Ferner lobt er seinen Verleger dafür, dass er das Werk mit großer Sorgfalt ediert und so korrekt wie möglich publiziert habe. Trotz anfänglicher Bedenken habe sich Quintillanus von der Einschätzung seines Verlegers leiten lassen, das Publikum würde sein Werk mit großem Interesse erwarten. So scheint der Verleger-Buchhändler Tryphon einen entscheidenden Anteil am Erscheinen dieses Buches gehabt zu haben.

WIE IN ATHEN trafen sich auch in Roms Buchhandlungen Leser, Gelehrte und Autoren zum literarischen Disput. Wohl in der Mitte des 1. Jahrhunderts v. Chr. haben sich Buchhandlungen zu Orten entwickelt, an denen Autoren aus ihren Werken lasen. Die Dichterlesung trat aus dem privaten Kreis in den öffentlichen (Geschäfts-)Raum. Ihre zunehmende Beliebtheit machte sie zu einem wichtigen Medium, um sich als Autor einen Namen zu machen. Durch geschickte Selbstinszenierung avancierte mancher unbekannte Autor buchstäblich über Nacht zum Tagesgespräch.

Es gab aber auch Schriftsteller, die Autorenlesungen skeptisch gegenüberstanden. So war Horaz der Auffassung, dass sie zur Effekthascherei einlüden, und verglich das Urteil der Zuhörer mit dem Wechsel des Windes. Und als sich ein Freund von Juvenal einmal im Sommer aufs Land zurückzog, äußerte der Dichter verständnisvoll: »Wer kann es in der Stadt auch aushalten: ständige Angst vor Bränden, dem Einsturz von Häusern und weiteren Gefahren, vor allem den Dichterlesungen, denen man nicht entkommen kann.«

Im Gegensatz zu Juvenal war Martial nicht grundsätzlich gegen Dichterlesungen. Er prangerte aber die Unsitte an, Freunde zum Essen einzuladen, um den gewissermaßen Wehrlosen dabei aus eigenen Werken vorzulesen. Im dritten Buch seiner *Epigramme* nimmt Martial einen Kollegen aufs Korn, der seinen Gästen mit dem Vorlesen von Gedichten die Freude am Essen verdirbt:

... uns jedenfalls, Ligurinus, treibt deine Tafel in die Flucht. / Wohl ist sie prächtig und mit superben Speisen versehen, / doch wenn du dabei vorliest, mundet uns überhaupt nichts. / Ich will gar nicht, daß du mir Steinbutte vorsetzt oder eine zwei Pfund schwere Meerbarbe, / ich will auch keine Pilze oder Austern, nur: Sei still!

An einer anderen Stelle spricht Martial selbst eine Einladung zum Essen aus und versichert dabei, dass er nicht aus einem »dicken Wälzer vorlesen« werde. Dem Dichter Julius Cerialis verspricht Martial sogar, dass er bei einem Essen nicht selbst vortragen werde, der Freund hingegen sei dazu ausdrücklich ermuntert.

Zimperlich waren die römischen Autoren nicht miteinander. Auf der Suche nach wohlhabenden Gönnern kamen sie sich oft ins Gehege. An dem bereits erwähnten Ligurinus hat Martial vielleicht dessen penetrantes Buhlen um Anerkennung und Förderer gestört:

31

Daß dir niemand gern begegnet, / daß, wohin du auch kommst, Flucht einsetzt und gewaltige / Öde rings um dich herrscht, Ligurinus, / dafür willst du den Grund wissen? Du bist allzusehr Dichter. / Das ist ein höchst gefährliches Laster.

Auch ein gewisser Theodorus muss sich Martials beißenden Spott gefallen lassen:

Warum ich dir meine Bücher nicht schenke, / obwohl du doch so oft darum bittest und es nachgerade verlangst, / darüber wunderst du dich, Theodorus? Der Grund ist gewichtig: / Damit du mir nicht deine Bücher schenkst.

Vor allem aber prangert Martial wie kein anderer zeitgenössischer Dichter das Unwesen des Plagiats an, von dem er selbst in hohem Maße betroffen war:

Gerüchteweise kann man hören, Fidentinus, daß du meine Büchelein / vor dem Publikum ganz so vorträgst, als wären's deine eigenen. / Wenn du willst, daß sie als die meinen gelten, dann schicke ich dir die Gedichte umsonst. / Willst du, daß man sie für die deinen hält, dann bezahle dafür, damit sie mir nicht mehr gehören!

Fidentinus war keine wirkliche Person. Vielmehr nutzt Martial diesen Namen, der etwa mit »Herr Ehrlichmann« zu übersetzen ist, um alle Plagiatoren anzuprangern. Merkwürdig ist auf den ersten Blick Martials mehrfach formulierte Aufforderung an die Diebe geistigen Eigentums, für ihr Plagiat zu bezahlen. Damals war es unter wohlhabenden Römern eine gängige Praxis, Schriftstellern Texte abzukaufen, um sie als ihre eigenen auszugeben und sich so mit fremden Federn zu schmücken. Martial steht dieser Unsitte ablehnend gegenüber und scheut sich auch nicht, die geltende Rechtsauffassung zu kritisieren, wonach der Besitz jeglichen Gegenstandes geschützt ist, nicht aber die geistige Schöpfung, die mit dem Verkauf eines Buches mitverkauft wird: »Paulus kauft Gedichte; dann trägt Paulus seine Gedichte vor; / was man kauft, kann man ja zu Recht ›eigen‹ nennen.« In seinen *Epigrammen* formuliert Martial ein allgemeines Rechtsempfinden, das schon zu Homers Zeiten verbreitet war. Auch wenn es keine juristische Möglichkeit gab, die gewerbliche und unentgeltliche Nutzung des geistigen Eigentums anderer zu unterbinden, war es doch Konsens, dass es moralisch verwerflich sei, das geistige Eigentum anderer als das seine auszugeben.

Es herrsche tiefstes Schweigen, man höre kein Flüstern
und kein Wort außer die eine Stimme des Vorlesers.

BENEDIKT VON NURSIA [480–547]

In Oxford kann man kein einziges Buch über Philosophie oder
Theologie kaufen, weil die Bettlerorden alles für ihre Klöster hamstern.
Wegen dieser Aufkäufe ist auf dem Markt eine solche Knappheit an
Arbeitsmitteln entstanden, daß Geistliche, die der Erzbischof nach Oxford
geschickt hatte, gezwungen waren, ihr Studium abzubrechen.

RICHARD FITZRALPH [1295–1360]

Vom Überwintern der Buchkultur in mittelalterlichen Klöstern

IM KLOSTER

DIE hellsten Plätze [des Skriptoriums] waren den Restauratoren, den erfahrensten Miniaturenmalern und den Kopisten vorbehalten. Jeder Tisch hatte alles, was man zum Malen und zum Kopieren braucht: Tintenfässer, feine Federn, die einige Mönche mit winzigen Messerchen schärften, Bimssteine, um das Pergament zu glätten, und Lineale, um die Zeilenlinien zu ziehen. Neben jedem Schreiber oder auch am oberen Ende der schrägen Schreibfläche eines jeden Tisches stand ein Lesepult, auf dem der zu kopierende Codex ruhte, festgehalten durch eine bewegliche Maske, welche die gerade abzuschreibende Zeile einfaßte ...

So lernte ich ... Aymarus von Alessandria [kennen], der Bücher kopierte, die der Bibliothek nur leihweise für ein paar Monate überlassen waren, und schließlich eine Reihe von Miniatoren aus verschiedenen Ländern.«

In *Der Name der Rose* hat Umberto Eco das Innere eines Skriptoriums des ausgehenden Mittelalters detailreich beschrieben. Sein Roman spielt im Jahr 1327. Aus dieser Zeit sind Skriptorien bekannt, in denen bis zu 60 Schreiber gearbeitet haben. Dazu kamen noch Lektoren, Redakteure, Schreiber von Überschriften, Rubrikatoren, Initialmaler und die oben erwähnten Miniatoren. Man arbeitete an Schreibtischen und Pulten, wie es im Roman beschrieben wird. Doch diese Möblierung des Skriptoriums wurde erst in der zweiten Hälfte des Mittelalters eingeführt. Noch im 10. Jahrhundert beklagte ein Mönch, »der Akt des Schreibens krümmt den Rücken, drückt die Rippen in den Bauch und nährt alle Beschwerden des Körpers«. Wie zur Erklärung dieser auf den ersten Blick merkwürdigen Äußerung illustrieren mittelalterliche Miniaturen den Schreibvorgang durch Kopisten, die auf den Knien arbeiten und trotz dieser widrigen Umstände auf eine tägliche Schreibleistung von etwa 150 bis 200 Zeilen kommen.

DER UNTERGANG DER ANTIKE
UND SEINE FOLGEN FÜR DIE BUCHKULTUR

DOCH wie gelangte das Kopieren von Büchern in die Klöster, weshalb übernahmen christliche Mönche diese Aufgabe und was wurde nach dem Untergang des Römischen Reiches aus den Buchhändler-Verlegern der Antike? Was geschah mit den öffentlichen Bibliotheken und wie gestaltete sich der Handel mit Büchern?

Mit dem sogenannten Zeitalter der Soldatenkaiser im 3. Jahrhundert n. Chr. begann der Niedergang des Römischen Reiches. Immense innen- und außenpolitische Probleme führten 324 n. Chr. schließlich unter Konstantin dem Großen zur Gründung der neuen Hauptstadt Konstantinopel. 395 n. Chr. erfolgte die Teilung in ein Ost- und Weströmisches Reich. Der Übergang von der Spätantike zum Frühmittelalter setzte ein und der westliche Teil des Römischen Reiches wurde von Westgoten, Franken und Langobarden erobert, die dort neue Reiche errichteten. Dabei brach die Infrastruktur des Imperium Romanum zusammen, das seine Führungsrolle teils an die Germanen, teils an die Kirche verlor.

Im gesamten ehemaligen Römischen Reich wurden Bibliotheken geschlossen, geplündert oder gebrandschatzt und die einst pädagogisch so bedeutenden Grammatiker- und Rethorikerschulen mussten ihre Lehrtätigkeit einstellen. Die Verarmung breiter Bevölkerungsschichten machte dem Buchhandel schwer zu schaffen, die Etablierung einer germanischen, buchfernen und an Literatur nicht interessierten Oberschicht bedeutete dessen Ende. Bücher erfreuten sich nicht mehr öffentlicher Aufmerksamkeit und verschwanden wie über Nacht aus dem gesellschaftlichen Bewusstsein. »Ihr Schicksal vollzieht sich so unbemerkt von dem allgemeinen Interesse, daß keine Kunde zu uns gedrungen ist, auf welche Weise die umfangreichen Buchschätze der damaligen Zeit ihr Ende gefunden haben«, heißt es in Richard Mummendeys Standardwerk *Von Büchern und Bibliotheken*.

Mit dem Anbruch des Frühmittelalters im 6. Jahrhundert verschwand also nicht nur die antike Welt, sondern auch der griechischrömische Buchhandel, der inzwischen auf eine mehr als tausendjährige Geschichte zurückblicken konnte.

Der Buchbedarf lesekundiger Gesellschaftsschichten wurde bis zur Renaissance durch reisende Antiquare und gegenseitige Schenkungen, vor allem aber durch die Buchproduktion in den Klöstern abgedeckt. Zwar haben sich – hauptsächlich in Italien – das ganze Mittelalter hindurch profane Schreibstuben erhalten, doch die nachgewiesenen Händler widmeten sich dem Buchhandel nur im Nebengewerbe; hauptsächlich waren sie Gelehrte, Papierhändler oder Apotheker.

Die vollständige Verdrängung der Papyrusrolle durch den Kodex führte zu erheblichen Preissteigerungen für Bücher, denn das Pergament entwickelte sich zum begehrten und teuren Beschreibstoff. So wurden Bücher für die allermeisten Menschen unerschwinglich. Davon abgesehen versank das Mittelalter in tiefstem Analphabetismus; selbst die Mehrheit der karolingischen und merowingischen Fürsten und Könige konnten nicht einmal ihren Namen schreiben.

So verlor der in der Antike in relativ breiten Kreisen der Bevölkerung übliche Besitz von Büchern oder gar Bibliotheken im frühen Mittelalter seine Selbstverständlichkeit. Die Buchkultur ging so gut wie ausschließlich in die Obhut der Kirche über. Bücher wurden zur Mangelware. Aber ihren Mangel empfand man außerhalb der Klöster bald nicht mehr als solchen.

DAS CHRISTLICHE MÖNCHTUM

DAS zur Staatsreligion aufgestiegene Christentum verstand es, auch in der von Unruhen erschütterten Zeit des Übergangs von der Spätantike zum Frühmittelalter seine Position aufrechtzuerhalten. Die Kirche bewahrte die antiken Werte und etablierte sich somit als sinnstiftende Instanz mit politischem Gewicht. Dabei spielte Bildung eine bedeutende Rolle, denn in der Zeit des Umbruchs wurde sie gleichsam zum Monopol der Kirche. Die christlichen Klöster entwickelten sich zu Stätten der Bildung und Forschung, die Gelehrsamkeit zog sich für Jahrhunderte in die Stille der Klöster zurück. Diese Entwicklung wurde vor allem von zwei Zeitgenossen befördert, die ihr rechtzeitig und nahezu gleichzeitig das geistige Fundament gelegt hatten: Cassidor (490–583) und Benedikt von Nursia (480–547). Cassidor bekleidete als Sohn einer römischen Adelsfamilie hohe politische Ämter. Vom Ostgotenkönig Theoderich dem Großen wurde er schließlich zum Minister ernannt. Nach dessen Tod und den damit einsetzenden politischen Wirren zog sich Cassidor im Jahr 554 auf sein väterliches Gut in Kalabrien zurück und gründete dort das Kloster Vivarium, das er als Abt bis zu seinem Tod leitete. Zu Cassidors Zeit waren immense Bestände antiker Literatur fast vollständig vernichtet. Von vielen Werken existierten nur noch wenige Exemplare. Aber Cassidor war der Überzeugung, dass die antike Wissenschaft eine unentbehrliche Hilfe für das Verständnis der heiligen Schriften sei, und setzte sich deshalb für die Aufbewahrung der antiken Werke ein. Dafür gründete er in seinem Kloster eine Bibliothek und verfasste mit seiner Schrift *Institutiones divinarum et saecularium litterarum* eine Anleitung für das Abschreiben religiöser und profaner Texte. Neben geistlichen Werken bestimmte Cassidor zur Bewahrung durch Abschreiben ausdrücklich auch solche der freien Künste (»artes liberales«). Diese wurden so bezeichnet, weil sie nicht auf einen Gelderwerb zielten, sondern der allgemeinen Bildung dienten und somit eines freien Bürgers würdig waren. Cassidor legte auf die Lektüre, das Sammeln und Abschreiben römischer Texte wohl auch deswegen Wert, weil er seinen Mönchen den Zugang zur klassischen lateinischen Sprache ermöglichen wollte, die in Abgrenzung zum Vulgärlatein zur universellen Kirchensprache aufgestiegen war.

Benedikt wurde um 480 als Sohn eines wohlhabenden Grundbesitzers in Nursia geboren. Nach traditioneller Auffassung gründete er im Jahr 529 auf dem zwischen Rom und Neapel gelegenen Montecassino ein Kloster und schrieb dort die Regel zum klösterlichen Leben, die zur Grundlage aller monastischen Lebensgemeinschaften bis heute werden sollte. In der Benediktsregel wird die Einrichtung einer Klosterbibliothek zwingend vorgeschrieben, das Lesen zur täglichen heiligen Pflicht erhoben und somit die Fähigkeit des Lesens für das Mönchtum zur verbindlichen Kulturtechnik erklärt. Im Kapitel 48 der Regel heißt es drastisch, dass ein Mönch, der »herumschwatzt, statt sich der Lesung zu widmen«, ermahnt werden soll. »Bessert er sich nicht, treffe ihn gemäß der Regel eine Zurechtweisung, damit die andern Furcht bekommen.« Bei der Wertschätzung des Lesens konnte sich Benedikt direkt auf den Apostel Paulus beziehen, der Timotheus in seinem ersten Brief dazu ermahnt hatte:»Lasse nicht nach im Lesen ... bis ich komme.« (4,13)

Obwohl die Benediktsregel das Kopieren von Büchern mit keinem Wort erwähnt, hat sich das Anfertigen von Büchern durch Abschreiben als selbstverständliche Voraussetzung für den Besitz einer klösterlichen Bibliothek, für Studium und Lesung in allen monastischen Gemeinschaften schnell verbreitet. Während sich die Kultur der Antike in Auflösung befand, führten die Regeln Benedikts und Cassidors – die theologisch legitimierte Aufforderung zum Kopieren sakraler und profaner Schriften – dazu, dass sich die christlichen Klöster zu Horten des Wissens und der Bewahrung von Büchern entwickelten. Zahlreiche Quellen belegen, dass das Schreiben von Büchern, ihr Ausschmücken und Binden, also der gesamte Prozess ihrer Herstellung, als besonders gottgefälliges Werk betrachtet wurde. Dies geht schon daraus hervor, dass die Schreiber außerhalb der Erntezeit dem Felddienst fernbleiben durften. Auch konnten sie von den Stundengebeten, der Morgen- und Hauptmesse befreit werden, denn das Abschreiben war schon an sich ein Gebet, »ausgeführt nicht mit dem Mund, sondern mit den Händen«, wie Petrus Venerabilis, der neunte Abt des Klosters Cluny, im 12. Jahrhundert bemerkt hat. Nur an höchsten Feiertagen und am Sonntag durften sie nicht kopieren und hatten an den Gottesdiensten teilzunehmen.

In dem asketischsten Orden des Christentums, dem im Jahr 1084 gegründeten Kartäuserorden, zählte die fromme Lektüre von Beginn an zur bevorzugten Beschäftigung. Prior Guigo I. sorgte durch eine von ihm selbst verfasste Vorschrift dafür, dass »die Bücher mit äußerster Sorgfalt aufbewahrt werden, wie die ewige Nahrung unserer Seele«. Bei den Kartäusern wurde auch der Verzierung der Bücher und ihrer Ausschmückung besondere Aufmerksamkeit gewidmet. »Das göttliche Wort«, so eine erstaunliche Äußerung Guigos I., »das uns nicht gegeben ist, mit dem Mund zu lehren, sollen wir wenigstens mit unseren Händen pflegen.«

Die stetige Verbreitung des Mönchtums durch Tochtergründungen von Klöstern im christlichen Kernland und in den Missionsgebieten erforderte eine ständige Reproduktion des Grundbestandes einer Klosterbibliothek. Dieser umfasste im Frühmittelalter etwa 50 Bände, im Hochmittelalter waren Bestände von mehreren tausend Bänden keine Seltenheit. Ein Vergleich mit der Bibliothek in Alexandria relativiert die Bibliotheksleistungen der mittelalterlichen Skriptorien allerdings erheblich.

Dennoch kann das konsensuale Motto der gesamten mittelalterlichen Klosterkultur nicht erstaunen:»Ein Kloster ohne Bibliothek gleicht einer Burg ohne Waffenkammer.«

DAS SKRIPTORIUM – ORT UND NETZWERK DES MITTELALTERLICHEN GEISTES

EIN historischer Schnitzer ist dem Roman *Der Name der Rose* an dieser Stelle doch vorzuwerfen. Nach der am Anfang dieses Kapitels zitierten Szene kommt es im Buch zu einem langen Gespräch zwischen William von Baskerville und dem Bibliothekar Malachias von Hildesheim sowie zu einem theologischen Streit zwischen William und dem blinden Seher Jorge von Burgos. Diese beiden Unterredungen hätten im Skriptorium kaum stattfinden dürfen, denn schon im 9. Jahrhundert tauchten die ersten Vorschriften auf, die in den klösterlichen Schreibstuben grundsätzlich zur Stille mahnten.»Wo dem Brauch gemäß die Mönche schreiben, sei wie im Kreuzgang absolutes Schweigen einzuhalten«, heißt es unzweideutig in einer Verordnung des Generalkapitels von 1134. Diese Bestimmung betont einmal mehr den religiösen Ernst, der dem Kopieren von Büchern in Klöstern beigemessen wurde.

Das mittelalterliche Skriptorium war ein Ort, an dem viele Fähigkeiten und Fertigkeiten zum Zwecke der Buchherstellung gebündelt wurden.»Skriptoren« schrieben die ihnen anvertrauten Vorlagen fehlerfrei ab,»Kompilatoren« rekonstruierten aus verschiedenen Handschriften desselben Werkes den Originaltext,»Kommentatoren« versahen die Abschriften zum besseren Verständnis mit Anmerkungen und Querverweisen.»Miniatoren« und andere spezialisierte Buchmaler und -gestalter schufen Buchkunstwerke, die heute noch Erstaunen und Begeisterung hervorrufen, und»Autoren« schrieben neue Werke, wenngleich es in den Klöstern nur selten um geistige Neuschöpfungen ging. Dabei dienten in erster Linie die Bestände der eigenen Bibliothek als Fundus, obwohl der Bibliothekar häufig über den Weg der Fernleihe auch Werke aus anderen Klosterbibliotheken beschaffte.

Im Skriptorium wurden ferner die für das Kopieren und Ausschmücken der Handschriften notwendigen Materialien hergestellt, insbesondere Tinten, Farben und Edelmetalle, aber auch das Pergament, die zumeist hölzernen Buchdeckel – später dann aus Metall oder Leder –, die das Buch fest zusammenhielten und die oft kostbar bemalten Seiten vor Staub und Lichteinwirkung schützten.

Man muss sich die Bibliothek eines Klosters und sein Skriptorium als eine Art Doppelinstitution vorstellen, deren »Kammern« eng miteinander verzahnt waren und von einem Bibliothekar geleitet wurden. Der Bibliothekar beschaffte, sammelte und ordnete die Bücher, er legte Kataloge an und sorgte für eine reibungslose Ausleihe. Er beschaffte aber auch das Pergament und sämtliche anderen Rohstoffe für das Kopieren, teilte diese den Schreibern zu und bestimmte, welche Schreibaufgaben die einzelnen Mönche zu übernehmen hatten.

Darüber hinaus organisierte er auch die Fernleihe, eine Erfindung des mittelalterlichen Mönchtums. »Und so, mein sehr Geliebter, erbitte ich von Dir aus der berühmten Bibliothek Deiner Kirche einiges, das wir nicht besitzen«, heißt es etwa in einer Anfrage eines Bibliothekars des steierischen Benediktinerklosters Admont. Ausführlich dokumentiert ist der Ausleihverkehr des Klosters Cluny. So wissen wir einerseits, dass im Jahr 1252 in ganz Europa die stolze Zahl von 117 Büchern aus der Klosterbibliothek in Umlauf waren. Andererseits hat man es in Cluny mit der Rückgabe von geborgten Büchern offensichtlich nicht immer sehr genau genommen. Der Prior eines Kartäuserklosters musste sich jedenfalls im 15. Jahrhundert darüber beschweren, dass zwei Bücher aus seiner Bibliothek bereits seit über 20 Jahren ausgeliehen wären, die man nun endlich zurückhaben wolle.

Im 9. Jahrhundert gerieten Bücher sogar ins Blickfeld derer, die sich noch in der Antike kaum für sie interessiert hätten: Räuber und Piraten. Als der Erzbischof von Reims im Jahr 858 bei einem Kloster die Ausleihe eines Werkes des angelsächsischen Benediktinermönches Beda Venerabilis erbat, erhielt er folgende Antwort: »Ich fürchte mich, dir Bedas *Collectanea* zu übersenden. Man müßte Angst vor dem Angriff von Räubern haben, die sicherlich von der Schönheit des Buches angezogen würden; und so würde dieses vermutlich für dich

und für mich verloren sein.« Auch wenn der Diebstahl wertvoller Bücher nicht täglich vorkam, so war er doch weit verbreitet.

Sogar Piraten stahlen kostbare Kodizes auf ihren Plünderungszügen. Im *Codex Valenciennes*, einer lateinischen Übersetzung von Platons Dialog *Timaios*, findet sich eine Notiz, nach der das Buch von einem Piraten zurückerworben worden war. Auch der *Codex Aureus*, ein prunkvolles, um 750 in Canterbury gefertigtes Evangeliar, wurde von Piraten gestohlen und von den eigentlichen Besitzern gegen ein Lösegeld zurückerworben. Vermutlich haben Piraten die Angebote zum Rückkauf der gestohlenen Bücher zu einem wahren Geschäft gemacht.

BEVOR EIN PERGAMENT beschrieben oder bemalt werden konnte, waren aufwendige Arbeitsschritte notwendig. Die abgezogene Tierhaut wurde in eine Kalklösung gelagert, damit Haare, Oberhaut und Fleischreste ohne Rückstände abgeschabt werden konnten. Anschließend spannte man die Haut bis zur Trocknung auf, danach wurde sie mit Bimsstein geglättet und mit Kreide geweißt. Zwischen den aus der Haut alter und junger Tiere gewonnenen Pergamentblättern gab es erhebliche Qualitätsunterschiede. Das feinste Pergament stellte man aus der Haut neu- oder ungeborener Lämmer her. Je umfangreicher und großformatiger ein Buch war, desto mehr Tiere mussten für seine Herstellung geopfert werden. Für eine großformatige Vollbibel wurden bis zu 700 Tierhäute verarbeitet. Die Menge der benötigten Felle und deren Qualität beeinflussten stark den Wert und somit auch den Preis eines Buches. Eine umfangreiche Bibliothek konnten sich deshalb in der Regel nur solche Klöster leisten, die auch Tierwirtschaft betrieben. Diese wiederum war vom Besitz ausreichender Weide- und Ackerflächen abhängig.

WIE SCHON ANGEDEUTET, nahmen die Klöster die Aufgabe wahr, den Bestand des antiken Wissens und der Literatur durch Abschriften zu sichern. Tatsächlich verdanken wir unseren heutigen Kanon des antiken Schrifttums im Wesentlichen den mittelalterlichen Skriptorien – hier soll die großartige Leistung der arabischen Welt bei der Überlieferung antiker Texte keinesfalls unterschlagen werden, doch reicht der Umfang dieses Buches nicht aus, diese detailliert zu würdigen –, trotzdem gingen viele Texte in den Wirren der Spätantike und im Mittelalter für immer verloren. Und einige Werke von Livius, Lukrez, Tacitus und anderen Autoren sind nur in jeweils einem einzigen Kodex erhalten geblieben.

»Wo viel Licht ist, ist starker Schatten«, erkannte Goethes Götz von Berlichingen, und diese Einsicht gilt auch für die Kultur des mittelalterlichen Mönchtums. Denn in den Skriptorien wurden antike Texte nicht nur gerettet, sondern auch vernichtet. Die große Widerstandsfähigkeit des Pergaments ermöglichte nämlich die Neubeschriftung der Bücher. Dazu wurde der alte Text mit Messer und Bimsstein einfach abgeschabt, bis ein leeres Buch entstand. Man nennt solche Bücher »Palimpseste«. Die Gründe für die Palimpsestierung alter Bücher waren vielfältig: Respektlosigkeit vor profanen Texten, Mangel an Beschreibmaterial, geringer Gebrauchswert der vernichteten Texte und eine Missachtung der Schreibleistung ihrer Vorgänger veranlassten Äbte oder Bibliothekare zu der Entscheidung, alte Texte zu vernichten. Niemand kann sagen, wie viele Bücher auf diese Weise für immer verschwunden sind. Eigentlich nicht ganz für immer, denn es gibt inzwischen optische Verfahren, um die ursprüngliche Beschriftung eines Palimpsests wieder sichtbar zu machen und photographisch zu dokumentieren. Nicht wenige Texte der Antike konnten so wiederhergestellt werden, beispielsweise *De re publica*, ein Hauptwerk Ciceros.

Doch in den Skriptorien waren nicht nur Mönche am Werk. Auch Nonnen spielten eine entscheidende Rolle bei der Sicherung alter Texte. Zahlreichen Bildzeugnissen und Kolophonen (Impressumsvermerken) ist eine buchgestalterische Urheberschaft aus weiblicher Hand zu entnehmen. So enthält eine mittelrheinische Predigtsammlung aus dem 12. Jahrhundert eine Initiale mit ausgemalter Nonnengestalt, die von diesem Satz förmlich eingekreist wird: »Guda das sündige Weib schrieb und malte dieses Buch.« Herausragend ist nach bisherigen Erkenntnissen das Werk einer Nonne mit Namen Diemot aus der Benediktinerabtei St. Peter und Paul in Wessobrunn, die im 12. Jahrhundert 45 Handschriften kopiert haben soll.

ÜBER 500 JAHRE wurden in den Skriptorien zahllose geistliche und profane Werke kopiert, ohne dass dafür Lohn gezahlt wurde – jeden-

falls keiner in Heller und Pfennig. Im Laufe dieser Zeit hatte sich allerdings mehr und mehr die Anschauung durchgesetzt, dass den Kopisten Gotteslohn winke. Noch im 11. Jahrhundert hieß es in dem Verswerk eines Mönches aus Saint-Vaast:»Wenn ich das Buch schreibe ... dann ist er meinem Werk und meiner Mühe gewogen: er sagt, wie viele Buchstaben ... schließlich in diesem Buch sind, so viele Sünden verzeihe ich Dir bereits.« Noch deutlicher wird der Kopist einer Handschrift aus dem 12. Jahrhundert:»Dein Knecht, Heiliger, dein Schüler gibt dir dieses Buch. Gib mir dafür den ewigen Lohn im Himmel.« Das Thema»Gotteslohn« taucht auch in Illustrationen auf. So zeigt eine um 1160 entstandene Miniatur in der *Etymologiae* des Isidor von Sevilla den auf ein Totenbett gelagerten Schreiber des Buches. Im Beisein Christi wird ein Buch in die Waagschale gelegt, die sich zu seinen Gunsten neigt. Man sieht, wie die Seele des Mönches in den Himmel aufgenommen wird und der Teufel mit leeren Händen entschwindet (Farbtafel 11).

Doch genau in dieser Zeit tauchten erste Berichte von Mönchen auf, die als Schreiber und Maler finanziell entgolten wurden. Zunächst war nur von der Erstattung der Materialkosten die Rede, spätere Quellen berichten ausdrücklich von Lohn und Bezahlung. Die ersten Zahlungen gingen an die Klöster, denn in den Skriptorien begann man nun, auch Auftragsarbeiten für auswärtige Besteller auszuführen. Solche Aufträge waren für die Klöster sehr attraktiv, denn Bücher mussten teuer bezahlt werden. Zeitgenössische Quellen berichten, dass für ein Mess- oder Stundenbuch Ackerland, mehrere hundert Fässer Wein oder sogar ein Weinberg bezahlt wurden.

Doch schon bald entstanden aufgrund der steigenden Buchnachfrage»freie« Schreiber und Illustratoren, die Auftragsarbeiten professionell ausführten. Schließlich entwickelte sich an den Höfen der Wunsch – vor allem lesekundiger Damen –, neben dem mündlichen Vortrag auch die schriftliche Dichtung zu pflegen. Dieses Nebeneinander zweier Formen der Überlieferung führte zu kuriosen Tatbeständen. So wurden Dichtungen des Schreibens unkundiger Autoren von anderen schriftlich festgehalten. Wolfram von Eschenbach bekannte in seinem Parzival:»Ich kenne keinen Buchstaben«, er muss seine Werke also diktiert haben. Der Analphabetismus scheint bei Autoren in dieser Zeit nicht ungewöhnlich gewesen zu sein, denn man unterstellt ihn auch Eschenbachs Zeitgenossen Wirnt von Gravenberg. In dem einzigen von ihm bekannten Werk *Wigalois* lobt er Wolfram von Eschenbach mit dem Vers:»Nie sprach der Mund eines Laien besser.« Der hier verwendete Begriff des Laien bezieht sich wohl auf Eschenbachs Schreibunfähigkeit. Und über sich und sein Werk trifft Wirnt von Gravenberg im Prolog als »sprechendes Buch« folgende Aussage: »Welcher Gutmeinende hat mich aufgeschlagen? Wenn es einer ist, der mich entziffern und begreifen kann, der soll, falls irgend ein Fehler an mir ist, gnädig mit mir sein.« Diese Passage wird von einigen Forschern als Eingeständnis des Analphabetismus gedeutet, als Hinweis darauf, dass der Autor für eventuelle Fehler bei der Niederschrift nicht verantwortlich gemacht werden kann und will.

DIE ERFINDUNG DER UNIVERSITÄT
UND DIE EINFÜHRUNG DES PAPIERS IN EUROPA

IM 11. Jahrhundert entstanden neben den kirchlichen Dom- und Klosterschulen zunächst in Italien erste Universitäten. In Frankreich und England wurden Hochschulen im 12. Jahrhundert gegründet. Im späten 14. Jahrhundert kam es zu Universitätsgründungen in Wien und Heidelberg. In der Entstehung der Universitäten drückte sich eine langsam wachsende Emanzipation vom Wissens- und Bildungsmonopol der Kirche aus. Nach einem einführenden Studium der »artes liberales« wurde in den sogenannten oberen Fakultäten Theologie, Recht und Medizin gelehrt.

Grundlage des Studiums waren verbindliche Vorlesungstexte der Hochschullehrer, für deren Herstellung, Ausleihe, Verkauf und Verbleib nach dem Abschluss des Studiums verbindliche Regeln festgelegt wurden. Die Reproduktion und das Verleihen oder Verkaufen von Hochschultexten wurden sogenannten »stationarii« oder »librarii« überlassen, die den Universitäten nicht angehörten, ihnen aber eng verbunden waren und sich an ihre Reglements hielten. Neben dem Reproduktions- und Verkaufsgeschäft übernahmen sie Nachlässe und Bücher examinierter Studenten, denn die Hochschulen hatten das Interesse, den Inhalt ihrer Lehre zu monopolisieren. So bestimmte das Statut der Universität Bologna von 1289 ausdrücklich, dass die »librarii« die Schriften der Hochschule keiner anderen Universität verkaufen durften. Zu dieser Zeit bestand in Bologna der Kanon der Hochschulschriften aus 117 Werken. Man kann bei diesen Universitätsbuchhändlern also keinesfalls von einem freien Handel reden, zumal für Ausleihe und Buchverkauf von den Universitäten festgelegte Preise galten.

In Paris gab es neben den Universitätsbuchhändlern auch »freie« Händler, die aber nur Bücher bis zum Wert von zehn Sous verkaufen durften und unter freiem Himmel handeln mussten. In England schlossen sich die »stationarii« oder »textwriters« bereits 1403 zu einer Gilde zusammen, dem weltweit ersten Buchhandelsverband. Diese Vereinigung verfolgte hauptsächlich das Ziel, im Interesse des eigenen Geschäfts die Anzahl der Buchhändler zu begrenzen, und entsprach damit den zeitgenössischen Vorstellungen einer Marktregulierung, wie sie auch im Zunftwesen üblich war.

⌐

MIT DEN UNIVERSITÄTSGRÜNDUNGEN ging das Aufkommen von Kanzleien einher. Darunter sind behördliche Einrichtungen eines Regenten oder einer Stadt zu verstehen, die den Schriftverkehr führten und archivierten sowie für das Ausstellen von Urkunden zuständig waren. Die Kanzleien rekrutierten ihr Personal hauptsächlich aus den juristischen Fakultäten der Universitäten, deren Absolventen als profane Verwaltungsfachleute ausgebildet waren. Diese zahlenmäßig zunächst sehr kleine Schicht von Lesekundigen wuchs mit der Gründung weiterer Universitäten und Kanzleien rasch zu einer einflussreichen außerkirchlichen Intelligenz heran, die es bis dahin nicht gegeben hatte. Dazu gehörten selbstverständlich auch Ärzte und Architekten, die vorwiegend in den wirtschaftlich erstarkenden Städten Verdienstmöglichkeiten fanden.

Der ständig wachsende Bedarf an Studienliteratur, Kanzleibeschreibstoff, wissenschaftlicher und sonstiger Literatur konnte bald kaum noch durch das Pergament abgedeckt werden, was nicht zuletzt eine Frage des Preises war. Das spätmittelalterliche Europa benötigte dringend einen neuen Beschreibstoff, für den 1150 in Spanien, 1250 in Italien und 1338 in Frankreich erste Produktionsstätten errichtet wurden: das Papier.

Aus dem Jahr 105 n. Chr. stammt die erste überlieferte schriftliche Erwähnung der Papierherstellung in China. Die Erfindung des Papiers wird Ts'ai Lun zugeschrieben, der in diesem Jahr das Amt des

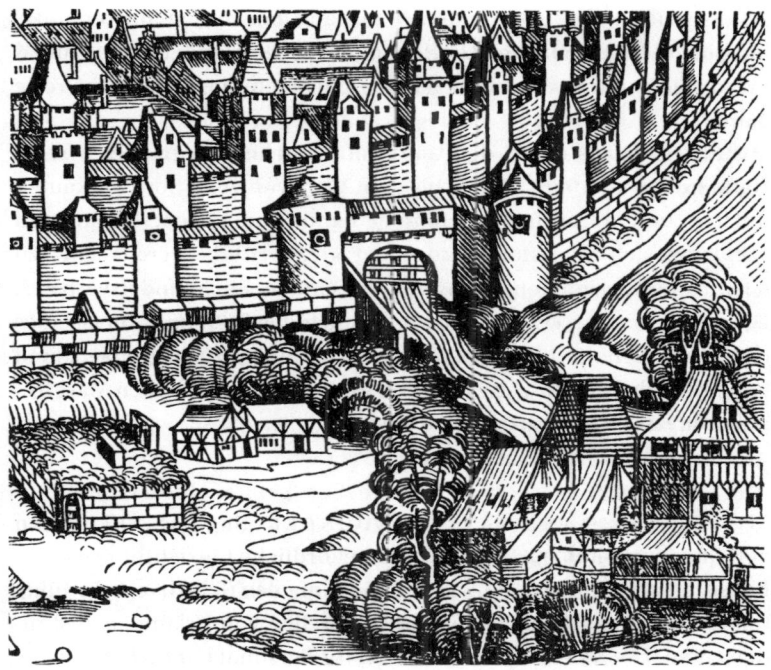

Papiermühle | Vor den Toren Nürnbergs entstand 1390 die »Gleismühl« des Kaufmanns Ulman Stromer, Deutschlands erste Papierfabrikation. Holzschnitt von Michael Wolgemut aus der *Schedelschen Weltchronik* von 1493.

Ackerbauministers innehatte. Als die Araber 751 Samarkand eroberten, machten sie dort ansässige chinesische Facharbeiter zu Kriegsgefangenen. Von ihnen lernten sie das Geheimnis der Papierfabrikation und verbesserten die Herstellungstechnik. So ermöglichten Schöpfsiebe aus Metallgitter die Verwendung von Wasserzeichen. Über das islamische Spanien kam der neue Beschreibstoff schließlich ins christliche Abendland, in dem sich das ausgereifte Herstellungsverfahren schnell verbreitete. Um 1300 importierten deutsche Kaufleute erstmals Papier über den Brenner, 1390 wurde die erste Papiermühle vor den Toren Nürnbergs gegründet. 60 Jahre später standen in Deutschland bereits 20 Papiermühlen mit einer Jahresproduktion von mehr als zehn Millionen Bogen.

Das Papier war im Vergleich zum Pergament bis um das Zwanzigfache preiswerter und dennoch haltbar. Ein weiterer Vorteil war die

47

Möglichkeit, es praktisch in unbegrenzter Menge zu produzieren. Mit diesem Beschreibstoff verlor das Buch endgültig seine mittelalterliche Exklusivität und seinen sakralen Nimbus. Es wurde zum Medium der im Wachstum begriffenen höfischen und urbanen Oberschichten, die bereits begonnen hatten, sich von der klerikalen Bevormundung zu befreien.

✍

UM 1240, also zehn Jahre vor der Errichtung der ersten Papiermühle in Italien, übersetzte der Franziskanermönch Erazm Golek Vitello ein Hauptwerk des arabischen Naturwissenschaftlers Abu Ali al-Hasan ibn al-Haitham aus dem 11. Jahrhundert. Im dritten Teil seines *Kitab al manazir* (*Schatz der Optik*) findet sich erstmalig in der Literatur und relativ beiläufig die Vermutung eines Wissenschaftlers, dass ein gläsernes Kugelelement dazu dienen könne, einen Gegenstand vergrößert erscheinen zu lassen. Trotz fehlender Hinweise können wir mit großer Wahrscheinlichkeit annehmen, dass im arabischen Raum niemand den Versuch unternommen hat, diese theoretische Betrachtung in der Praxis zu überprüfen.

In Deutschland und England dagegen hat gerade diese Entdeckung für Furore gesorgt. Endlich war eine Idee gefunden, wie den bejahrten und unter Fehlsichtigkeit leidenden Menschen geholfen werden konnte, die bis dahin vom literarischen Leben ausgeschlossen waren. Man experimentierte bald mit der Herstellung überhalbkugeliger Plankonvexlinsen und erhielt, wenn man diese auf die Folianten legte, die beschriebene Wirkung, nämlich eine erheblich vergrößerte Darstellung der Buchstaben. Diese »Lesestein« (»lapides ad legendum«) genannten optischen Hilfsmittel wurden aus durchsichtigen Kristallen geschliffen. Dazu gehörte auch der »beryll«, aus dem sich unser Wort »Brille« entwickelt hat. Der Lesestein muss sich wie ein Lauffeuer verbreitet haben, denn in einer für das Mittelalter verhältnismäßig kurzen Zeit taucht er bereits in der schönen und wissenschaftlichen Literatur auf (Farbtafel III).

Der englische Franziskaner Roger Bacon wies in einem seiner Hauptwerke, *Opus maius*, bereits 1267 darauf hin, dass der Lesestein ein vorzügliches Instrument für alte Leute und solche mit schwachen Augen sei, denn sie könnten damit noch so kleine Buchstaben in ausreichender Größe erkennen. Schon 1270 wird der Lesestein in der mit-

Von unnutze buchern | Im *Narrenschiff*, dem erfolgreichsten Buch der Vorreformations-
zeit, in dem seine mit menschlichen Schwächen behafteten Protagonisten den Kurs nach
Narragonien eingeschlagen haben, nimmt Sebastian Brant die Bücherflut des ausgehenden 15. Jahrhunderts aufs Korn. Trotz Brille kann der Büchernarr am Pult seine Bücher
nicht verstehen. Holzschnitt von 1494.

telhochdeutschen Dichtung erwähnt. Der Minnesänger Albrecht von
Scharfenberg dichtete in seinem Sangversepos *Der jüngere Titurel* folgende Zeilen:»Wie der Beryll vergrößert die Schrift, in ihm zu lesen, /
Dein Herz sich dem gleicht mit allen Tugenden, die darin sind, / es
wächst hoch, breit, weit und auch in der Länge.«

Bald schliff man die Linsen in bikonvexer Form und legte sie nicht mehr auf die Schrift, sondern näherte sie dem Auge. Man gab ihnen eine Fassung, um sie besser halten zu können. Dies wiederum brachte jemanden auf die Idee, zwei Eingläser an ihrem Haltegriff zusammenzunieten. So konnte die Sehhilfe auf die Nase gesetzt werden – die erste Brille war erfunden. 1300 und 1301 wurden in Venedig die ersten Ratserlasse über die Produktion und den Handel mit Brillen verabschiedet. 1352 kam die Brille auch in der Malerei an. Tommaso da Modena porträtierte für ein Fresko im Kapitelsaal des Dominikanerordens San Nicolò in Treviso den Kardinal Hugo de Provence. Der Würdenträger steht schreibend an einem Pult und trägt eine Brille auf der Nase.

Von der Mitte des 11. bis zum Ende des 13. Jahrhunderts, also in einem Zeitraum von 250 Jahren, entstand durch die Universitäts- und Kanzleigründungen, die Einführung des Papiers und die Erfindung der Brille in Verbindung mit der langsamen Urbanisierung der Gesellschaft eine lesekundige Oberschicht, die für eine erhebliche Steigerung der Buchproduktion sorgte. Das handschriftliche Kopieren sollte bald nicht mehr in der Lage sein, den entstehenden Bedarf zu decken.

BÜCHERFLÜCHE

GEGEN EIN FEHLENDES URHEBERRECHT

DEM irischen Hochkönig Diarmuid wurde um das Jahr 550 als oberstem Richter des Landes ein Rechtsstreit vorgelegt, bei dessen Lösung er juristisches Neuland betrat. Während eines Besuches im Kloster Drumm Finn hatte der Mönch Columban Cille des Nachts auf mitgebrachtem Pergament heimlich einen liturgischen Text kopiert, den Finnian, der Abt des Klosters, verfasst hatte. Als Abt Finian dies entdeckte, forderte er, Columban Cille solle ihm die Abschrift aushändigen. Dieser weigerte sich und so bat man den Hochkönig, in dieser Angelegenheit Recht zu sprechen. Dessen Urteil lautete kurz und bündig: »Wie zu jeder Kuh ihr Kalb, so gehört zu jedem Buch seine Abschrift.« Columban Cille musste seine Kopie dem Abt überlassen.

Dieses Urteil stellte die gesamte mittelalterliche Rechtsprechung auf den Kopf, die nach wie vor dem römischen Recht folgte, das auch im kirchlichen Bereich Bestand hatte. Nach der geltenden Rechtsprechungspraxis hätte die Kopie dem klagenden Mönch zugesprochen werden müssen, da ja die geistige Schöpfung keinerlei Rechtsschutz genoss und die Kopie eines Werkes immer dem gehörte, der sie angefertigt hatte, sofern der Beschreibstoff sein Eigentum war.

Spätere Chronisten berichteten denn auch, dass in dieser Entscheidung des Hochkönigs der Grund für die Schlacht von Cúl Dreimne zu suchen sei, in der Columban Cille mit seinen Verbündeten 561 siegreich gegen Diarmuid zog. Diese Schlacht wird in der Literatur deshalb als »Buchkrieg« bezeichnet.

Das Urteil des irischen Hochkönigs stellt in der mittelalterlichen Welt eine Ausnahme dar, denn von der Spätantike bis ins 13. Jahrhundert hinein lassen sich kaum Ansätze zu einer Änderung urheberrechtlicher Auffassungen entdecken. Das mag schon daran liegen, dass die Urheber dieser Zeit fast ausschließlich Geistliche waren. Diese Autoren besaßen kein ausgeprägtes Urheberbewusstsein, sie waren ja nur ein Werkzeug, empfingen ihre Inspiration von Gott. Die Urheber traten zumeist hinter ihrem Auftrag zurück. Zur Charakterisierung ihrer Tätigkeit wurden gern Vergleiche mit handwerklichen Tätigkeiten angestellt. So sprach man vom Dichten als einem Schmelzen, Wirken, Schneidern, Flicken, Flechten und Drechseln.

Erst als sich Mitte des 12. Jahrhunderts der höfische Dichter etablierte und sich eine ritterliche Gesellschaft entwickelte, die sich eine weltliche Kultur schuf und die kirchliche Bevormundung abzustreifen begann, konnte ein Bewusstsein eigener Urheberschaft überhaupt erst wieder entstehen.

TROTZ DER sich nun ausbreitenden »schönen« Literatur, die im Gewand von höfischen Epen, Heldendichtungen, Minneliedern, Sprüchen, Schwänken, historischen Chroniken, Legenden und Tugendlehren auftrat, war es einem juristischen Werk vorbehalten, dem Urhebergedanken neue Impulse zu verleihen. Dieses Werk war der *Sachsenspiegel* von Eike von Repgow, der zwischen 1220 und 1235 zunächst in lateinischer Sprache verfasst wurde. Der Autor hatte sich vorgenommen, das in Sachsen bestehende Gewohnheitsrecht schriftlich zu fixieren. Dabei entstand das älteste größere Prosawerk der deutschen Literatur. Bald wurde der *Sachsenspiegel* als offizielles

Gesetzbuch betrachtet. Er entfaltete eine ungeheure rechtsgeschichtliche Wirkung und galt in einigen deutschen Staaten bis ins 19. Jahrhundert.

Anders als die meisten mittelalterlichen Autoren gibt sich Eike von
Repgow in seiner Vorrede als Verfasser des Buches zu erkennen:»Nun
dankt alle zusammen dem Herrn von Falkenstein, der Graf Hoyer genannt wird, daß dies Buch auf seine Bitte in deutscher Sprache abge-
faßt worden ist. Eike von Repgow hat es getan. Nur widerwillig hat er
diese Arbeit übernommen.« Eike von Repgow gibt auch seine Absicht
und den Titel des Buches bekannt:»›Spiegel der Sachsen‹ sei deshalb
dies Buch genannt, weil mit ihm das Recht der Sachsen allgemein bekannt wird, wie durch einen Spiegel den Frauen das Antlitz, das sie er-
blicken.«

Neben der ausdrücklichen Titelgebung und seiner Namensnennung
als Autor drückt sich das Selbstbewusstsein Eike von Repgows als Urheber des Werkes vor allem dadurch aus, dass er seiner Angst vor fehlerhaften, sinnentstellenden und verfälschenden Kopien des Buches
Ausdruck verleiht und all jene mit einem Bücherfluch belegt, die seinem Werk solches antun:»Große Angst überfällt mich, denn ich
fürchte, daß mancher dieses Buch durch Zusätze erweitern wird und
damit das Recht in sein Gegenteil zu wenden beginnt und dies in meinem Namen tun wird ... Alle, die unrecht handeln und mit diesem
Buch Unrecht vollführen, und die, welche Falsches hinzufügen, bedenke ich deshalb mit diesem Fluch: Der Aussatz möge sie befallen ...
Vor Gott sei verflucht, wer das Unrecht bereitwillig unterstützt oder
mit diesem Werk vermischt, auf das ich viel Nachdenken verwendet.«

Bücherflüche haben eine lange Tradition. Schon in der Offenbarung des Johannes heißt es:»Ich erkläre jedem, der die prophetischen
Worte dieses Buches vernimmt: Wer etwas hinzufügt, dem wird Gott
die Plagen zufügen, von denen in diesem Buch geschrieben steht. Wer
von den Worten dieses prophetischen Buches etwas wegnimmt, dem
wird Gott wegnehmen seinen Anteil an dem Baume des Lebens und
an der heiligen Stadt, von denen in diesem Buche geschrieben steht.«
Bücherflüche als Versuch der Textsicherung ziehen sich durch die gesamte Antike und das Mittelalter. Aber Eike von Repgow sorgt sich
nicht nur um unautorisierte Änderungen des Werkes, er fürchtet vor
allem, dass diese unter seinem Namen geschehen. Hier wird zwar
noch nicht die Kopie – und schon gar nicht die honorarfreie – ver-

dammt, wohl aber die verfälschende Abschrift, die das Persönlichkeitsrecht des Verfassers verletzt. Dieses Selbstbewusstsein eines
Autors ist neu und ein wichtiger Meilenstein auf dem Weg zum Urheberrecht.

... karmesinrot gebunden und mit Silber beschlagen, unzählige Bände von dieser Art, ein prächtiger Anblick. In dieser Bibliothek sind alle Bücher über die Maßen schön, alle mit der Feder geschrieben, kein einziges gedruckt, denn Federico da Montefeltro würde sich dessen geschämt haben, alle auf's feinste illuminiert, kein einziges, das nicht auf feinstem Pergament geschrieben wäre.

VESPASIANO DA BISTICCI [1421–1498]

Die Buchdruckerkunst ist ein Faktum, von welchem ein zweiter Teil der Welt- und Kunstgeschichte datiert, welcher von dem ersten Teil ganz verschieden ist.

JOHANN WOLFGANG VON GOETHE [1749–1832]

Von der Wiederkehr des Buches in der Renaissance

DER ERSTE BUCHHÄNDLER DER RENAISSANCE

E S ist keinesfalls meine Absicht, dich, Vespasiano, Buchhändler und Bürger von Florenz, am Ende dieses ersten Bandes mit Stillschweigen zu übergehen. Tatsächlich hast du in unserem herabgekommenen Jahrhundert die Kenntnis aller erwähnenswerten Schriftwerke der hebräischen, griechischen und lateinischen Sprache und ihre Verfasser dem Andenken überliefert. Daher lenken immer zu dir ihre Schritte alle Bischöfe, Könige, Fürsten und alle dreisprachigen Gelehrten, wenn sie nach vollkommener Bildung streben. Ich selber habe deine Hilfe bei den von Gelehrten hinterlassenen Schriften ganz besonders in Anspruch genommen; viele von ihnen sind mir von dir nachgewiesen worden. Sei darum unsterblich, wenn ich so sagen darf.«

Mit dieser bemerkenswerten Widmung am Schluss des ersten Bandes seiner unvollendet gebliebenen Weltchronik ehrte der heute nur noch wenigen Spezialisten bekannte Priester, Lehrer und Autor Zomino da Pistoia den florentinischen Buchhändler Vespasiano da Bisticci. Ein anderer Zeitgenosse, der Übersetzer Angelo Decembrio, bemerkte über da Bisticci:»Man lobt in Florenz einen gewissen Vespasiano, einen hervorragenden Buchhändler, den geschicktesten von allen, zu dem ganz Italien und auch Männer aus den Nachbarländern hinströmen, die sehr sorgfältig hergestellte Bücher kaufen wollen.«

Das Leben und Wirken des so gerühmten Buchhändlers reicht in die Epoche, in der sich durch Gutenbergs Erfindung des Buchdrucks mit beweglichen Lettern die dritte Medienrevolution der Geschichte vollzog.

Vespasiano da Bisticci wurde 1421 in Florenz als viertes von sechs Kindern eines Garnhändlers geboren. Er wuchs in bescheidenen Verhältnissen auf, die Mittel, ihm eine Ausbildung in den »artes liberales« zu ermöglichen, waren offensichtlich in der kinderreichen Familie nicht vorhanden. Wohl als Zehnjähriger nahm er die Arbeit in einer Buchhandlung auf. Botengänge brachten ihn hin und wieder in das Haus des Kardinals Giuliano Cesarini, der Gefallen an dem aufgeweckten Jungen fand und anbot, ihm das Studium der Theologie zu finanzieren. Nach einer kurzen Bedenkzeit verzichtete Vespasiano auf die Chance, aus seinem bis dahin eher ärmlichen Leben auszubrechen und Priester zu werden. Er blieb Buchhändler. Aufgrund seiner geringen Schulbildung konnte er sich schriftlich nur in Vulgärlatein ausdrücken, erst später war er in der Lage, die Hochsprache zu lesen. »Das Schreiben gehört nicht zu meinem Berufe«, äußerte Vespasiano in seinem letzten Lebensabschnitt. »Ich habe nicht Latein studiert. Alles was ich weiß, habe ich im Umgang und in den Unterhaltungen mit Gelehrten gelernt.« Allerdings betätigte sich Vespasiano da Bisticci im hohen Alter auch als Autor. *Große Männer und Frauen der Renaissance* sind in mehreren Ausgaben auch in Deutschland erschienen und gelten als bedeutendes Quellenwerk zur Welt der italienischen Frührenaissance.

1440 erlangte der kaum zwanzigjährige Vespasiano die Gunst des Cosimo de' Medici, der wenige Jahre zuvor die faktische Herrschaft seiner Familie über Florenz etabliert hatte. Kurz darauf freundete sich der Buchhändler mit Tommaso Parentucelli an, der sieben Jahre später als Nikolaus V. das Pontifikat übernahm. Während dieser kurzen Zeitspanne stieg Vespasiano da Bisticci zum führenden Buchhändler in Florenz auf. Nur wenige Jahre danach galt er als bedeutendster Vertreter seiner Zunft in Europa, und in der langen Geschichte dieses Berufes war er einer der wenigen Buchhändler, die nennenswerten Reichtum anhäufen konnten.

Bis heute bleibt rätselhaft, wie Vespasiano da Bisticci aus einfachsten Verhältnissen in den Kreis der florentinischen Elite aufrücken konnte. Die humanistisch gesinnte Gesellschaft der Frührenaissance ermöglichte zwar eine gewisse soziale Durchlässigkeit, doch Vespasianos Aufstieg in die höchsten Kreise war mehr als ungewöhnlich. Der Historiker Bernd Roeck begründet diese beispiellose Karriere so: »Es war sein Beruf, es waren herrliche Bücher, die Bisticci Herzen, Türen und Schatztruhen öffneten.« Diese auf den ersten Blick einfache Vermutung erhält Gewicht, wenn man die gesellschaftlichen

Veränderungen in der Renaissance und die daraus entstehende Rolle des Buches in der florentinischen Gesellschaft dieser Zeit näher betrachtet.

Die Kreuzzüge von Ende des 11. bis Ende des 13. Jahrhunderts waren zwar ein politisches und militärisches Fiasko, doch immerhin wurden in dieser Zeit enge Handelsbeziehungen mit dem Orient geknüpft, die hauptsächlich den italienischen Hafen- und Handelsstädten großen Wohlstand und steigenden politischen Einfluss brachten. Venedig konnte sich das Monopol des Orienthandels sichern, in Florenz übernahmen die zunächst im Textilhandel tätigen und später durch internationale Bankgeschäfte zu phantastischem Reichtum gelangten Medici die Herrschaft. Nutznießer des florierenden Handels und der expandierenden Geldgeschäfte war das aufstrebende Bürgertum, das sich als freier und selbstbewusster Stand etablierte. Diese wohlhabende, bürgerliche Schicht schuf eine städtische Kultur, die nicht mehr allein von Adel und Klerus bestimmt wurde.

In seinem umfangreichen Werk *Wege zum Urheberrecht* hat der Jurist Walter Bappert diesen Prozess so beschrieben: »Mittelpunkt und Schrittmacher der neuen Impulse waren die reichen und unabhängigen italienischen Stadtstaaten, vertreten durch das hier früher als anderswo emporgekommene Bürgertum, das, in seiner neugewonnenen Machtstellung selber traditionslos, dem Neuen vorurteilsfrei und beweglich gegenüberstand und selbst alle Voraussetzungen dafür besaß, aus seiner eigenen Sicht von Welt und Dingen eine neue Weltanschauung zu formen.«

Im Zentrum dieser neuen Weltsicht stand nicht mehr das mittelalterliche Generalthema Gott, sondern der Mensch selbst, das Individuum in seinem Selbstbezug ebenso wie in seiner Stellung zu Gott und der Welt. Und diese Welt wurde nun ganz anders angeschaut, von der symbolistischen Auffassung entkleidet, dass alles Vergängliche nur ein Gleichnis sei, ein Spiegel des Göttlichen. Es entstanden eine Wissenschaft und Philosophie, die sich allein auf die unmittelbare Welterfahrung und Beobachtung der Natur gründeten, ohne Rücksicht auf klerikale und feudale Autoritäten. Die menschliche Lebenszeit wurde nicht mehr lediglich als Vorbereitung auf eine transzendente Heilserwartung begriffen, sondern vor allem als Möglichkeit, die Welt und den Menschen zu erforschen, sie durch Bildung zu erkennen und zu formen. Dieser neugierige Blick auf die Welt richtete sich auch in die Vergangenheit und man erkannte die im Mittelalter weitgehend vernachlässigte Historie wieder als »magistra vitae«, als Lehrmeisterin des Lebens. Die Entdeckung der Welt und die Wiederentdeckung der Geschichte – vor allem der Antike – gingen also Hand in Hand.

Infolge dieser gesellschaftlichen und mentalen Entwicklungen war das Buch aus seiner klösterlichen Abgeschiedenheit wieder in der Mitte der Gesellschaft angekommen. Bereits im späten 14. Jahrhundert waren in Florenz aus privaten Schreibwerkstätten gewerblich tätige Buchhandlungen entstanden, die wie in der Antike Bücher als Lagertitel vorrätig hielten. Sie florierten so sehr, dass sich Florenz im 15. Jahrhundert schließlich als italienisches Zentrum eines lebhaften Handschriftenhandels fest etablieren konnte. Die Stadt galt überdies als europäische Zentrale für griechische und lateinische Texte. Schreiber und Miniatoren aus aller Herren Länder strömten hier zusammen und fanden lohnende Arbeit. Papier- und Pergamentfabriken konnten mit sicherem Absatz rechnen. Und die Medicis waren dabei, »ihr« Florenz zur führenden kulturellen und politischen Macht Italiens auszubauen.

Zu Vespasianos Zeit organisierten Buchhandlungen den gesamten Prozess der Buchherstellung, sie beschäftigten Schreiber und Illustratoren, besorgten Papier oder Pergament, vor allem aber trieben sie gefragte Texte in ganz Europa auf, um sie zu vervielfältigen und zu verkaufen. Die Buchhändler kauften manchmal auch ganze Bibliotheken an, um die Texte erneut in Umlauf zu bringen. Sie fertigten Listen gefragter Bücher an und gaben sie Reisenden mit, in der Hoffnung, diese würden die gesuchten Titel irgendwann irgendwo auftreiben und ihnen zukommen lassen. Wie in der Antike entwickelten sich Buchhandlungen wieder zu Treffpunkten der Gelehrten, zu Stätten intellektuellen Austausches.

Die hohe Wertschätzung des Buches in der florentinischen Gesellschaft, die fast bibliomanische Suche nach in Vergessenheit geratenen Texten und deren Sammlung in privaten Bibliotheken ermöglichten Vespasiano den kometenhaften Aufstieg; er war allen anderen Buchhändlern seiner Zeit in jeder Hinsicht voraus.

»Du hast eine gute Begabung«, schrieb der italienische Diplomat Giannozzo Manetti in einem Brief an Vespasiano, »mehr als in deinem Stand und Beruf nötig ist.« Und so war es auch: In Vespasianos

Buchhandlung entstanden buchkünstlerische Meisterwerke. Er installierte ein Netzwerk von Informanten, die ihm gefragte Bücher beschafften, und von Anfang an konzentrierte er seine buchhändlerischen Ambitionen auf eine Klientel, die »nicht auf den Preis sieht«, wie immer wieder bei ihm zu lesen ist. Vespasiano verkaufte nicht nur einzelne Bücher, sondern richtete ganze Bibliotheken ein und spornte Autoren an, Bücher zu veröffentlichen. Der zu Beginn dieses Kapitels zitierte Zomino da Pistoia beispielsweise wollte den ersten Band seiner Weltchronik zunächst nicht zur Abschrift freigeben. Erst auf Drängen Vespasianos konnten Kopien hergestellt werden, die er dann in ganz Italien, aber auch in Spanien, Frankreich und England verkaufte.

Vespasiano belieferte die päpstliche Bibliothek und zählte viele Fürsten und Könige in ganz Europa zu seinen Kunden. Den wohl umfangreichsten Auftrag erhielt er jedoch von seinem Gönner Cosimo de' Medici. Nach Vespasianos Aufzeichnungen hatte Cosimo ein Priesterhaus bei der Kirche San Lorenzo erbauen lassen. »Wie dies nun ausgeführt war, sann er darauf, in welcher Weise es einzurichten sei, daß dieser Ort von rechtschaffenen und gelehrten Menschen bewohnet werde. Er hatte daher den Gedanken, dort eine ansehnliche Bibliothek einzurichten. Eines Tages – ich war bei ihm in seinem Zimmer – sagte er zu mir: ›Was würdest du mir raten, wie ich diese Bibliothek mit angemessenen Büchern bestücken soll?‹ Ich antwortete, daß es unmöglich sei, solche Bücher zu kaufen, da sich derzeit keine finden ließen. Er fragte daraufhin: ›Was also könnte man tun, um die Bibliothek einzurichten?‹ Es sei erforderlich, sie schreiben zu lassen, sagte ich darauf. Er fragte nun, ob ich diese Aufgabe übernehmen wolle, und ich war zufrieden ... Die Bibliothek wurde in Angriff genommen und, da er wünschte, daß mit der größten Schnelligkeit gearbeitet würde, und da es nicht an Geld fehlte, stellte ich 45 Schreiber an und vollendete 200 Bücher in 22 Monaten.«

Dieser bibliothekarische Großauftrag stellte einen Höhepunkt und gleichzeitig den Wendepunkt im buchhändlerischen Leben Vespasianos dar, denn etwa zu dieser Zeit vollzog sich in Deutschland durch Gutenbergs Erfindung des typographischen Buchdrucks die dritte Medienrevolution der Geschichte, die nicht ohne Einfluss auf Vespasianos Berufsleben bleiben sollte.

JOHANNES Gutenberg hat – um gleich ein weitverbreitetes Missverständnis aus dem Weg zu räumen – nicht den Buchdruck oder
das Drucken erfunden, sondern den Druck mit beweglichen Lettern,
den man auch typographischen Buchdruck nennt. In China bedruckte
man bereits im 4. Jahrhundert n. Chr. Papier. Dazu färbte man entsprechend bearbeitete Steine mit Tusche ein und rieb diese Druckformen
auf Papier ab. Nachdem sich diese Drucktechnik viele Jahrhunderte
hindurch kaum verändert hatte, entstand um 1380 in Süddeutschland
der Holzschnitt, der auf dem gleichen Prinzip basierte. Insofern ist
der Holzschnitt keine neue Erfindung, sondern die Anwendung einer
bekannten Drucktechnik mit einer Druckform aus einem bis dahin
nicht genutzten Material. Seine Entstehung verdankt der Holzschnitt
übrigens der großen Nachfrage nach preiswerten Kartenspielen. Ab
1400 entstanden in alpenländischen Klöstern die sogenannten »Pest-
blätter«, Holzschnitte mit Darstellungen von Schutzheiligen, mit Ge-
betstexten oder medizinischen Ratschlägen zur Pestprophylaxe. Da
sich die einzelnen Buchstaben und Abbildungen durch das Abreiben
der Farbe durch das Papier drückten, konnte mit Holzschnitten nur
einseitig gedruckt werden.

Um 1430 wurden die ersten Blockbücher hergestellt. Dazu klebte
man zwei Holzschnitte an ihrer Rückseite zu einem Blatt zusammen.
Mehrere dieser Blätter wurden dann zusammengeheftet und fest eingebunden. So entstanden gedruckte Bücher mit unterschiedlichen
Umfängen in Auflagen zwischen 200 und 300 Exemplaren. Die meisten Blockbücher enthielten Abbildungen mit erläuternden Texten.
Ihr Inhalt war überwiegend religiöser Natur, es wurden jedoch auch
profane Blockbücher hergestellt.

Die Verbreitung der Blockbücher belegt einerseits das Vorhanden-
sein einer Frühform des gewerblichen Buchvertriebs, andererseits die
Existenz eines zwar zahlenmäßig begrenzten, aber kaufkräftigen Le-
sepublikums. Das wachsende Bildungs- und Lektüreinteresse dieser
Schicht konnte jedoch durch das Blockbuch nicht in ausreichendem
Maße abgedeckt werden, da dessen Produktionsweise immer noch
sehr aufwendig war, was sich auch im Preis niederschlug. Die Zeit war
reif für die Einführung einer neuen Medientechnologie.

Blockdruck | Typischer Holzschnitt aus einem Blockbuch um 1460 mit alt- und neutestamentlichen Szenen. Die etwa 40 Seiten umfassenden Blockbibeln wurden im Lauf des 16. Jahrhunderts durch die Verbreitung von Vollbibeln im Buchdruckverfahren verdrängt.

Um 1400 wurde dem Patrizier Friele Gensfleisch zur Laden und seiner zweiten Frau Else Wirich im elterlichen Hof zum Gutenberg in Mainz ein Sohn geboren, der den Namen Johannes erhielt. Über seinen Bildungsweg liegen keine zuverlässigen Informationen vor, die Herkunft aus einer wohlhabenden Kaufmannsfamilie, seine gute Kenntnis der lateinischen Sprache und nicht zuletzt seine kaufmännischen wie technischen Fähigkeiten lassen aber auf den Besuch einer Lateinschu-

Gutenberg | Ein authentisches Porträt von Gutenberg ist nicht überliefert. Das älteste
Bildnis ist in dem biographischen Sammelwerk *Prosopographia* von Henricus Pantaleon
1565 erschienen. Die Abbildung links stammt aus der deutschen Ausgabe der *Prosopographia* von 1568 und zeigt einen anderen Holzschnitt als den der lateinischen Originalausgabe. Bei dem rechten Brustbild handelt es sich um einen Kupferstich aus Joseph Moxons
Mechanick Exercises of the whole Art of Printing von 1683.

le und Universität schließen. Wo sich Gutenberg nach Verlassen des
Elternhauses bis zu seinem 34. Lebensjahr aufhielt, ist nicht bekannt.

Von 1434 bis 1444 lebte er nachweislich in Straßburg, das damals zu
den führenden Städten im Reich gehörte. In dieser Zeit gründete
Gutenberg eine Finanzierungsgesellschaft mit mehreren Teilhabern.
Unternehmensziel war die Herstellung von Wallfahrtsspiegeln aus einer Blei-Zinn-Legierung. Man war damals der Auffassung, dass diese
Pilgerspiegel die heilige Aura der in den Wallfahrtsorten gezeigten
Reliquien aufnehmen und gleichsam speichern konnten, und sprach
ihnen deshalb reinigende und heilende Kräfte zu. Zahllose Wallfahrtsorte mit Abertausenden von Pilgern versprachen im 15. Jahrhundert
für die Pilgerspiegel ein erhebliches Marktpotential. Später ist die
Realisierung eines Projektes belegt, das in vorliegenden Prozessakten
etwas nebulös als »Aventur und Kunst« beschrieben wird. »Abenteuer« und »Kunst« sind zeitgenössische Begriffe für ein risikoreiches
kaufmännisches Unternehmen mit ungewissem Ausgang und für
handwerkliches Können. 1439 wurde von den Brüdern eines in diesem
Jahr verstorbenen Investors ein Prozess gegen Gutenberg ange-

strengt. Die Kläger wollten sich in die Gesellschaft einklagen beziehungsweise alternativ einen Teil der Investition zurückfordern. In den Protokollen und Zeugenaussagen finden sich Hinweise auf den Ankauf von Blei, das in »Formen eingeschmolzen« werden sollte, und den Bau einer hölzernen Presse. Gutenberg hatte bei dieser Unternehmung auf strengste Geheimhaltung bestanden und man vermutet heute, dass es sich bei seinem Vorhaben um die Entwicklung einer Vorstufe des Buchdrucks gehandelt hat.

Spätestens seit dem 17. Oktober 1448 lebte Gutenberg wieder in Mainz. Dies belegt ein Kreditvertrag mit seinem Vetter Arnold Gelthus, der ihm 150 Gulden lieh. Mit diesem Startkapital ausgestattet, begann Gutenberg den Aufbau einer Druckwerkstatt im Humbrechthof in der Mainzer Altstadt. Wie bereits in Straßburg suchte Gutenberg nach weiteren Finanziers und fand schließlich in dem Mainzer Kaufmann und Bankier Johann Fust einen Geldgeber, der insgesamt 1600 Gulden in das gemeinsame »Werk der Bücher« investierte. Dies war ein ansehnlicher Betrag; ein repräsentatives Bürgerhaus kostete in dieser Zeit 500 Gulden. »Die Investitionskosten erreichten«, so Stephan Füssel in seiner Gutenberg-Biographie, »modern gesprochen die Millionengrenze.«

Diese Methode der Fremdfinanzierung wurde Gutenberg allerdings schon bald zum Verhängnis, denn Fust sicherte sich als Pfand die Eigentumsrechte an den von seinem Geld angeschafften Gerätschaften. Doch zunächst konnte Gutenberg unbeschwert seine Erfindung des Buchdrucks mit beweglichen Lettern entwickeln und nach einigen erfolgreichen Versuchen schließlich von 1452 bis 1454 sein Hauptwerk drucken, die Gutenberg-Bibel – in ihrer typographischen Vollendung bis heute eines der schönsten, unter mediengeschichtlichen Aspekten in jedem Fall wirkungsmächtigsten Bücher der Welt (Farbtafel v). Jede Seite dieser Bibel besteht aus zwei Kolumnen mit jeweils zweiundvierzig Zeilen. In der Wissenschaft wird diese Bibel deshalb *B-42* genannt. Kurz vor deren Fertigstellung, im Jahre 1455, warf Fust Gutenberg eine Zweckentfremdung des ihm zur Verfügung gestellten Kapitals vor und zog vor Gericht. Gutenberg unterlag in dem Rechtsstreit und musste seinem Finanzier die Druckwerkstatt und vermutlich alle Lagerbestände überlassen.

Gutenberg gründete zwar anschließend mit einem anderen Partner eine neue Druckerei und produzierte dort neben Kleinschriften

Mainz | Die älteste Stadtansicht von Mainz
aus dem Jahr 1518 in Johann Stöfflers *Der römische Kalender*.

weitere bedeutende Bücher, doch sein Hauptwerk blieb die *B-42*. Ab 1465 wurde er vom Mainzer Erzbischof Adolf II. von Nassau finanziell unterstützt. Relativ wohlhabend starb Johannes Gutenberg am 3. Februar 1468 im Algesheimer Hof in unmittelbarer Nachbarschaft seines Geburtshauses.

Nicht viele Menschen verfügen heutzutage über eine gleichmäßige, ausgeglichene und somit auffällig schöne Handschrift. »Er schreibt wie gedruckt«, sagen wir in diesem selten gewordenen Fall. Gutenberg verfolgte den genau umgekehrten Gedanken. Sein Buchdruck nahm sich die Handschrift zum Vorbild. Er wollte so drucken, wie geschrieben wurde.

Vom 12. bis zum 15. Jahrhundert hatten Mönche und profane Schreiber bei der Herstellung handgeschriebener Dokumente und Bücher verschiedene Schriften entwickelt. Vorherrschend bei Büchern war die »gotische Minuskel«. Liturgische Werke schrieb man in der »Textura« (Farbtafel IV). Und in der Verwaltung hatte sich die »goti-

Mittelalterliche Handschriften | Ganz oben die Buchschrift *gotische Minuskel*, in der Mitte die Bibelschrift *Textura*, darunter die Kanzleischrift *gotische Kursive*.

sche Kursive« durchgesetzt, um nur einige Beispiele zu nennen. Gutenberg orientierte sich an diesem Fundus von Handschriften, denn das gedruckte Buch sollte sich vom handgeschriebenen nicht unterscheiden, sondern ihm gleichkommen. Das Gelingen dieser Absicht wurde von zahlreichen Zeitgenossen gewürdigt. So schrieb der italienische Humanist Franciscus Philelphus 1470 über Gutenbergs Druckerzeugnisse, »daß man glauben kann, sie seien aus der Hand des geschicktesten Abschreibers hervorgegangen«.

Worin bestand nun eigentlich Gutenbergs Erfindung? Genau genommen handelt es sich beim Buchdruck mit beweglichen Lettern um eine einfache und wohl gerade deshalb geniale Erfindung beziehungsweise um mehrere darauf abgestimmte Weiterentwicklungen bereits vorhandener Technologien. Entscheidend war Gutenbergs vorbildlose Idee, einzelne Buchstaben aus einer für den gestochen scharfen Abdruck optimalen Legierung der Metalle Blei, Zinn und Antimon herzustellen.

Zur Fertigung der Drucklettern wurde zunächst ein Buchstabe erhaben und seitenverkehrt auf einen Stahlstab graviert, die sogenannte »Patrize«. Anschließend trieb man diese Form mit einem Hammer in weiches Kupfer. Dadurch entstand ein seitenrichtig vertiefter Abdruck des Buchstabens. Diese Matrize wurde nun in dem von Gutenberg eigens konstruierten Handgießinstrument, der Gussform der Letter, befestigt. In diese Form goss man die auf 232 Grad erhitzte Bleilegierung. So entstand die seitenverkehrte eigentliche Letter, die beim Abdruck auf Papier seitenrichtig erschien. Ergänzend zu den Buchstaben des Alphabets und den gebräuchlichen Satzzeichen stellte Gutenberg eine Vielzahl von Ligaturen – einer Verbindung zweier oder mehrerer Buchstaben zu einer für das Auge harmonischen Einheit –, Abkürzungen und typographischen Sonderzeichen her, um dem harmonischen Schriftbild einer Handschrift möglichst nahe zu kommen. Für die *B-42* fertigte Gutenberg 290 Einzeltypen an. Mit diesen einzelnen Lettern konnte nun Wort für Wort, voneinander durch nichtdruckenden »Ausschluss« getrennt, gesetzt werden, bis eine Zeile fertig war. Der ebenfalls nichtdruckende »Durchschuss« trennte die Zeilen voneinander. So entstand schließlich in einem Rahmen die ganze Druckseite, die dann in eine Presse gehoben wurde.

Diese entwickelte Gutenberg aus dem bereits in der Antike verwendeten Prinzip der Wein- und Ölpressen. Es handelte sich dabei um Spindelpressen. Die durch einen Hebel gedrehte Spindel bewegte sich nach unten und übertrug den dabei entstehenden Druck auf ein horizontales Holzbrett. Dieses Brett presste das zu bedruckende Papier gleichmäßig auf die seitenfertigen Lettern, die zuvor mit Farbe eingestrichen worden waren. Um mit diesem auf den ersten Blick einfachen, in seinen technischen Details aber sehr komplizierten Prinzip zu einem optimalen Schriftbild zu gelangen, waren die vorherige Bearbeitung des Papiers und die Herstellung der Druckfarbe von großer Bedeutung.

Das Papier des 15. Jahrhunderts war zu hart und zu glatt, als dass sich die Lettern in ihm sauber eindrücken ließen und sie die Farbe gleichmäßig abgeben konnten. Deshalb musste es weicher gemacht werden. Etwa vier bis fünf Tage vor dem Drucken begann man, das Papier zu befeuchten, ein Verfahren, das als »vornehmste Arbeit« galt, von der die Qualität des Druckes entscheidend abhing. Ähnlich komplex war die Herstellung der Druckfarbe. Die bis dahin für den Holzdruck verwendete Farbe war zu dünnflüssig für die glatte Oberfläche der Bleilettern. Außerdem hätte sie das feuchte Papier durchdrungen und wäre auf der Rückseite des Druckbogens sichtbar geworden. Neben der notwendigen Zähflüssigkeit benötigte Gutenberg außerdem eine Farbsubstanz, die schnell trocknete. Dazu experimentierte er mit über zehn Rohstoffen – Leinöl, Terpentin, Harzpech und so weiter –, um schließlich zu einer optimalen Farbmischung zu gelangen.

Damit der gesamte Ablauf des Druckens optimal organisiert werden konnte, erfand Gutenberg weitere Peripheriegeräte. Da war zunächst der »Setzkasten«, dem die Setzer die Lettern entnahmen. Weiterhin konstruierte Gutenberg den sogenannten »Winkelhaken« zur Aufnahme einer Druckzeile und ein stabiles Holzbrett (»Schiff«), in dem die ganze Druckseite aufgebaut wurde. Schließlich fertigte Gutenberg noch den »Druckerballen« an, der zum gleichmäßigen Auftragen der Farbe auf der Druckform verwendet wurde.

Aus der sorgfältig aufeinander abgestimmten Kombination aller dieser Faktoren besteht also Gutenbergs Erfindung, womit jedoch lediglich die technologische Seite ihrer Besonderheit beschrieben ist. Ihre mediengeschichtliche Wirkung war vielfältig. Der Buchdruck ermöglichte eine in der Auflage kaum begrenzte und völlig identische Reproduktion eines Buches. Eine zeittypische Auflage von drei- oder fünfhundert Exemplaren wurde im Bruchteil der Zeit hergestellt, die ein Schreiber für die Anfertigung eines einzigen Buches benötigt hätte. Die Bleilettern konnten für den Druck weiterer Bücher verwendet oder wieder eingeschmolzen werden, um daraus andere Typen zu gießen. Infolge dieser Entwicklung sank der Preis für ein einzelnes Buch drastisch. Breite Kreise der lesekundigen Bevölkerung konnten nun Bücher erwerben. Der Weg des Buches zum einzigen Massenmedium seiner Zeit war geebnet.

Bis heute ist ungeklärt, wann Gutenberg seinen ersten Druck mit beweglichen Lettern herstellte und um welches Werk es sich dabei handelte. Dies liegt einerseits an der unklaren Quellenlage, andererseits daran, dass Gutenberg seine Produkte nicht mit einem Druckervermerk kennzeichnete. Man geht aber davon aus, dass er vor der *B-42* diverse Kleinschriften und Ablassbriefe sowie die lateinische Sprachlehre des Grammatikers Aelius Donatus auf den Markt brachte. Dieses mit dem Kürzel »Donat« bezeichnete Schulbuch war zuvor als

Blockbuch und wegen seines häufigen Gebrauchs auf Pergament gedruckt worden. Bisher wurden 24 Auflagen der Gutenbergschen Donate in Auflagenhöhen zwischen 200 und 400 Exemplaren nachgewiesen. »Die Ära des gedruckten Buches beginnt also mit einem ›Brotartikel‹, einer preiswerten, langfristig risikolos in großen Auflagen absetzbaren Handelsware«, bemerkt Reinhard Wittmann in seiner *Geschichte des deutschen Buchhandels.* Und er folgert aus diesem Umstand eine Vermutung, die Gutenberg als genialen Marktstrategen sieht: »Mit solchen Kleindrucken freilich konnte Gutenberg der hochentwickelten Handschriftenkultur in ihrer ästhetischen Vollendung keine Konkurrenz machen. Wollte er die traditionelle kunstreiche ›ars artificialiter scribendi‹ der Schreibstuben mit seiner Erfindung aus dem Felde schlagen, musste er den Kampf auf deren ureigenstem Gebiet aufnehmen: mit einem großen, aufwendig herzustellenden und teuren, aber in sämtlichen (kaufkräftigen) Klöstern, Stiften und Pfarreien benötigten Grundlagenwerk. Kein Text eignete sich für diese Aufgabe besser als die Bibel, das abendländische Buch der Bücher schlechthin.« Demnach leitete sich Gutenbergs Motivation zum Druck der *B-42* keinesfalls aus religiösem Interesse ab; vielmehr hatte er einen Generalangriff auf die mittelalterliche Schreibkultur und deren vollständigen Ersatz durch die von ihm erfundene Technologie des Buchdrucks im Sinn, mit der er außerdem ordentlich verdienen wollte. Dies ist eine Spekulation, die nicht von jedem Buchwissenschaftler geteilt wird. Betrachtet man aber die gesicherten Fakten über Gutenbergs Leben und Wirken in einer Zusammenschau, also die modern anmutende Form der Finanzierung seiner Erfindung, seine Einführung der frühindustriellen Arbeitsteilung beim Buchdruck, mit der er die tradierten Produktionsprozesse des mittelalterlichen Handwerks sprengte, sowie seine technische und kaufmännische Begabung, dann liegt der Gedanke nahe, dass Gutenberg nicht nur seine Erfindung, sondern auch die Strategie ihrer Marktdurchdringung genauestens geplant hat.

Der Druck der *B-42* war jedenfalls ein Mammutvorhaben, an dem Gutenberg vermutlich jahrelang arbeitete. Als Textvorlage diente ihm wohl eine Pariser Vulgata-Variante, also eine in Europa weitverbreitete lateinische Version der Bibel.

Gutenbergs Bibel hat einen Umfang von 1286 Seiten in zwei Bänden. Das hochwertige Papier bestellte er in Italien. Er benötigte für

Druckwerkstatt | Die älteste bildliche Darstellung einer Druckerei findet sich auf einem Blatt in einer Folge von Totentanzbildern, die um 1499 in Lyon entstanden sind. Das Genre der Totentanzbilder entstand im Frankreich des 15. Jahrhunderts unter dem Eindruck der Pestepidemien. Der Tod bricht in das Alltagsleben der Menschen ein und nimmt sie – als bildliches »Memento mori« – durch die Aufforderung zum Tanz mitten aus dem Leben.

den Druck der Papierauflage etwa 50 000 Bogen, das Fünfzigfache der Papiermenge, die eine Stadt wie Nürnberg damals pro Jahr in allen ihren Kanzleien verbrauchte. Außerdem druckte er eine kleine »Vorzugsausgabe« der *B-42* auf Pergament. Für diese Papiermenge sowie das entsprechende Pergament musste Gutenberg den erheblichen Betrag von 600 Gulden investieren. Mit der »Textura« entschied sich Gutenberg für die repräsentative liturgische Buchschrift seiner Zeit. Während vier, zeitweise vielleicht sogar sechs Setzer mit dem Satz der *B-42* beschäftigt waren, wurde vermutlich an drei Pressen mit je zwei Druckern gearbeitet.

Eine typographische Besonderheit der Gutenbergschen Bibel besteht darin, dass Interpunktionszeichen am Zeilenende »freigestellt« sind, d. h., sie befinden sich außerhalb des Satzspiegels. Dadurch erscheint der rechte Rand einer Kolumne geschlossener. Interpunktionen am Zeilenende innerhalb des Satzspiegels lassen diese optisch kürzer erscheinen als solche Zeilen, die mit einem Buchstaben enden.

Wenn man sich heute eines der 49 erhaltenen Exemplare der *B-42* anschaut, ist man von dem harmonischen Schriftbild, der Papier- und Druckqualität, vor allem aber von den prachtvollen Farbillustrationen mehr als begeistert. Letztere stammen allerdings nicht von Gutenberg, der seine Bibel einfarbig schwarz gedruckt hat. Es fehlen in Gutenbergs Bibeln auch eine Reihe von Wörtern und Zeilen, die der Käufer handschriftlich in roter Farbe nachtragen lassen musste. Zusätzlich zur Bibel erhielt er eine gedruckte Aufstellung (»Tabula rubricarum«) der fehlenden Über- und Schlussschriften. Gutenberg wollte auch durch diese Maßnahme die Nähe seines Drucks zur Handschrift herstellen. Da es in seiner Bibel keine leeren Seiten gab, nutzten die späteren Illustratoren vor allem den breiten Rand ausgiebig. Da die Ausschmückung der Bibel dem Geschmack und dem Vermögen des Käufers überlassen blieb, wurde jede Gutenberg-Bibel – wie ein handgeschriebenes Buch – zu einem Unikat. Dies entsprach Gutenbergs Absicht.

Die exakte Auflagenhöhe der *B-42* ist nicht bekannt. Man vermutet, dass Gutenberg wegen des guten Vorverkaufs die Auflage während der Produktion etwas angehoben hat. Die moderne Forschung geht inzwischen von einer Gesamtauflage von 180 Exemplaren aus, davon sind gut dreißig Prozent Pergamentausgaben, die neben der Papierauflage hergestellt wurden.

Wie dem auch sei: Die 42-zeilige Bibel wurde schon vor ihrem Erscheinen ein Markterfolg. Im Oktober 1454 präsentierte Gutenberg einige Druckbögen der *B-42* auf der Frankfurter Messe, die der kaiserliche Diplomat – und spätere Papst Pius II. – Enea Silvio Piccolomini besuchte. Kurz darauf schrieb er dem spanischen Kardinal Juan de Carvajal einen für die Frühgeschichte des Buchdrucks sehr aufschlussreichen Brief: »Was man mir über jenen bewundernswerten Mann, der in Frankfurt gesehen wurde, mitgeteilt hat, ist sicherlich wahr. Eine vollständige Ausgabe [von Gutenbergs Bibel] habe ich nicht gesehen, vielmehr einige Druckbögen mit verschiedenen Büchern [der Bibel] in höchst sauberer und korrekter Schrift ausgeführt, nirgendwo fehlerhaft; Euer Gnaden würde sie mühelos und ohne Brille lesen können ... Einige Druckbögen sind auch hierher [nach Wien] zum Kaiser gebracht worden. Ich werde versuchen, wenn es sich machen lässt, eine käufliche Bibel hierher schaffen zu lassen, und sie für dich bezahlen. Ich fürchte aber, es wird nicht gehen, sowohl wegen der langen Wegstrecke, als auch, weil es, wie man berichtet, noch vor der Vollendung der Bände für sie schon bereitstehende Käufer gegeben habe.«

Die Präsentation von Vorabdrucken seiner Bibel auf der Frankfurter Messe zum Zweck der Akquisition von Bestellungen war ungewöhnlich und zeugt einmal mehr von Gutenbergs Verkaufstalent. Wie oben schon erwähnt, geht man heute davon aus, dass die Auflage zum Zeitpunkt ihrer Fertigstellung bereits durch Vorbestellungen ausverkauft war.

Die Frankfurter Messe hatte sich in Gutenbergs Zeit zum wichtigsten Umschlagplatz des frühen Buchhandels entwickelt. Sie wurde 1160 erstmalig in einem Talmud-Kommentar des Mainzer Rabbi Eliezer ben Nathan erwähnt, bestand aber vermutlich schon ein Jahrhundert früher als zweiwöchige Herbstmesse mit nur regionaler Bedeutung. 1330 gewährte Kaiser Ludwig der Bayer der Stadt Frankfurt eine zusätzliche Frühjahrsmesse, die ebenfalls 14 Tage dauerte. Die Messe wurde somit zweimal jährlich als Oster- beziehungsweise Frühjahrsmesse und Michaelis- beziehungsweise Herbstmesse abgehalten. Da die Verleger auf den Messen nicht nur Bestellungen aufnahmen, sondern ihr Verlagsprogramm körperlich verkauften, musste der Herstellungsprozess so organisiert werden, dass die Bücher zur Messe fertiggestellt und speditionsfertig waren. So entstanden die heute noch üblichen Frühjahrs- und Herbstprogramme der Verlage.

Neben der Bibel verlegte Gutenberg die schon erwähnten Donate und Ablassbriefe, aber auch Kalender, medizinische Ratgeber, religiöse Kleinschriften und allerlei andere Druckwerke. Sein Verlagsprogramm basierte, wie die heutige Produktion vieler Verlage, auf dem Prinzip der Mischkalkulation. »Neben den umfangreichen Druck der Bibel, die einen hohen Kapitalaufwand erforderte, traten Akzidenz- oder ›Brotdrucksachen‹, die eine hohe Auflage, schnellen Absatz und stetige Nachfrage garantierten«, bemerkten Joachim Knape und Dietmar Till in dem Sammelband *Renaissance*. Bei diesen Kleindrucken war überdies der Finanzierungsaufwand so überschaubar wie seine Refinanzierung. Es war also ein relativ sicheres Geschäft mit hohen Auflagen.

Gutenbergs Lebenswerk aber bleibt die 42-zeilige Bibel, mit der er den typographischen Buchdruck in ganz Europa bekannt gemacht hat. Diese revolutionäre Erfindung kam zum richtigen Zeitpunkt, und sie verbreitete sich mit enormer Schnelligkeit.

Graphische Gewerke | In Jost Ammans *Ständebuch* von 1568 finden sich mehrere Holzschnitte mit Darstellungen graphischer Handwerksbetriebe. Von links oben im Uhrzeigersinn: Papyrer, Schriftgießer, Pergamenter und Buchbinder.

EIN FALL staatlich angeordneter Industriespionage geht aus einem Dokument vom 4. Oktober 1458 hervor. Darin befahl der französische König Karl VII. dem Stempelschneider der französischen Münze, Nikolaus Jensen, sich nach Mainz zu begeben, um die »Kunst des Druckens auszukundschaften, die Johannes Gutenberg erfunden habe«. Errichtet wurde eine Druckerpresse in Paris allerdings erst 1470. Dies lag vielleicht daran, dass Karl VII. bereits 1461 starb und sein Thronnachfolger die Bedeutung von Gutenbergs Erfindung anders einschätzte. Im Jahr 1470 gab es 17 Orte, an denen in Gutenbergs Technik gedruckt wurde, 1480 waren es bereits 121. Am Ende des nächsten Jahrzehnts zählte man 204 Druckorte und um 1500 standen bereits in etwa 250 Städten Druckpressen. Ausschlaggebend für die Standortentscheidung der Drucker waren nicht in erster Linie die Hochburgen der kirchlichen und profanen Gelehrsamkeit, sondern vielmehr Handelsstädte mit guter Verkehrsanbindung, denn die »Schwarze Kunst« hatte von Anfang an den nationalen und internationalen Handel im Sinn. Von Gutenbergs Erfindung an bis 1500, also in gut 50 Jahren, erschienen etwa 27 000 Bücher und andere Druckwerke in einer Gesamtauflage von knapp 20 Millionen Exemplaren – mehr Bücher als in den vorangegangenen 2300 Jahren, in denen handschriftlich kopiert wurde.

Um 1500 wurde übrigens die uns heute noch bekannte Form des Titelblattes mit Verfassernamen, Buchtitel, Verlagsort, Verlagsnamen und Erscheinungsjahr eingeführt, das die bis dahin an den Schluss des Buches gesetzten Druckervermerke der Frühdruckzeit verdrängte. Dies ist auch als Hinweis auf die wachsende Bedeutung des Autors als geistigen Urheber eines Werkes zu verstehen.

Angesichts dieser rasanten Entwicklung wundert es nicht, dass sich schon bald ein Marktphänomen einstellte, das auch heute immer wieder beklagt wird: die Überproduktion. Dies lag vor allem daran, dass sich die Drucker in ihren Verlagsprogrammen auf gängige Titel mit scheinbar großen Marktchancen aus den Bereichen Theologie, Rechtsliteratur und Schulbuch konzentrierten. Überdies ermöglichte das fehlende Urheberrecht den ungebremsten Nachdruck gängiger Titel. So erschienen von der *Vulgata*, der lateinischen Bibel, bis 1470 neun Ausgaben, 1479 waren bereits 39 auf dem Markt. Bis 1476 brachten die Drucker 17 Ausgaben von Ciceros *De officiis*, einer populären Schullektüre, heraus; 1482 waren 28 Editionen dieses Titels lieferbar.

Das *Decretum Gratiani*, ein kanonisches Rechtsbuch, erschien bis 1500 in 40 unterschiedlichen Ausgaben. Anfangs überforderte die Expansion der neuen Drucktechnik das ökonomische Potential ihrer Zielgruppe. Die Übersättigung des Marktes führte zu einem drastischen Preisverfall, der sich am Beispiel des letztgenannten Titels gut illustrieren lässt. 1429 kostete die Papierhandschrift des *Decretum* in einem schmucklosen Einband 17 Gulden. 1475 konnte man ein gedrucktes Exemplar dieses Buches für 15 Gulden erwerben. 1485 lag der Preis bei nur noch vier Gulden. 1482 war es in einer venezianischen Ausgabe sogar für lediglich zweieinhalb Gulden erhältlich.

Dieser Preisverfall und der sich in ihm ausdrückende gnadenlose Verdrängungswettbewerb der europäischen Druckereien war ein Novum für das damalige Wirtschaftsleben, das noch in seinen spätmittelalterlichen Strukturen steckte und über die Zünfte den Marktzugang streng regulierte. Da für den völlig neuen Beruf des Druckers keine Zunft existierte, war zwar die Gewerbefreiheit in dieser Branche groß – jeder kapitalkräftige Bürger konnte eine Druckerei eröffnen –, doch das Risiko des Scheiterns lag über dem aller anderen Unternehmen.

Man muss sich die Druckereien des 15. Jahrhunderts als innovative Betriebe ohne überkommene Unternehmenskultur vorstellen, in denen mit der modernsten Technologie ihrer Zeit gearbeitet wurde. Hier wurden Arbeitsplätze nicht nur geschaffen, sondern erfunden: Vor Gutenberg kannte man keine Schriftgießer, Setzer oder Buchdrucker. »Es gab noch keine handwerklichen Traditionen, keine gängigen technischen Abläufe, keine Standesehre oder fest gefügten Verhaltensmuster«, stellt die Buchwissenschaftlerin Cornelia Schneider in einem Beitrag zum Katalog der Ausstellung *Aventure und Kunst* fest.

Es gab selbstverständlich auch noch keine Ausbildung zum Drucker oder Setzer, die einen befähigte, eines der notwendigen Handwerke oder gar die Organisation einer ganzen Druckerei zu beherrschen. Deshalb wundert es nicht, dass die überwiegende Mehrheit der Inhaber und Angestellten über eine universitäre Ausbildung verfügten. »Damit zählten sie zur geistigen Elite ihrer Zeit«, schreibt Cornelia Schneider weiter, »und ihre technisch-innovative Arbeit als Drucker entsprach durchaus der Vorstellung vom Universalgelehrten der aufkommenden Renaissance.«

ZUNÄCHST als neue Möglichkeit der weiteren Verbreitung ihrer reinen Lehre von der Kirche sehr begrüßt, musste sich die Schwarze Kunst schon bald nach ihrer Entstehung mit ersten Anfeindungen abfinden. Geistige wie weltliche Herrscher witterten die Gefahr des gedruckten Buches oder Flugblattes, das unbequeme Gedanken in Windeseile verbreiten konnte. Die Universität Köln erhielt schon 1479 von der Kirche die Befugnis, häretische Schriften zu unterdrücken. 1485 gab der Mainzer Erzbischof Berthold von Henneberg ausgerechnet in der Geburtsstadt des Buchdrucks ein Zensuredikt bekannt. Insbesondere die Übersetzungen in die Volkssprache sollten von den Universitäten Mainz und Erfurt überwacht werden. Zwei Jahre später meldete sich auch der Papst mit einer Bulle zu Wort, in der eine Vorzensur angeordnet wurde.

So trat die Zensur dem gedruckten Buch – kaum dass es die Welt erblickt hatte – als unerbetene Begleiterin zur Seite. In vielen Ländern sind Buch und Zensur leider noch heute untrennbar miteinander verbunden.

BUCHDRUCK UND BUCHKULTUR
BIS ZUR REFORMATION

KEHREN wir noch einmal kurz zu Vespasiano da Bisticci zurück, der dreißig Jahre alt war, als Gutenbergs Erfindung die Welt aufhorchen ließ. »In dieser Bibliothek sind alle Bücher über die Maßen schön«, schrieb der florentinische Buchhändler in seinen *Lebensbeschreibungen* über die Bibliothek seines Kunden Federico da Montefeltro in Urbino. »Alle mit der Feder geschrieben, kein einziges gedruckt, denn er würde sich dessen geschämt haben.«

Mit nur einem Nebensatz fegte da Bisticci die bisher folgenreichste Erfindung der Mediengeschichte beiseite. Als 1472 die erste florentinische Druckerei nur ein Jahr nach ihrer Gründung pleiteging, wird er sich gefreut haben, denn für ihn waren gedruckte Bücher nichts anderes als billige Massenware. Er stand mit dieser Meinung beileibe nicht allein. Johannes Trithemius verfasste als Abt von Kloster Sponheim noch 1492 eine Abhandlung unter dem Titel *De laude scriptorium*, in der er empfahl, gedruckte Bücher wegen ihrer geringen Haltbarkeit auf Pergament abzuschreiben. Dies sind nur zwei von zahlreichen

Stimmen eines ideologischen Konservatismus, der sich gegen den Buchdruck aussprach, weil er in ihm den Untergang der Buchkultur vermutete – und sich dabei irrte, wie die Geschichte gezeigt hat. Florenz erwies sich zwar als schweres Pflaster für die neue Technik; die erste Druckerei in der Renaissancestadt musste bald nach ihrer Gründung das Handtuch werfen. Doch letztlich war die Schwarze Kunst nicht aufzuhalten und das gedruckte Buch überflügelte die Handschrift. 1480 gab Vespasiano da Bisticci den Buchhandel auf und zog sich verbittert auf sein Landgut bei Florenz zurück. In den *Lebenserinnerungen* setzte er seinen bedeutendsten Kunden ein Denkmal, wohl auch, um damit die verschwindende Welt der handgeschriebenen Bücher für die Nachfahren zu bewahren. Als Vespasiano da Bisticci 1498 starb, hatte der Buchdruck seinen Siegeszug in Florenz, der europäischen Metropole des geschriebenen Buches, längst angetreten.

In Deutschland hatte der Handschriftenhandel mittlerweile eher bescheidene Dimensionen angenommen. Der Protagonist des deutschen Buchhandels war ein elsässischer Schullehrer mit Namen Diebold Lauber, der zwischen 1425 und 1470 auf dem Höhepunkt seines buchhändlerischen und verlegerischen Schaffens immerhin 19 Schreiber beschäftigte. Wie sein florentinischer Kollege konnte Lauber die aristokratischen, städtischen und klerikalen Oberschichten zu seinen Kunden zählen; er bediente aber auch gern die lesekundige Mittelschicht mit volkssprachlicher Unterhaltungs-, Erbauungs- und Gebrauchsliteratur. Sein Absatzgebiet erstreckte sich auf den Süden Deutschlands und die Schweiz. Er produzierte bereits kleine Auflagen, warb in seinen Büchern für das gesamte Verlagsprogramm und besuchte lokale Märkte sowie überregionale Handelsmessen, um seine Bücher zu verkaufen. In Diebold Laubers Zeit beschleunigte sich der Untergang der Skriptorien, deren Kopierleistung von 1470 bis 1480 um mehr als die Hälfte sank. Innerhalb der nächsten Jahrzehnte kamen die Produktion handgeschriebener Bücher und der Handel mit ihnen praktisch zum Erliegen. Johannes Gutenberg hatte sein Ziel erreicht und eine neue Ära der Mediengeschichte eingeleitet.

—◠—

GUTENBERGS ERFINDUNG des typographischen Buchdrucks ist zu Recht als die bis dahin größte Medienrevolution in die Geschichte der Buchkultur eingegangen. Anders als manche politische Revolution war sie nicht das Ergebnis eines kurzen, eruptiven Prozesses, sondern zog sich etwa fünfzig Jahre hin. Zwischen 1450 und 1500 fand eine vollständige Veränderung des Buchmarktes statt. Präziser gesagt: Genau in dieser Zeitspanne entstand ein Buchmarkt mit allen seinen Institutionen der Produktion und des Vertriebs.

Eine der wichtigsten Voraussetzungen dafür war die Einführung des im Vergleich zum Pergament sehr preiswerten Papiers, das sich überdies praktisch unbegrenzt herstellen ließ. Im Kern bestand die Medienrevolution dann in Gutenbergs Erfindungen neuer Reproduktionstechnologien. Infolge dieser neuen Technologie ging mit dem Buchdruck die Entscheidung über die Herstellung und Verbreitung eines Werkes von den Auftraggebern, den monastischen Produzenten und Nutzern, also von der Welt der Gelehrten über auf die frühkapitalistischen, am Gewinn orientierten Drucker, die nun Erfolg versprechende Bücher produzierten, anboten und verkauften.

Mehrere Strukturveränderungen im späten 15. und beginnenden 16. Jahrhundert förderten die Entwicklung des gedruckten Buches. Der zunehmende Fernhandel und verbesserte Verkehrswege erschlossen den Druckern internationale Märkte. Der Buchdruck löste sich damit von den traditionellen Zentren der Schriftproduktion, also den Bischofsitzen, Universitäten und Klöstern. Er verlagerte sich in die großen Handelsstädte, die über ausreichende Infrastrukturen des Ferntransportes verfügten.

Die stetige Vermehrung und Vergrößerung der lateinischen Elementarschulen und die damit verbundene Alphabetisierung weiterer Bevölkerungskreise vergrößerte außerdem den Markt potentieller Buchkäufer. Der wachsende Wohlstand des städtischen Bürgertums ermöglichte den Absatz langsam steigender Auflagen. Die Vielzahl der Universitätsgründungen brachte eine neue Bildungselite hervor, die zum Wissenstransfer auf Bücher angewiesen war.

Mit diesen gesellschaftlichen, medien- und markttechnischen Umbrüchen veränderte sich auch die Eigentumsbeziehung des Einzelnen zum Buch. Das handgeschriebene Buch befand sich ab dem Frühmittelalter überwiegend in Gemeinschaftsbesitz, in Kloster- und später auch Universitätsbibliotheken. In der zweiten Hälfte des 15. Jahrhunderts, also direkt nach Gutenbergs Erfindung des Buchdrucks, stieg der Anteil gedruckter Bücher in Privatbesitz sprunghaft an und überholte bald den Bestand institutionellen Bucheigentums.

Mit dem Buchdruck wurde somit nicht nur ein vorhandener Bedarf befriedigt, sondern ein Kaufbedürfnis stimuliert.

DER FRÜHE BUCHDRUCK hatte zwar eine Medienrevolution ausgelöst, jedoch zunächst keine des Lesens. Noch 50 Jahre nach Gutenbergs Erfindung verfügten lediglich fünf Prozent der Stadtbewohner über die Kulturtechnik des Lesens. Im Landesdurchschnitt konnte sogar nur weniger als ein Prozent der Bevölkerung lesen. Es war eine zwar langsam wachsende, aber in dieser Zeit noch kleine Elite von Theologen, Ärzten, Juristen, Verwaltungsbeamten und gebildeten Teilen des Adels sowie des städtischen Bürgertums, die des Lesens kundig war.

Dies wird auch an den Sprachen deutlich, in denen Bücher gedruckt wurden. Etwa drei Viertel aller in der Frühzeit des Buchdrucks produzierten Bücher erschienen in Latein, lediglich sechs Prozent in Deutsch. Der Rest verteilte sich auf die Sprachen Italienisch, Französisch, Spanisch, Niederländisch, Englisch, Griechisch und Hebräisch.

Dennoch wurden in der Zeit des frühen Buchdrucks Befürchtungen laut, der Buchdruck würde das Wissen der Eliten popularisieren und damit Kirche und Adel gefährden. Man warnte vor der Vernichtung des Wissens durch das angeblich unbeständigere Papier und davor, dass ganze Berufsgruppen arbeitslos würden, die mit der Produktion handschriftlicher Bücher ihr Geld verdienten.

Alle diese Befürchtungen haben sich schließlich auch bewahrheitet – ausgenommen der Wissensvernichtung. Wie keine andere Erfindung förderte Gutenbergs Technologie die Demokratisierung des Wissens und die Herausbildung einer informierten Öffentlichkeit. Der Vernichtung von Arbeitsplätzen und ganzen Berufsgruppen standen hingegen neu geschaffene Arbeitsplätze und bis dahin gänzlich unbekannte Berufe gegenüber.

IN DER FRÜHZEIT des Buchdrucks organisierten die Drucker die Distribution ihrer Werke in eigener Regie. Druckereien waren also Verlage und Buchhandlungen gleichermaßen. Dies schon deshalb, weil zunächst keine spezifischen Vertriebsformen für Bücher existierten. Da jedoch selbst kleine Auflagen kaum in einer einzigen Stadt abzuverkaufen waren, entstand schnell die Notwendigkeit, den Verkauf der Bücher an die Endabnehmer über Dritte zu organisieren. Diese Arbeit konnte der an den Ort seiner Druckwerkstatt (»Offizin«) gebundene Drucker selbst nicht leisten. Die Buchproduktion wurde somit von städtischen Werkstätten übernommen, die nun in den meisten Fällen keinen direkten Kontakt mehr zum Endabnehmer unterhielten. Dieser völlig neue Buchmarkt funktionierte, indem sich ein immer breiter werdender Buchhandel herausbildete und an die Stelle der unterbrochenen Verbindung zwischen den Produzenten und den Buchkäufern trat. Drucker beauftragten also entweder selbständige Reisehändler, die bereits mit anderen Waren unterwegs waren, um die entsprechenden Messen und Märkte zu besuchen, oder sie beschäftigten dazu eigens eingestelltes Personal.

Das letztgenannte Vertriebsmodell bevorzugte Albrecht Dürers Taufpate Antonius Koberger, der um 1443 in Nürnberg geboren wurde und dort 1513 starb. Koberger druckte ab 1480 an 24 Pressen und beschäftigte in seiner Druckerei mehr als 100 Gesellen. Bei ihm erschien beispielsweise 1493 mit der *Schedelschen Weltchronik* die am reichsten illustrierte Publikation des 15. Jahrhunderts. Er richtete Vertriebsbüros in Paris und Lyon, Spanien und Italien, Leipzig, Krakau, Breslau und Wien ein – um nur seine wichtigsten Filialen zu nennen. Er war in der Frühzeit des Buchdrucks Drucker, Verleger und Buchhändler in einer Person und wurde zum mit Abstand bedeutendsten Buchunternehmer Europas.

Die Buchhändler dieser ersten Phase des neuzeitlichen Buchhandels besuchten einen festen Kundenstamm. Dazu gehörten Kirchen, Klöster, Universitäten und wohlhabende Bürger. Ihre Bücher boten sie aber auch auf Messen, Märkten und anderen Orten mit starkem Publikumsverkehr an, wozu hauptsächlich Rathäuser und Wirtshäuser gehörten. Oft führten sie – entweder auf eigenes Betreiben oder auf Veranlassung ihres Druckers – die Verlagsangebote mehrerer Druckereien mit sich. In jedem Fall betrieben sie einen Reisehandel und wurden, weil sie die Bücher zu deren Schutz in Fässern, Truhen oder Ledersäcken mit sich führten, Buchführer genannt.

Um 1480 änderte sich die Struktur des Buchhandels. Die steigenden Titel- und Auflagenzahlen ermöglichten es vielen Buchführern, ihren aufwendigen Reisehandel aufzugeben und sich mit einem eigenen Ladenlokal niederzulassen und selbständig zu machen. In den großen und mittleren Städten waren hinreichend Nachfrage und Kaufkraft vorhanden, um einem stationären Buchhandel die wirtschaftliche Existenz zu sichern. Selbstverständlich ist dieser Trennungsprozess von Verlag und Sortiment nicht so geradlinig verlaufen. Zahlreiche Handels- und Vertriebsmodelle kennzeichnen diese Zeit des Umbruchs. So betrieben einige Buchführer nebenbei (oder hauptsächlich) eine Gaststätte, ein Hinweis darauf, dass der Bucheinzelhandel allein nicht überall den Lebensunterhalt sichern konnte. Andere Buchführer verteilten ihrerseits Aufträge an Lohndruckereien und wurden so selbst zu Verlegern.

Um 1550 zählte man in Deutschland etwa 1200 niedergelassene Buchführer. Sie betrieben ihren Handel in eigenen Ladengewölben, gern aber auch vor Kirchen und in Rathäusern.

Ein gebundener Ladenpreis war in der Frühzeit des Buchdrucks zunächst nicht bekannt. Wenn die Buchführer die Bücher auf Messen oder am Verlagsort des Druckers einkauften, wirkte sich das für sie preismildernd aus. Ebenso hatte die Menge der von ihnen eingekauften Bücher Einfluss auf den Einkaufspreis. Der Endverkaufspreis eines Buches wurde in der Regel zwischen dem Buchführer und seinem Kunden frei verhandelt. Auch hier spielten viele Faktoren eine Rolle, hauptsächlich das Verhältnis von Angebot und Nachfrage.

In den letzten Jahrzehnten des 15. Jahrhunderts entwickelte sich allerdings im kirchlichen Bereich ein fester Preis für den Endkunden. Dies betraf besonders Werke für den Gottesdienstgebrauch. Bischöfe, die solche liturgischen Schriften bei Lohndruckereien in Auftrag gaben, wollten wohl für diese Bücher die geltenden Gesetze des freien Marktes aufheben, um sie aus der Ebene des Handelns und Schacherns herauszuheben. Das Domkapitel ordnete daher für solche Werke einen Festpreis an.

Mit dem typographischen Buchdruck und der von ihm in Gang gesetzten Massenproduktion von Büchern wuchs die Notwendigkeit, durch geeignete Werbemaßnahmen auf das Verlags- oder Sortimentsprogramm aufmerksam zu machen. So entstanden ab 1470 Werbezettel mit entsprechenden Hinweisen auf Buchneuerscheinungen.

Buchwerbung | Das erste illustrierte Werbeplakat der Buchkultur annonciert eine Volks-
ausgabe der mythischen Sage von der *Schören Melusine*. Die Wasserfee Melusine heiratet
einen Ritter unter der Bedingung, dass er sie an den Tagen nicht anschauen darf, an denen
sie sich zeitweilig in ihre wahre Gestalt einer Nixe verwandelt. Der Ritter bricht dieses Be-
obachtungstabu und Melusine, die dem Sterblichen Ruhm und Ansehen verschafft hat,
muss für immer in ihre eigene Welt zurückkehren.

Die sogenannten Einblattdrucke wurden von den Verlegern für ihre
Buchführer produziert, die sie am Ort des Buchverkaufes mit hand-
schriftlichen Hinweisen versahen. So können wir auf einem Einblatt-
druck der Offizin von Peter Schöffer aus dem Jahr 1470 folgenden Ver-
kaufshinweis lesen: »Der Verkäufer der Bücher ist im [Nürnberger]
Gasthaus ›Zum wilden Mann‹ anzutreffen.« Solche Werbezettel fanden
die Kunden damals an Kirchentüren, Wirtshausfenstern, Rathaus-
treppen und Universitätsgebäuden.

Auch die verkaufsfördernde Wirkung erotischer Bildmotive wurde
in dieser Zeit entdeckt. Der Drucker Gheraert Leeu warb 1491 in einer
Anzeige für sein Buch *Schöne Melusine* mit einem Holzschnitt aus
dem Werk, das die Titelheldin barbusig im Bad zeigte.

81

BEREITS IM 14. Jahrhundert hatte sich die Frankfurter Messe als größte europäische Messe fest etabliert. Wie schon erwähnt, war auch der Handschriftenhandel zu dieser Zeit schon auf der Messe vertreten. Mit der Erfindung des Buchdrucks entwickelte sich die Frankfurter Messe schnell zum zentralen Handelsort des europäischen Buchmarktes, der auch für die Messestadt selbst einen ökonomisch bedeutsamen Faktor darstellte. Nach einem Rechnungsbuch der Stadt Frankfurt wurden von der Kommune 1488 während der Frühjahrsmesse für Haus- und Marktgeld acht Prozent der städtischen Gesamteinnahmen von nichtansässigen Buchdruckern eingenommen. Einige Drucker nahmen eigens das Bürgerrecht der Stadt Frankfurt an, um auf der Messe stärker präsent sein zu können. 1506 ließ sich beispielsweise Dürers Taufpate Antonius Koberger in Frankfurt ein Gewölbe bauen, um seine Bücher dort sicher und trocken lagern zu können.

Die zu den Messezeiten gewährte Messefreiheit beinhaltete eine Reihe besonderer Rechte. So durfte jeder Bürger Waren anbieten und verkaufen und den Frankfurter Bürgern war es während der Messe uneingeschränkt gestattet, Fremde zu beherbergen. Ferner genossen die Messebesucher einen Gerichtsschutz: Sie durften während der Messezeit juristisch nicht belangt werden. Vor allem aber konnten die Händler mit Geleitschutz rechnen, der sich auf einen Umkreis von fünf Meilen um die Stadt erstreckte und sie vor Räubern schützte.

Die ersten vier Tage jeder Messe galten als »Geleitswoche«. Während dieser Zeit wurden die Waren ausgepackt und erste größere Geschäfte getätigt. Danach folgte die siebentägige »Geschäftswoche«, die eigentliche Messewoche, in der die Läden und Stände der Händler geöffnet waren. Die letzten Tage der Messe wurden zur Zahlung von Rechnungen der vergangenen Messe oder zur Verrechnung von Lieferungen genutzt, deshalb nannte man sie »Zahlungswoche«.

Auch die Leipziger Messe, die auf eine ähnlich lange Tradition zurückblicken kann, spielte für den frühen Buchhandel eine bedeutende Rolle. Für beide Messeorte galt, dass die Geschäfte im Wesentlichen als Tauschhandel abgeschlossen wurden. Man tauschte entsprechende Mengen an Büchern oder Bögen. Verschickt wurden die Bücher in der Regel zusammen mit anderen Waren von spezialisierten Transportunternehmen.

MAN KÖNNTE annehmen, dass die Erfindung des Buchdrucks der literarischen Produktion zeitgenössischer Autoren enormen Auftrieb verschafft hätte. Dem war aber nicht so. Es lassen sich sogar gegenteilige Tendenzen feststellen. Die Drucker verlegten nämlich überwiegend Bücher in lateinischer Sprache, um auf einem internationalen Markt entsprechend hohe Auflagen absetzen zu können. Außerdem verlangten die Buchkäufer Werke der klassischen Literatur, Schulbücher, Kalender und medizinische Ratgeber, die endlich zu erschwinglichen Preisen erhältlich waren. Zeitgenössische Literatur in deutscher Sprache erfreute sich keiner großen Nachfrage.

Die Texte antiker und mittelalterlicher Autoren mussten, wie letztlich alle Druckwerke, vor dem Satz inhaltlich überprüft werden. Dazu gehörte das Verfassen von Vor- und Nachworten, eine philologische Redaktion, die wissenschaftliche Ermittlung des Originaltextes, das Erstellen eines Indexes und vieles mehr. Diese inhaltliche Arbeit an den Texten, die heute von Lektoren geleistet wird, erledigten damals sogenannte »Kastigatoren«. Diese Berufsbezeichnung leitet sich vom lateinischen »castigator« (Zuchtmeister, Tadler) ab. Die Kastigatoren verfügten über eine umfassende Bildung. Sie verkörperten den Typus des Universalgelehrten der Renaissance und ihre Tätigkeit war gesellschaftlich hoch angesehen. Dieser Berufsstand, für den es kein spezielles Studium und keine Ausbildung gab, rekrutierte sich hauptsächlich aus dem Kreis der jungen Humanisten, die ihr Studium zumeist auf den neuen, kirchlich ungebundenen Universitäten absolviert hatten. Als wohl bedeutendster Vertreter dieses Berufes ist der holländische Philosoph, Theologe, Philologe und Autor Erasmus von Rotterdam zu nennen.

Die Kastigatoren waren freiberuflich tätig. Für die Dauer ihrer Arbeit wohnten sie in der Regel bei freier Kost und Logis im Haus des sie beauftragenden Druckers. Zusätzlich bezogen sie ein Gehalt in Form von Freiexemplaren der von ihnen edierten Bücher, die sie oft den Buchführern verkauften, um ihr Einkommen zu verbessern.

Ganz ähnlich verfuhren die Drucker mit ihren Autoren, denn für Schriftsteller galt es weiterhin als unziemlich, sich für ihre geistige Arbeit bezahlen zu lassen. Man betrachtete die schriftstellerische Produktion eben – wie schon in der Antike – nicht als »Arbeit«. Noch Martin Luther bemerkte in seiner Vorrede zu der Bibelausgabe von 1545: »denn ich habs umsonst empfangen, umsonst hab ichs gegeben und begehre auch nichts dafür«. Mit einer Entlohnung der geistigen Arbeit hätten sich die Autoren in die Niederung eines merkantilen Handelns begeben, was mit ihrem Selbstverständnis nicht zu vereinbaren war.

Doch viele Autoren benötigten finanzielle Einnahmen, um ihren Lebensunterhalt bestreiten zu können. Dieser Konflikt wurde feinsinnig dadurch gelöst, dass man zwar keine Entlohnung annahm, wohl aber eine Belohnung. Man ließ sich das eigene geistige Schaffen nicht bezahlen, aber honorieren. Dazu griff man auf das römische Ehrengeschenk (»honorarium«) zurück, das sich vom Lateinischen »honoris« (Ehre) ableitete. Dadurch wurde die Bezahlung der schriftstellerischen Tätigkeit in eine Gabe umgewandelt, die die gesellschaftliche Bedeutung des Schriftstellers anerkannte und sie somit honorierte. (In unserem heutigen Autoren-»honorar« ist dieser Sachverhalt noch im Wortkern erhalten.) Die Drucker veranlasste dies jedoch nur in Ausnahmefällen zur Zahlung von Bargeld. Vielmehr erhielten die Autoren – wie die Kastigatoren – freie Kost und Logis oder Freiexemplare oder beides. Das Verkaufen der Freiexemplare war dann ein Akt des Handels, dem keine Ungebührlichkeit anhaftete. Man verkaufte dabei ja keine geistige Tätigkeit, sondern ein materielles Produkt, das einen mehr oder weniger definierten Marktwert besaß.

Für die meisten Autoren reichten die so generierten Einkünfte allerdings kaum aus, um einen angemessenen Haushalt zu führen. Deshalb entwickelte sich in der Frühzeit des Buchdrucks ein ausuferndes Dedikationswesen. Die Autoren widmeten ihre Bücher Fürsten, Bischöfen, Heerführern, Bankiers oder Handelsherren in der Hoffnung, von den so Hervorgehobenen honoriert zu werden. Eine Hoffnung, die oft erfüllt wurde, auf die aber kein Rechtsanspruch bestand.

Die Druckerverleger der Frühzeit des Buchdrucks hatten bei der Auflage eines Buches also nicht nur die technischen Kosten vorzulegen, sie investierten auch in die Kastigatoren und ihre Autoren. So ist es auch leicht verständlich, dass sich das Wort »verlegen« von »vorlegen«, also Geld »vorstrecken« ableitet. Diese Belastungen sowie die durch den Buchdruck erlangte Fähigkeit, Bücher in relativ kurzer Zeit herzustellen und zu verbreiten, führte dazu, dass sich viele Drucker die Mühe einer sorgfältig edierten Ausgabe ersparten und die kostenintensiv hergestellten Werke ihrer Konkurrenten einfach nachdruckten. Eine rechtliche Grundlage zur Verhinderung dieser Praxis fehlte, da ein ausgeprägtes Urheberrechtsbewusstsein noch nicht vorhanden war. Man schätzt, dass bis zum Ende des 16. Jahrhunderts über die Hälfte aller gedruckten Bücher Nachdrucke waren. Selbst Streitschriften gegen die Praxis des Nachdrucks waren nicht sicher davor, nachgedruckt zu werden. Manche Nachdrucker konnten sich sogar des verbrieften Schutzes ihres Fürsten versichern, der sich durch diese Maßnahme einen erhöhten Absatz der Papierfabriken seines Landes versprach. Manche Drucker versuchten, ihre Bücher zu nobilitieren, indem sie in ihnen Vermerke veröffentlichten, die besagten, die vorliegende Auflage sei vom Autor selbst durchgesehen und korrigiert worden. Doch auch solche Hinweise wurden von Nachdruckern oft unbefugt übernommen.

Anders als die Originalverleger arbeiteten die Nachdrucker zumeist in großer Eile, denn sie wollten in möglichst kurzer Zeit nach Erscheinen des Originalwerkes mit ihrem Nachdruck in dessen Konkurrenz treten. Aufgrund einer fehlenden Preisbindung sowie geringerer Herstellungskosten für den Nachdruck konnten sie ihr Buch oft preiswerter anbieten und sich dadurch einen Wettbewerbsvorteil verschaffen. Bei dieser hastigen Produktionsweise schlichen sich jedoch schnell Satzfehler ein. Überdies nahmen die Nachdrucker aus Kostengründen oft willkürliche Kürzungen am Originalwerk vor. Es wundert also nicht, dass sich vor allem Autoren gegen die Praxis des Nachdrucks wandten, denn das Produkt ihres geistigen Schaffens wurde dadurch nicht selten grob verfälscht. Die vielfach moralisch zwar verworfene, juristisch aber nicht zu belangende Praxis des Nachdrucks steigerte sich bald zum dringlichsten Problem der Branche, und es schien so, als müsste dafür schnell eine Lösung gefunden werden. Doch wie so oft in der Geschichte entwickelten sich die Dinge zunächst anders, ganz anders.

Luthers Wirksamkeit und Wirkung ist ohne Druckerpresse nicht zu denken: er ist der größte Publizist, den das deutsche Volk hervorgebracht hat, und die fünfundneunzig Thesen sind die erste Extraausgabe der Weltgeschichte.

EGON FRIEDELL [1878–1938]

Die Reformation, eine Tochter Gutenbergs!

JEAN-FRANÇOISE GILMONT [*1934]

Von der Reformation als Medienereignis

MARTIN LUTHER oder:
DER EINFLUSS DES BUCHDRUCKS AUF DIE REFORMATION

DER Buchwissenschaftler Hans Widmann hat sich in seiner 1952 erschienenen *Geschichte des Buchhandels vom Altertum bis zur Gegenwart* mit dem Zeitalter der Reformation unter der Überschrift *Einfluß der Reformation auf den Buchhandel* befasst. Widmann schreibt: »Seine [des Buchhandels] größte Machtentfaltung fällt in die Zeit der Reformation, während der er sich zu Leistungen von einem bis dahin unerhörten Umfang aufgeschwungen hat.« Diese Feststellung ist an sich richtig, doch Widmanns Bewertung dieses Sachverhaltes geht fehl. Denn ohne die neue Medientechnologie des Buchdrucks hätte sich die Reformation kaum in ihrer historischen Wirkungsmächtigkeit entfalten können. Die Reformation ist, wie der katholische Professor und Bibliothekar Jean-Françoise Gilmont einmal zutreffend bemerkt hat, eine Tochter Gutenbergs, nicht umgekehrt. Der typographische Buchdruck und das sich mit ihm entwickelnde Vertriebssystem des Buchhandels schufen die unmittelbaren Voraussetzungen für das, was wir heute im Rückblick die »reformatorische Öffentlichkeit« nennen. Deshalb müsste Widmanns Überschrift eher lauten *Einfluß des Buchdrucks auf die Reformation*.

Es gab in der Geschichte der katholischen Kirche zahllose Versuche, deren Strukturen und Inhalte grundlegend zu verändern. Von den Gnostikern, Markionisten und Donatisten der frühen Christenheit über die mittelalterlichen Reformbemühungen der Bogomilen, Waldenser und Albigenser reicht die Liste der von der Mutterkirche gern als Sekten bezeichneten Abweichler. Zuletzt wurden einhundert Jahre vor Luther die reformatorischen Bemühungen des tschechischen Theologen Jan Hus von der Papstkirche blutig unterdrückt. Der Reformationsversuch der Hussiten blieb für den Katholizismus lediglich ein regionaler Konflikt, den er noch durch militärische Interventionen aus der Welt schaffen konnte. Doch kurz nach dem Ende der Hussitenkriege (1434) begann der Buchdruck die europäische Welt zu verändern und die von einigen Klerikern geäußerte Befürchtung, er könnte zu einer Gefahr für die Kirche werden, sollte sich bald bewahrheiten.

Man schätzt, dass zu Luthers Zeiten bereits etwa drei bis vier Prozent der deutschen Bevölkerung lesen konnten, in den Städten mag dieser Anteil sogar bis zu 30 Prozent betragen haben. Während von 1513 bis 1517 insgesamt 537 Bücher in deutscher Sprache erschienen, waren es in den folgenden fünf Jahren bereits 3113. »Im Jahr 1500 betrug das Verhältnis der lateinischen zu den deutschsprachigen Neuerscheinungen zwanzig zu eins, im Jahr 1524 nur mehr drei zu eins«, schreibt Reinhard Wittmann in seiner *Geschichte des deutschen Buchhandels*. Die seit der Erfindung des Buchdrucks in größeren Schritten vorangekommene Alphabetisierung der Bevölkerung und der Buchdruck selbst bereiteten Luthers Reformation den Boden.

✹

MARTIN LUTHER, eigentlich Luder, wurde 1483 im sachsen-anhaltinischen Eisleben als Sohn eines Ratsherren geboren. Nach seinem Studium trat er gegen den Willen seines Vaters 1505 in das Kloster der Augustiner in Erfurt ein, wo er bereits 1507 zum Priester geweiht wurde. Nach einem Aufenthalt in Rom zog es Luther in das Augustinerkloster Wittenberg. Dort entwickelte er seine reformatorischen Ideen, die er am 4. September 1517 in zunächst 97 Thesen in lateinischer Sprache niederschrieb, um sie im engeren Kreis seines theologischen Umfeldes zur Diskussion zu stellen. Nach evangelischer Überlieferung hat Luther am 31. Oktober 1517 seine berühmten 95 Thesen an das Hauptportal der Schlosskirche zu Wittenberg angeschlagen, was allerdings nicht belegt ist. Einen Brief vom 31. Oktober 1517 an den Erzbischof Albrecht von Mainz, dem er die Thesen ebenfalls übersandte, unterzeichnete er erstmals in der heute geläufigen Schreibweise seines Namens: Luther. In dieser Zeit gebrauchte er für sich auch den griechisch-lateinischen Namen »Eleutherius«: »der Freie«. In dem Sendungsbewusstsein, dass seine 95 Thesen eine neue Zeit einleiten würden, benutzte er seitdem seinen neuen Namen, eine Kombination aus »Eleutherius« und »Luder«. Doch die Wucht des Sturmes, den er entfachen sollte, hat er zu diesem Zeitpunkt bestimmt nicht geahnt. Seine 95 Thesen fanden großen öffentlichen Widerhall und lösten letztlich die Reformation aus.

Martin Luthers Forderung nach der Abschaffung des Ablasshandels und nach einer grundlegenden Reform der gesamten Kirche »an Haupt und Gliedern« rief mächtige innerkirchliche Gegner auf den Plan. Doch Luther gab nicht auf und versuchte für seine Thesen eine breite Öffentlichkeit zu gewinnen. Auch vor dem Reichstag zu Augsburg widerrief er 1518 seine Forderungen nicht. Als er dann noch auf der sogenannten »Leipziger Disputation« vom 4. bis 14. Juli 1519 die Autorität des Papstes anzweifelte und die individuelle Gewissensfreiheit über das Urteil eines Konzils stellte, erfolgte der endgültige Bruch mit der katholischen Kirche. Nach weiteren theologischen Scharmützeln am 3. Januar 1521 wurde Martin Luther schließlich durch die päpstliche Bannbulle »Decet Romanum Pontificem« exkommuniziert. Trotzdem durfte er auf dem Reichstag zu Worms am 17. April 1521 noch einmal seinen Standpunkt verteidigen. Dort abermals zum Widerruf aufgefordert, antwortete er mit den Worten: Da »mein Gewissen in den Worten Gottes gefangen ist, kann und will ich nichts widerrufen, weil es gefährlich und unmöglich ist, etwas gegen das Gewissen zu tun. Gott helfe mir. Amen.« Daraufhin verhängte der Reichstag über Luther das »Wormser Edikt«, wonach es jedermann im Reich verboten war, Luther zu unterstützen und zu beherbergen, seine Schriften zu lesen oder zu drucken. Er galt fortan als vogelfrei.

Nach seiner Ächtung durch Reichstag, Papst und Kaiser fand Martin Luther unter dem Patronat des sächsischen Kurfürsten Friedrich des Weisen Schutz auf der Wartburg, wo er sich fast ein Jahr inkognito als »Junker Jörg« aufhielt und im Herbst 1521 in lediglich elf Wochen das Neue Testament ins Deutsche übertrug. *Das Newe Testament Deutzsch* erschien im September 1522 in Wittenberg im Verlag von Christian Döring und Lukas Cranach dem Älteren. Das sogenannte »September-Testament« trug weder einen Drucker- noch einen Herausgebervermerk, sondern lediglich einen Hinweis auf den Druckort Wittenberg. Trotz seines hohen Preises von anderthalb Gulden – das war in etwa der Wert eines schlachtreifen Schweines – fand Luthers Neues Testament reißenden Absatz und wurde zum meistverkauften Buch des 16. Jahrhunderts. Und nicht nur das: Es avancierte zur Ikone der Reformation, die Europa politisch und religiös grundlegend verändern sollte.

Druckwerkstatt | Der Holzschnitt zu einem Pariser Cicero-Druck von 1530 zeigt eine Druckerpresse, wie sie zu Lebzeiten Martin Luthers ausgesehen hat.

»Der Buchdruck ist das höchste und größte Geschenk Gottes, weil Gott durch dieses Mittel die wahre Religion bis ans Ende der Welt bekannt machen und in alle Sprachen übertragen will.« Diese anlässlich einer Tischrede geäußerte Überzeugung veranschaulicht, welchen Stellenwert Luther dem Buchdruck für die Verbreitung seiner Ideen beimaß. Ein kurzer, unvollständiger Überblick über seine Veröffentlichungen und Auflagen macht nicht nur deutlich, dass Martin Luther der erfolgreichste Autor des 16. Jahrhunderts war, sondern auch, dass sich die Reformation über seine Publikationen in Windeseile verbreitete.

Bereits seine im Frühjahr 1518 in Deutsch unter dem Titel *Eyn Sermon von dem Ablaß und Gnade* erschienenen 95 Thesen erlebten in lediglich zwei Jahren 25 Auflagen. Die erste lateinische Ausgabe von Luthers Schriften erschien 1518 in zwei Auflagen. Sein Baseler Verleger Johann Froben teilte Luther am 14. Februar 1519 in einem Brief beglückt mit: »Unsere Exemplare haben wir alle bis auf zehn verkauft; noch bei keinem Buch haben wir einen günstigeren Absatz zu verzeichnen gehabt.« Mit seiner Flugschrift *An den christlichen Adel deutscher Nation von des christlichen Standes Besserung*, die 1520 erschien und ein Programm für eine Reichs- und Kirchenreform gegen die Macht der katholischen Kirche vorschlug, gelang es Luther, schlagartig im ganzen Land bekannt zu werden. Die erste Auflage betrug 4000 Exemplare – eine bis dato völlig unbekannte Auflagenhöhe –, die überdies innerhalb von fünf Tagen vergriffen war und ihr folgten 14 weitere Auflagen. Im gleichen Jahr veröffentlichte Luther sein Werk *Von der Freiheit eines Christenmenschen*, das in 18 Auflagen erschien.

Mit dem Neuen Testament (1522) und der 1534 erschienenen vollständigen Bibel krönte Luther die Erfolgsserie seiner Publikationen. Das Neue Testament kam in einer Auflage von 5000 Exemplaren heraus und war so rasch vergriffen, dass bereits zehn Wochen später nachgedruckt werden musste. Die Zahl der zu Luthers Lebzeiten publizierten Auflagen und Auflagenhöhen der Bibel ist aufgrund der vielen unautorisierten Nachdrucke nicht eindeutig zu ermitteln. Die Fachliteratur geht aber davon aus, dass bis 1546 etwa 430 Auflagen mit über 200 000 Exemplaren erschienen sind. Trotz dieser hohen Auflagen hat Martin Luther nicht einen Cent Honorar erhalten.

Mit der Veröffentlichung von Luthers 95 Thesen am 31. Oktober 1517 wurde Wittenberg nicht nur zum geistigen Zentrum der Reformation, es profitierte auch wirtschaftlich von der neuen Bewegung, insbesondere seine Verlags- und Druckindustrie. 1517 stand in der kleinen Universitätsstadt lediglich eine einzige Druckerpresse, auf der Luther die deutsche Ausgabe seiner Thesen vervielfältigen ließ. 1519 gründete der Leipziger Drucker Melchior Lotter eine Filiale in der Reformationsstadt. Mindestens acht weitere Druckereien ließen sich in den folgenden Jahren in Wittenberg nieder, das sich damit zu einem der Druckzentren Deutschlands entwickelte. Großen wirtschaftlichen Schwierigkeiten sahen sich dagegen die Drucker in Leipzig ausgesetzt, da der altgläubige Landesfürst Georg der Bärtige streng darauf achtete, dass dort keine reformatorischen Schriften hergestellt wurden.

DIE eingangs erwähnte »reformatorische Öffentlichkeit«, also die massenhafte Verbreitung und Rezeption der reformatorischen Gedanken, verdankt sich vor allem einem neuen, in diesen Jahren erfundenen Medienformat, nämlich der »Flugschrift«. Darunter versteht man ein auf preiswertem Papier hergestelltes Druckwerk mit geringem Umfang – zumeist acht bis sechzehn Seiten –, ohne festen Einband und im handlichen Format (zwischen zwanzig und dreißig Zentimeter hoch), manchmal auch mit Holzschnitten illustriert.

Die Zielgruppe einer Flugschrift war auf dem Höhepunkt ihrer Verbreitung der »gemeine Mann«, der akademisch Ungebildete, also die Mehrheit der Bevölkerung. Eine reformatorische Flugschrift aus dem Jahr 1524 begann folgerichtig so: »Lieber Leser, kannst du nit lesen, so such dir einen jungen Mann, der dir diesen Text vorliest.« In der Tat wurden die Texte der Flugschriften selten still für sich, sondern eher laut vor einer Gruppe im Gasthaus, auf dem Markt oder im Rathaus vorgelesen.

Während 1519 noch 72 Prozent aller Flugschriften in lateinischer Sprache abgefasst waren, erschienen nur drei Jahre später 74 Prozent in Deutsch. In den ersten dreißig Jahren des 16. Jahrhunderts wurden insgesamt etwa zehntausend verschiedene Flugschriften mit überwiegend theologischen und politischen Inhalten verbreitet. Es gab aber auch *Newe Zeyttungen* mit Nachrichten über Monstren, Katastrophen, Kriegs- und lokale Ereignisse. Man kann deshalb die Flugschrift mit Fug und Recht als Vorläuferin der Wochen- und Tageszeitungen ansehen, die etwas mehr als ein Jahrhundert später erschienen.

Ohne die blitzschnell gedruckten und weitverbreiteten Flugschriften wäre die Reformation anders verlaufen. Genauso sind auch andere Ereignisse dieser Zeit ohne die Flugschriften kaum vorstellbar: die Bauernkriege.

Die erste Epistel Santt
Pauli / An die Corinthern.

1.

Oberschrifft.

Aulus beruffen zum Apo
stel Jhesu Christi / durch den willen
Gottes / vnd Bruder Sosthenes.

Vnterschrifft.

Der Gemeine Gottes zu Corinthen /
den geheiligeten jnn Christo Jhesu /
den beruffenen Heiligen / sampt allen
denen / die anruffen den namen vnsers
HERRn Jhesu Christi / an allen jren
vnd vnsern örtern.

Grus.

Gnade sey mit euch vnd fride / von
Gott vnserm Vater / vnd dem HErrn
Jhesu Christo.

Jch dancke meinem Gott alle zeit
ewer halben / fur die gnade Gottes / die euch gegeben ist jnn Christo
Jhesu / das jr seid durch jn an allen stücken reich gemacht / an aller le=
re / vnd jnn aller erkentnis / wie denn die predigt von Christo jnn euch
krefftig worden ist / also / das jr keinen mangel habt an jrgent einer ga
ben / vnd wartet nur auff die offenbarung vnsers Herrn Jhesu Chri=
sti / welcher auch wird euch fest behalten bis ans ende / das jr vnstreff=
lich seied auff den tag vnsers Herrn Jhesu Christi. Denn Gott ist
trew / durch welchen jr beruffen seid / zur ᵃ gemeinschafft seines Sons
Jhesu Christi vnsers Herrn.

ᵃ (Gemeinschafft)
Das ist / Jr seid
miterben vnd mit=
genossen aller gü=
ter Christi.

Jch ermane euch aber / lieben Brüder / durch den namen vnsers
Herrn Jhesu Christ / das jr alzumal einerley rede furet / vñ lasset nicht
spaltung

Lutherbibel | Die erste Ausgabe von Luthers vollständiger Übersetzung des Alten
und Neuen Testaments erschien 1534, gedruckt wurde sie von Hans Lufft in Wittenberg.
Die Abbildung zeigt den Anfang vom ersten Brief des Paulus an die Korinther.

I N L U T H E R S 1520 als Flugschrift verbreitetem Werk *Von der Freiheit eines Christenmenschen* heißt es: »Ein Christenmensch ist ein freier Herr über alle Dinge und niemand untertan.« Zwar wird diese Aussage bereits im nächsten Satz wieder eingeschränkt, doch die Bauern nahmen Luthers Flugschrift zum Anlass, ihre rechtliche Stellung zu hinterfragen. Viele von ihnen konnten ein Jahr später auch das Neue Testament auf Deutsch lesen oder sich vorlesen lassen und fanden darin keinen Hinweis darauf, dass ihre faktische Rechtlosigkeit gottgewollt sei. Martin Luther hat den Bauern somit das ideologische Werkzeug in die Hände gegeben, um ihren Status in Frage zu stellen.

Die Bauern befanden sich zu dieser Zeit in einer verzweifelten wirtschaftlichen Lage. Die Vielzahl der an Adel und Klerus zu leistenden Abgaben, Fronarbeit und Missernten, die fortgesetzte Beschneidung traditioneller Rechte wie des Fischens, Jagens und Holzschlagens sowie die Leibeigenschaft hatten deshalb seit 1500 zu mehreren lokalen Bauernaufständen geführt. 1524 kam es in der Nähe von Nürnberg zu einer neuerlichen Erhebung. Kurz darauf revoltierten Bauern bei Erfurt, im Schwarzwald und rund um den Bodensee. Im Gegensatz zu den lokalen Aufständen der Vergangenheit waren die Bauern diesmal ideologisch gerüstet und durch Flugschriften besser informiert. Im Februar und März 1525 bildeten sich in Oberschwaben drei bewaffnete Bauernhaufen mit insgesamt 30 000 Mann. Da sie in erster Linie eine Verbesserung ihrer Lebensverhältnisse erreichen und keine blutige Revolte anzetteln wollten, trafen sich Delegierte der drei Haufen in der freien Reichsstadt Memmingen, um ihre Forderungen zu formulieren und theologisch zu begründen. Am 20. März 1525 verabschiedeten sie die *Zwölf Artikel*, eine erste schriftliche Erklärung der Menschenrechte, die innerhalb kürzester Zeit in hohen Auflagen gedruckt und vertrieben wurde und für eine ungewöhnlich schnelle Ausbreitung der Aufstände in ganz Süddeutschland und Tirol sorgte. Bald darauf kam es in vielen Landesteilen zu chaotischen Plünderungen und zum Ausbruch des großen Bauernkrieges. Die endgültige Niederschlagung der Aufstände gelang im September 1525. Das Resultat waren vermutlich mehr als 100 000 Tote.

Martin Luther hegte lange Sympathien für die Bauern und bemühte sich um eine ausgewogene Bewertung ihrer Forderungen. In seiner *Ermahnung zum Frieden* hatte er noch 1525 den Hochmut der Fürsten kritisiert. Als jedoch ein Bauernheer zu Ostern 1525 die Burg und

Stadt Weinsberg eroberte und sämtliche Adligen und Soldaten in der sogenannten »Weinsberger Bluttat« grausam hinrichtete, verfasste Luther seine berühmt-berüchtigte Schrift *Wider die mörderischen Rotten der Bauern.* Darin verurteilte er die Aufständischen scharf und hetzte die Fürsten gegen die Bauern auf: »Man soll sie zerschmeißen, würgen, stechen, heimlich und öffentlich, wer da kann, wie man einen tollen Hund erschlagen muß.« Dieser radikale Politikwechsel mag Luther nicht leichtgefallen sein, aber im Interesse der weiteren Verbreitung seiner reformatorischen Ideen war er auf die Unterstützung der mit ihm sympathisierenden Fürsten angewiesen. Ihm war wohl bewusst, dass er sich nach der Weinsberger Bluttat in der Bauernfrage eindeutig auf die Seite der protestantischen Fürsten schlagen musste, um deren Gunst nicht zu verlieren.

AUF DER SCHWELLE ZUR NEUZEIT

AUS dem bisher über die Reformation Gesagten geht hervor, dass sich der herstellende und der verbreitende Buchhandel, aber auch das Buch selbst in dieser Zeit radikal veränderten.

Während man sich in der Frühzeit des Buchdrucks so eng wie nur möglich an das handgeschriebene Buch als Vorbild anlehnte, emanzipierten sich die Drucker in der Reformationszeit von dieser ästhetischen Leitidee. Spätestens 1540 »hatte sich das gedruckte Buch schon völlig vom Vorbild der Handschrift gelöst«, stellt Jean-François Gilmont in *Die Welt des Lesens* fest. »Das äußere Erscheinungsbild des Buches wandelte sich, weil man ein Titelblatt voranstellte, die Form der Schriftzeichen vereinheitlichte und viele Ligaturen aufgab.« Auch der Holzschnitt wurde immer öfter zur Illustration von Büchern eingesetzt. Außerdem gehörte zum Veränderungsprozess – wie erwähnt – die Einführung eines völlig neuen Medienformats, nämlich der Flugschrift. Die Konzentration der Buchproduktion auf Flugschriften führte zu einem tiefgreifenden Wandel des gesamten Buchmarktes. Nicht nur die Brotartikel des späten 15. Jahrhunderts verschwanden vom Markt, »sondern sogar die Manuskripte der renommierten Humanisten bis hin zu Erasmus blieben liegen. Sie, deren Projekte bisher stets das geneigte Ohr der Verleger gefunden hatten, mußten plötzlich vergebens eine Offizin nach der anderen abklappern. Altgläubige

Druckerverleger wie Froben, der 1524 von dem zuvor risikolosen Brotartikel ›De civitate Dei‹ des Augustinus kein einziges Exemplar los-
wurde, und sogar Koberger gerieten in finanzielle Bedrängnis«,
schreibt Wittmann in seiner *Geschichte des deutschen Buchhandels*.
Erasmus von Rotterdam beklagte sich deshalb 1523 lauthals darüber,
dass kein Verleger es wage, nur ein Wort gegen Luther zu drucken,
während man gegen den Papst schreiben könne, was man wolle. Das
war natürlich nicht die ganze Wahrheit, denn selbstverständlich
nutzte auch die katholische Kirche das Format des Flugblatts, um
ihre Positionen unter das Volk zu bringen.

Während die Nachdrucker im Übergang vom 15. zum 16. Jahrhundert auf dem Buchmarkt eine Krise auslösten, wurde der Nachdruck in der Reformationszeit kurioserweise zur Lösung des Problems, das er selbst geschaffen hatte. Ob Flugschrift oder Bibel, jeder
druckte alles nach, weil der Markt durch die reformatorische Öffentlichkeit immens gewachsen war. Die preiswerten Flugschriften, die
drastische Zunahme von Büchern in deutscher Sprache, der alleror-
ten geführte Streit um die Reformation und nicht zuletzt die in
zahllosen Flugschriften ausgetragene ideologische Schlacht um die
Bauernkriege führten zu einer Expansion der Buchproduktion. Die
aufgestellten Druckpressen reichten kaum aus, um die Nachfrage zu
befriedigen.

Martin Luther stand dem Nachdruck zunächst positiv gegenüber,
immerhin sorgten die Nachdrucker für eine schnelle Verbreitung seiner Schriften im gesamten Reich. Doch schon bald wurde das Erzübel
des Nachdrucks, nämlich der schludrige Umgang mit den Original-
texten, für Luther zu einem ernsten Problem. So legte man ihm bei
seinen Prozessen in Augsburg und Worms Werke vor, die so voller
sinnentstellender Fehler waren, dass Luther die Verantwortung für
ihren Inhalt ablehnte. Diese Erfahrung und die Beschwerden seiner
Originalverleger, die sich durch die zahllosen Nachdrucke seiner
Schriften wirtschaftlich geschädigt fühlten, bewirkten bei dem Re-
formator ein Umdenken. In seiner *Vorrede und Vermahnung an die
Drucker* von 1525 rechnete er wütend mit dem Nachdruckunwesen ab:
»Was soll doch das sein, meine lieben Druckerherrn, daß einer dem
andern so öffentlich räubet und stiehlet das Seine und ihr euch unter-
einander ins Verderben bringt? Seid ihr nun auch Straßenräuber und
Diebe geworden? ... Wenn sie doch meine Bücher nicht so falsch und

Ego ſum Papa.

Flugschrift | Der anonyme Holzschnitt aus einer undatierten Flugschrift der ersten Hälfte des 16. Jahrhunderts stellt den Papst als eine Ausgeburt der Hölle dar. Ego sum Papa: Das ist die wahre Gestalt des Oberhaupts der Kirche.

schändlich zurichteten; aber nun drucken sie diese und eilen damit so sehr, daß, wenn sie wieder gedruckt in meine Hand kommen, ich meine eigenen Bücher nicht mehr erkenne. Da ist etwas ausgelassen, das ist's versetzt, da gefälscht, da nicht korrigiert.« Auch wenn man geneigt ist, Luther zuzustimmen, so kann die Bedeutung der Nachdrucker für die schnelle und reichsweite Verbreitung der reformatorischen Gedanken nicht hoch genug eingeschätzt werden.

Aber kommen wir zurück zum Buchhandel, der selbstverständlich von den Erschütterungen der Reformationszeit nicht unberührt blieb; er war sogar in mehrfacher Hinsicht betroffen. Zum einen erlebte der im späten 15. Jahrhundert ins Hintertreffen geratene Reisebuchhandel eine neue Blüte. Das in allen Orten des Reiches anwachsende Interesse an den katholischen und reformatorischen Flugschriften rief den Typus des Reisebuchhändlers oder Buchhausierers erneut auf den Plan. Bücher wurden, wie ein halbes Jahrhundert zuvor, in schnell errichteten Bücherbuden, auf Marktplätzen, in Wirtshäusern und von Haus zu Haus verkauft.

Zum anderen änderte sich aber auch die Interessenlage des Buchhändlers. Der Reisebuchhändler der Reformation identifizierte sich fast zwangsläufig mit den von ihm vertriebenen Büchern, denn ihr Vertrieb war – das gilt jedenfalls für die reformatorischen Schriften – nicht ungefährlich. Zur ökonomischen Motivation des Reisebuchhändlers gesellte sich ein religionspolitisches Interesse. Ein typischer Vertreter dieser Spezies war der Nürnberger Buchhändler Hans Hergot, der vor allem in Sachsen Flugschriften und Nachdrucke verkaufte. Nachdem die katholische Zensur ihn in Leipzig beim Verkauf des reformatorischen Traktates *Von der newen wandlung eynes Christlichen lebens* erwischte, wurde er kurzerhand mit dem Schwert hingerichtet, ein Schicksal, das viele Kollegen mit ihm teilen mussten. Auch Buchhändler, die mit aufrührerischen Bauernschriften handelten, begaben sich in die Gefahr, durch das Schwert oder auf dem Scheiterhaufen zu sterben. Als aufgeklärte Buchhändler tätig zu sein, war zu dieser Zeit eine äußerst riskante Profession.

Die katholische Kirche hatte schon zu Beginn der reformatorischen Bewegung versucht, die Veröffentlichungen der Schriften durch Zensurmaßnahmen zu verbieten beziehungsweise durch staatliche Institutionen verbieten zu lassen. So warf man in Löwen bereits 1520 zahlreiche als ketzerisch erachtete Flugschriften ins Feuer. Auch das spätere Wormser Edikt untersagte ausdrücklich den Druck der Schriften des Reformators. Doch die wirksame Durchsetzung der Zensurbestimmungen scheiterte einerseits daran, dass ein Verbot schon damals die Neugierde der Menschen anstachelte. Andererseits ließen viele Fürsten die kaiserliche wie die kirchliche Macht gern spü-

Druckwerkstatt | Etwa 130 Jahre nach der Erfindung des Buchdrucks
zeigt dieser Kupferstich von Galle aus *Nova reperta* um 1580 sehr detailliert
die Arbeitsabläufe in einer Druckerei.

ren, dass sie ihre gewachsene Souveränität sehr wohl dazu nutzen
konnten, Zentralgewalten zu unterlaufen, beispielsweise indem sie
Zensuranordnungen nicht befolgten. Jedenfalls stellte die Zensur
kein wirksames Mittel zur Unterdrückung des reformatorischen
Gedankengutes dar.

IN DEN dreißiger Jahren des 16. Jahrhunderts fielen die erfolgsver-
wöhnten Originalverleger und Nachdrucker, Buchhändler und Buchhausierer in ein Umsatztief. Die turbulente Zeit der ideologischen
Auseinandersetzungen zwischen den Reformatoren und ihren katholischen Kontrahenten war zu Ende und die katholische Kirche rüste-
te sich erst ab etwa 1540 zur Gegenreformation. Die Produktion gelehrter Bücher, wie sie in der Vorreformationszeit bestanden hatte,
konnte das in dieser Zeit auf dem Buchmarkt entstehende Vakuum
nur bedingt füllen. Erasmus von Rotterdam beklagte 1529 bitter die
Überhitzung des Marktes in der Reformationszeit: »Die Drucker behaupten, sie hätten vor der Verbreitung dieses Evangeliums viel leich-

ter 3000 Bücher verkaufen können als heutzutage 600.« Und der Prediger Martin Butzer stellte 1547 deprimiert fest: »So liegt leider aller Bücherverkauf in diesen betrübten Zeiten also ganz darnieder.«

Der gerade einhundert Jahre alte Markt gedruckter Bücher musste sich neu orientieren. Die gesellschaftlichen Rahmenbedingungen am Ende der Reformationszeit gaben den Takt für die weitere Entwicklung an. Die Dominanz der lateinischen Sprache war unumkehrbar gebrochen. Sie überlebte zwar als internationale Gelehrtensprache, verlor in der Buchproduktion aber von Jahr zu Jahr an Bedeutung. An ihre Stelle war eine allgemeinverständliche deutsche Sprache getreten, die sich über die Dialektgrenzen hinweg entwickelte und verbreitete.

Der stationäre Buchhandel konnte sich gegenüber dem Reisebuchhandel nachhaltig behaupten. Zwar endete mit dem Sturm und Drang der Reformationszeit auch die Zeit der kleinformatigen Flugschriften, doch insgesamt waren die Bücher im Vergleich zu den üblichen Formaten des späten 15. Jahrhunderts handlicher geworden. Während in der Frühzeit des Buchdrucks die Folianten – Höhe des Buchrückens: über 40 cm – den Markt dominierten, wurden nun die Formate Quart – 30 bis 40 cm –, Lexikon – 25 bis 30 cm – und Oktav – 15 bis 25 cm – gängig. Die Buchillustration nahm an Bedeutung zu, denn die Verlage wetteiferten durch buchkünstlerische Ausstattungselemente um die Gunst der Käufer. Der unautorisierte Nachdruck, der durch ein nach wie vor fehlendes Urheberrecht begünstigt wurde, entwickelte sich erneut zum Kardinalproblem der Branche. Mit diesem Gepäck auf dem Rücken stand der Buchmarkt auf der Schwelle zur Neuzeit.

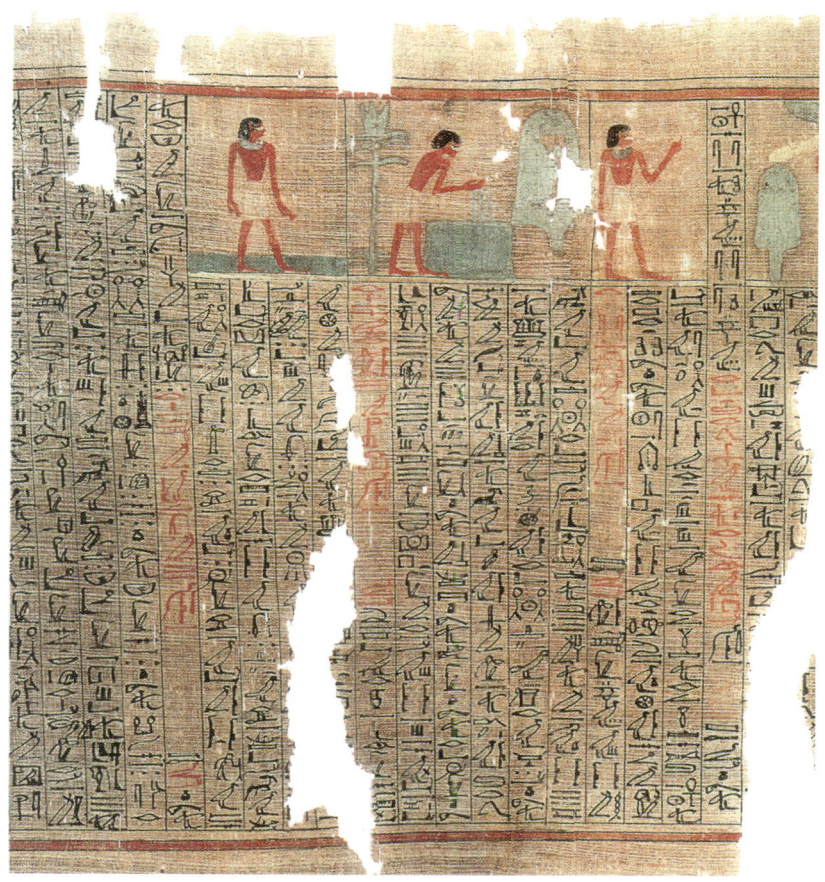

Das Totenbuch von Bak-su, einem Reinigungspriester von Pharao Amenophis I.
aus der Zeit um 1500 v. Chr. Der Papyrus zählt zu den bedeutendsten ägyptischen Totenbüchern.
Er wurde 1883 in Theben gefunden, ist knapp vier Meter lang und etwa 33 Zentimeter hoch.

USIDORUS · BRAVLIO ·

SCRIPTORIS · MISERI · DIGNARE · DS · MISERERI · NOLLE · VLTRARY · DOM · PENSARE · MALARV
PARVA · LICET · BONA · SIN · SVP · ERALTATA · MALIS · N · NON · LVCI · CEDAT · VITE · MORS

II

Der im 13. Jahrhundert entwickelte Lesestein verdoppelte die menschliche Sehkraft
und wurde zu einem Segen für viele Mönche und Gelehrte mit Sehschwächen.
Der hier abgebildete Lesestein liegt auf einer Ausgabe der *Summa universae theologiae* des
Scholastikers Alexander de Hales, gedruckt 1482 bei Anton Koberger in Nürnberg.

◄ Göttliche Gerechtigkeit im 12. Jahrhundert: Nach dem Tod eines Schreibermönches wird
ein von ihm kopiertes Buch in die Waagschale gelegt, die sich zu seinen Gunsten neigt.
Als ewiger Lohn für die Kopierarbeit wird die Seele des Mönchs in den Himmel aufgenommen,
der Teufel muss mit leeren Händen entschwinden. Buchmalerei aus der *Etymologiae* des Isidor
von Sevilla, um 1160–1165.

gelista plus dixerit. in alio quia
mmus putauerint addiderunt.
uel dum eundem sensum alius alit
exprssit. ille qui unum equatio p
mum legerat. ad eius exemplum cete
ros quoq~ emandando.
Unde accidit ut apud nos mixta
sint omnia. & in marco plura. luce
atq~ mathei. rursum in matheo.
iohannis & marci. & in ceteris reliq
rum que aliis ppa sunt inueniant.
Cum itaq~ canones legeris qui sub
iecti sunt. confusionis errore sublato.
& similia omnium scies. & singlis
sua queq~ restitues. In canone pmo.
concordat quatuor. matheus. mar
cus. lucas. iohannes. In seco tres
matheus. marcus. lucas. In tertio
tres. matheus. lucas. iohannes. In q
to tres. matheus. marcus. iohannes.
In quinto duo. matheus. lucas. In
sexto duo. matheus. marcus. In sep
timo duo. matheus. iohannes. In
octauo. uno. luca mare. In nono duo. luca
iohes. In decimo ppa unusq~ que no ha
bentur. in aliis ediderunt. Singlis
uero euangeliis ab uno incipiens.
usq~ ad finem librorum. dispar nu
merus increscit. Hic nigro colore
descptus sub se habet alium. ex mi
nio numerum discolorem. qui ad
decem usq~ pcedens. indicat p
numerus. inquo sit canone requi
rendus. Cum g apto codice. uerbi
gra illud siue illud capitulum scire
uolueris cuius canonis sit. statim
ex subiecto numero docebetis. Et
recurrens ad pncipia. inquib cano

num est distincta congeries. eodemq
statim canone extitulo fronar inuen
to. illum quem querebas numerum
eiusdem euangeliste. qui & ipse ex
inscriptione signatur inuenies. atq
euicino ceterorum tramitacy inspecto
quos numeros eregione habeant
ad notabis. Et cum scieris recurres
ad uolumina singulorum. & sine
mora repies numeris quos ante sig
naueras reppies. & loca inquib uel
eadem uel uicina dixerint. Opto
ut in xpo ualeas & memineris mei
papa beatissime ora pme.

EXPLICIT PREFATIO

LVRES

fuisse qui euangelia scpserunt
& lucas euangelia scpserunt
& lucas euangelista testatur
dicens. Q uoniamquidem mu
ti conati sunt ordinare narra
tionem rerum. que innobis
complete sunt. Sicut tradid
erunt nobis qui abinitio ipsi
uiderunt sermonem. & mini
strauerunt ei. & pseuerantia
usq~ ad presens temp monim

gentes: incipientibus ab iherosolima. Uos aut testes estis horu. Et ego mittam pmissum patris mei i uos: uos aut sedete in ciuitate quoadusq; induamini uirtute ex alto. Eduxit aut eos foras in bethaniam: et eleuatis manibus suis benedixit eis. Et factu est du benediceret illis recessit ab eis: et ferebatur in celum. Et ipsi adorantes regressi sunt in iherusalem cum gaudio magno: et erant semper in templo laudantes et benedicentes deum amen. Explicit euangelium scdm lucam Incipit plogus i euangelium scdm iohanne:

Hic est iohannes euangelista un9 ex discipulis dni: qui uirgo a deo electus e: que de nuptijs uolentem nubere uocauit deus. Cui uirginitatis in hoc duplex testimoniu datur in euangelio: qp et pre ceteris dilectus a deo dicit: huic matrem suam de cruce commendauit dns: ut uirginem uirgo seruaret. Denique manifestans in euangelio qp erat ipse incorruptibilis uerbi opus inchoans: solus uerbum carnem factum esse: nec lumen a tenebris comprehensum fuisse testatur: primu signum ponens qd in nuptijs fecit dns ostendens qp ipse erat: ut legentibz demonstraret qp ubi dns inuitatus sit deficere nuptiarum uinum debeat: et ueteribus immutatis noua omnia que a cristo instituunt apparet. Hoc aut euangeliu scripsit in asia: postea qp i pathmos insula apocalipsim scripserat: ut cui i principio canonis incorruptibile principiu pnotat in genesi: ei etiam incorruptibilis finis p uirgine i apocalipsi redderet dicente cristo ego sum alpha et o. Et hic e iohannes: qui sciens superuenisse diem recessus sui. Conuocatis discipulis suis

in ephefo per multa signorum experimenta pmens cristum descendens i defossu sepulcure sue locu facta oratione po situs est ad patres suos: tam extrane9 a dolore mortis qp a corruptione carnis inuentur alienus. Tamen post omnes euangeliu scripsit: et hoc uirgini debetur. Quorum tame uel scriptoru teporis dispositio uel libroru ordinatio ido a nobis per singula non exponitur: ut sciendi desiderio collato et querentibus fructus laboris: et deo magisterij doctrina seruetur. Explicit plogus Incipit euangelium scdm iohanne.

In principio erat uerbu: et uerbu erat apud deu: et de9 erat uerbu. Hoc erat in principio apud deu. Omnia p ipm facta sunt: et sine ipo factum est nichil. Quod factu est in ipo uita erat: et uita erat lux hominu: et lux in tenebris lucet: et tenebre eam no comprehenderut. Fuit homo missus a deo: cui nome erat iohanes. Hic uenit i testimoniu ut testimoniu phiberet de lumine: ut omnes crederent p illu. No erat ille lux: sed ut testimoniu phiberet de lumine. Erat lux uera: que illuminat omne hominem uenietem in hunc mundu. In mundo erat: et mundus p ipm factus est: et mundus eu non cognouit. In propria uenit: et sui eu no receperut. Quotqt aut receperut eu: dedit eis potestatem filios dei fieri: hijs qui credut in nomine ei9. Qui no ex sanguinibz neq; ex uoluntate carnis: neq; ex uoluntate uiri: sed ex deo nati sunt. Et uerbu caro factum est: et habitauit in nobis. Et uidimus gloria ei9: gloriam quasi unigeniti a patre: plenu gratie et ueritatis. Iohannes testimonium phibet de ipo: et clamat dicens. Hic erat que dixi: q post me uenturus est: ante me factus est:

Für seine gedruckte Bibel hat Gutenberg die Textura in Blei nachempfunden, um dem handgeschriebenen Buch so nah wie nur irgend möglich zu kommen. Die hier wiedergegebene Seite zeigt den Anfang des Johannes-Evangeliums.

◄ Die Bibel von Saint-André-au-Bois wurde um 1180 in der zeittypischen Bibelhandschrift Textura geschrieben.

Eine Nürnberger Druckerei im Jahr 1559. Der Drucker Erhardt Buttmann wurde
im Alter von 90 Jahren in das Hospiz der Mendelschen Zwölfbruderstiftung aufgenommen
und verstarb dort fünf Jahre später. Die Malerei stammt aus dem Hausbuch der Stiftung,
das alle Sterbefälle in Wort und Bild verzeichnete.

VI

D. IO. HIERON. KNIPHOFII

PATHOL. ET PRAX. IN ACAD. ERFVRT. PROF. PVBL.
ORDIN. FACVLT. MED. SENIOR. ET ADSESS. PRIMAR.
ACAD. CAESAR. NAT. CVRIOSOR. ADIVNCTI
ET BIBLIOTHECARII,

BOTANICA IN ORIGINALI

SEV

HERBARIVM VIVVM

IN QVO

PLANTARVM TAM INDIGENARVM QVAM EXOTICARVM

PECVLIARI QVADAM OPEROSAQVE ENCHIRESI
ATRAMENTO IMPRESSORIO OBDVCTARVM

NOMINIBVSQVE SVIS

AD METHODVM

ILLVSTRIVM NOSTRI AEVI BOTANICORVM

LINNAEI ET LVDWIGII

INSIGNITARVM

ELEGANTISSIMA ECTYPA EXHIBENTVR

OPERA ET STVDIO

IOANNIS GODOFREDI TRAMPE

TYPOGRAPHI HALENSIS.

CENTVR. VI.

HALAE MAGDEBVRGICAE,
MDCCLIX.

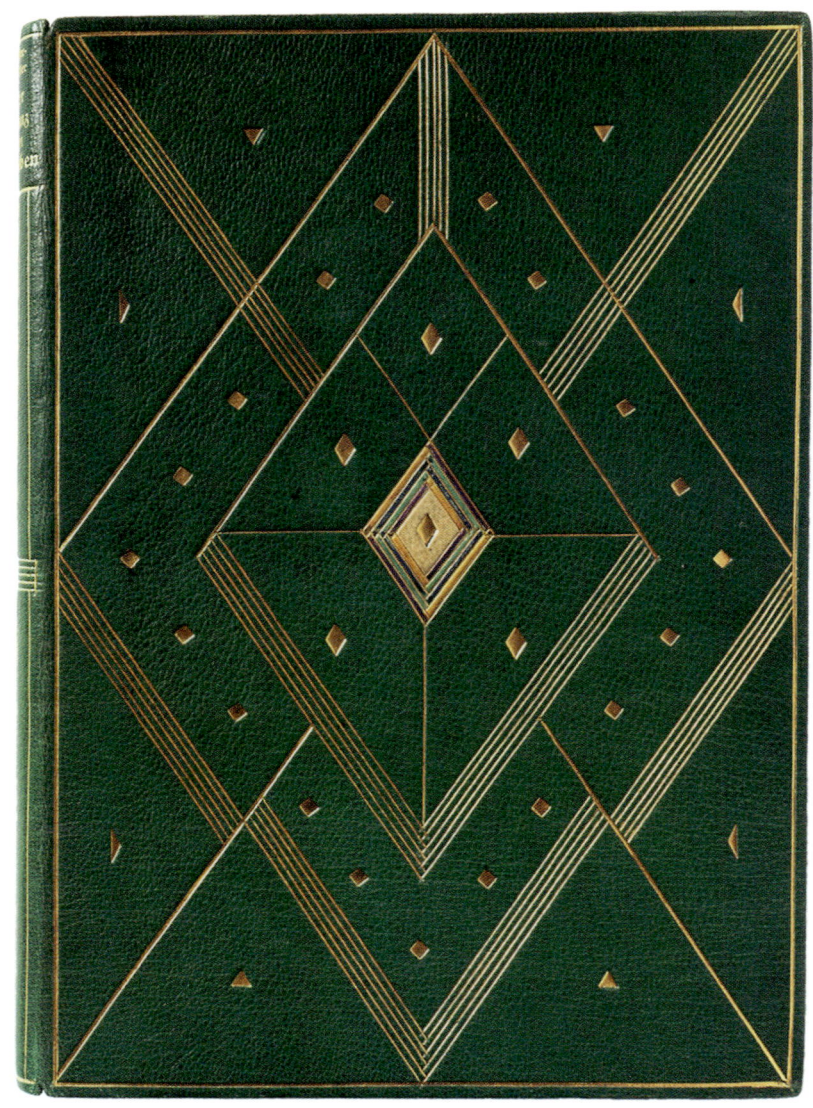

Bucheinband mit handvergoldetem Maroquinleder um 1920. Eingebunden wurde
Der Prinz von Theben: Ein Geschichtenbuch von Else Lasker-Schüler. Das Buch befindet sich im
Bestand der Weimarer Herzogin Anna Amalia Bibliothek.

◄ Beim Naturselbstdruck werden Pflanzen und Tiere auf Farbe gepresst und dann als Druck-
stöcke benutzt. Diese Technik geht auf Leonardo da Vinci zurück. Zusammen mit dem Erfurter
Drucker Johann Funcke entwickelte der Botaniker Johann Hieronymus Kniphof den Naturselbstdruck zur Perfektion. Allerdings blieb seine Präparations- und Drucktechnik ein Geheimnis. Die Abbildung zeigt das Titelblatt der zweiten Auflage von Kniphofs Monumentalwerk
Botanica in Originali aus dem Jahr 1759.

Wie über uns von denen gesprochen wird, die durch Ankauf unserer spott-
billigen Nachdrucke der sogenannten schönen Geister Deutschlands etliche
Scheine mehr in der Tasche behalten haben, ist mir bekannt – das Publikum ist
der ärgste Knauser und das undankbarste Wesen.

JOHANN THOMAS VON TRATTNER   [1719–1798]

... daß ich meine Verachtung und meinen Haß gegen Leute bezeige, in deren
Vergleich alle Buschklepper und Weglaurer wahrlich nicht die schlimmern
Menschen sind. Denn jeder von ihnen macht seinen coup de main für sich:
[Die Nachdrucker] Dodsley und Compagnie aber wollen bandenweise rauben.

GOTTHOLD EPHRAIM LESSING   [1729–1781]

Von Konditionen, Privilegien und Piraten

DIE ENTSTEHUNG DES MODERNEN BUCHHANDELS
IM ZEITALTER DER AUFKLÄRUNG

IN der Zeit von Reformation und Gegenreformation wurde der Buchmarkt von vier verschiedenen Unternehmensformen geprägt, die allerdings nicht immer leicht voneinander abzugrenzen sind, weil es oft fließende Übergänge zwischen ihnen gab. Am bedeutendsten waren die im nationalen Buchhandel agierenden »Verlagsbuchhändler«, die Bücher auf eigenes Risiko drucken ließen, regelmäßig die Buchmessen besuchten, um dort mit ihren Kollegen Bücher zu tauschen, und an den Endkunden verkauften. Fast ausschließlich für den lokalen Bedarf produzierten die Druckerverleger. Ihnen war zumeist nur der Handel mit Büchern aus eigener Druckproduktion gestattet. Diese waren in aller Regel keine Werke der Gelehrsamkeit, sondern Gebrauchsschriften – Ratgeber, Kalender, Erbauungsbücher, astrologische Schriften, regionale Verordnungen und so weiter. Diese Literatur wurde überwiegend auf Jahrmärkten verkauft. Die »Buchbinder« waren die Einzigen, die fest gebundene Bücher auf Märkten und Messen verkaufen durften. Zeitgenössischen Kupferstichen kann man entnehmen, dass die Ladenlokale der Buchbinder heutigen Buchhandlungen glichen. Man sieht darauf Holzregale mit gebundenen Büchern und oft auch eine Verkaufstheke mit Stehpult. Im Gegensatz dazu erinnern die Läden der regulären Verlagsbuchhändler eher an Lagerräume. Dort stapelten sich Ballen und Pakete neben großen Holzfässern, in denen die Bücher auf die Messen transportiert wurden. Schließlich gab es noch die »Hausierer«, die oft neben Büchern allerlei andere Waren im Sortiment führten: Spielkarten, Kämme und Bürsten, Schreibgeräte, Brillen oder Rosenkränze. Die Hausierer waren die Parias der Branche, sie standen auf der untersten Stufe der ökonomischen und sozialen Hierarchie. Wie man zahlreichen Leichenreden entnehmen kann, rafften die Strapazen des Reisebuchhandels sie oft schon im besten Alter dahin. Im Gegensatz zu ihnen bildeten die Verlagsbuchhändler die Elite des deutschen Buchhandels. Sie dominierten den nationalen Handel und erwirtschafteten den Großteil des Umsatzes mit Büchern. Aus ihrer Tätigkeit hat sich schließlich der moderne Buchhandel entwickelt.

DIE SICH ZUSPITZENDEN Konflikte zwischen den reformatorischen und katholischen Territorien des Heiligen Römischen Reiches Deutscher Nation einerseits und der habsburgisch-französische Kampf um die Vorherrschaft in Europa andererseits führten 1618 zum Ausbruch des Dreißigjährigen Krieges. Dieser wurde hauptsächlich auf dem Reichsgebiet ausgetragen und entvölkerte weite Teile des Landes. Etwa vier Millionen Menschen fielen dem Krieg zum Opfer, in Süddeutschland überlebte nur ein Drittel der Bevölkerung.

Im Westfälischen Frieden von 1648 wurden unter anderem das Prinzip der kaiserlichen Zentralmacht und das der landesfürstlichen Regionalmacht festgeschrieben. Fortan bestanden die Fürsten in Reichsangelegenheiten auf ihrem Mitspracherecht, hielten aber wenig von der Machtteilung mit den Ständen in ihrem Herrschaftsgebiet. Es begann die Blütezeit des Absolutismus. Die weltlichen Territorialherrscher drängten die Macht der Kirche und des Adels zurück und schufen effektive Verwaltungsapparate mit einer willfährigen Beamtenschaft, die von bislang ungeahnten Aufstiegsmöglichkeiten profitierte. Unter dem »aufgeklärten Absolutismus« des 17. und 18. Jahrhunderts wurde die Gesellschaft durchlässiger und die Fürsten schufen eine Vielzahl von Einrichtungen zum hygienischen und sozialen Wohl ihrer Untertanen: Krankenhäuser, Waisenhäuser oder Armenhäuser. Zur Beseitigung der Kriegsverheerungen forcierten die Fürsten in ihren Territorien eine kameralistische Wirtschaftspolitik, die lediglich auf regionale Interessen bedacht war. Die Förderung der lokalen Wirtschaft ging einher mit Importbeschränkungen und Schutzzöllen. Das Geld sollte im Lande bleiben und nicht für auswärtige Güter ausgegeben werden. Vor allem das städtische Bürgertum bildete das Rückgrat des wirtschaftlichen Aufschwungs.

Für die Verlage, die stark unter dem Krieg gelitten hatten, stellte diese restriktive Wirtschaftspolitik ein existenzbedrohendes Problem dar, denn ihre Produkte waren auf den Import und Export angewiesen. Durch die Aufsplitterung des Heiligen Römischen Reiches Deutscher Nation in zahlreiche Einzelstaaten war der jeweils heimische Markt viel zu klein, um wirtschaftlich sinnvolle Auflagen aufnehmen zu können. Vor diesem Hintergrund entwickelte sich der Tauschhandel zur vorherrschenden Verrechnungsform des nationalen Buchhandels. Ein gutes Jahrhundert sollte diese Zeit andauern. Die Verlagsbuchhändler tauschten auf den Buchmessen in Frankfurt und Leipzig die von ihnen produzierten Bücher bogenweise, also auf der Basis des Papierpreises, ohne dabei die jeweiligen Inhalte der Bücher zu berücksichtigen. So gelangten sie in den Besitz eines umfangreichen Buchsortimentes. Die Endkunden kauften dann beim heimatlichen Sortimenter. Die überregional tätigen Verlagsbuchhändler des 17. Jahrhunderts waren also notwendigerweise Verleger und Buchhändler in einer Person.

Doch der Tauschhandel brachte bald erhebliche Probleme mit sich, gerade weil ohne Rücksicht auf die Inhalte getauscht wurde. Einige Verlagsbuchhändler produzierten möglichst kostengünstig, um lukrativ am Tauschhandel teilnehmen zu können, und andere wiederum investierten viel Geld in sorgfältige Editionen. Dadurch entstand ein Ungleichgewicht.

Viele Gelehrte dieser Zeit warnten deshalb auch davor, dass der Tauschhandel zur Vermehrung unnützer Schriften und zur Verhinderung hochwertiger Bücher führe: »Es müßte keine Schrift gedruckt werden dürfen, von der der Verfasser nicht in einem Vorwort angegeben hätte, was er darin bisher Unbekanntes zum Nutzen des Gemeinwesens geleistet habe«, forderte beispielsweise der Universalgelehrte Gottfried Wilhelm Leibniz (1646–1716).

Es gab aber auch einen anderen Krieg, der den deutschen Buchhandel maßgeblich beeinflusst hat: den unblutigen Handelskrieg zwischen den Buchmessestädten Leipzig und Frankfurt. Kurz vor dem Dreißigjährigen Krieg hatte sich Frankfurt am Main zum größten Handelsplatz für internationale Literatur in lateinischer Sprache entwickelt. Achtzig Prozent der von europäischen Verlagshäusern mitgebrachten Bücher waren in lateinischer Sprache gedruckt. Leipzig dagegen wurde nach der Reformation zum Zentrum des Handels mit deutschsprachiger Literatur. Wesentlich dazu beigetragen hatten der liberale Umgang mit der Zensur in Sachsen, eine gezielte staatliche Förderung des Buchgewerbes – und nicht zuletzt die herausragende

Buchhandlung | Im Gewölbe einer typischen Buchhandlung des Barock werden Bücher zum Transport nach Leipzig in großen Fässern verstaut. Kupferstich von 1698.

drucktechnische Infrastruktur der Stadt. Diese veranlasste viele Verlage, ihre Bücher in der Messestadt drucken zu lassen, um Transportkosten zu sparen. Das lateinisch-konservative Frankfurt und seine deutsch-liberale Konkurrentin Leipzig wurden so zum Spiegelbild der konfessionellen Teilung Deutschlands in einen reformatorischen Nordosten und einen katholischen Südwesten.

Nach dem Dreißigjährigen Krieg waren Frankfurts internationale Beziehungen unterbrochen, so dass der Anteil ausländischer Werke auf dem deutschen Markt stark zurückging. Die Produktion deutschsprachiger Literatur verlagerte sich in die nordöstlichen Verlagsorte Berlin, Hamburg, Königsberg und vor allem Leipzig, das um 1680 zur unumstrittenen Metropole des deutschen Verlagswesens aufgestiegen war. Fünfzig Jahre später lebten fast drei Prozent der Stadtbewohner unmittelbar vom Buchgewerbe.

Dazu beigetragen hat sicher auch eine Fehleinschätzung des Rates der Stadt Frankfurt. Dort wurde 1710 die Entscheidung getroffen, den Beginn der Frühjahrsmesse um drei Wochen zu verlegen, so dass die Frankfurter Messe sich zeitweise mit der Leipziger überschnitt. Die Leipziger beharrten auf ihrem angestammten Termin und überließen selbstbewusst den Verlagsbuchhändlern die Wahl, wo sie hingehen wollten. Und sie behielten recht, denn die Mehrheit der Verlage meldete sich bei ihnen an. Damit war Leipzigs Vorherrschaft im deutschen Buchhandel zunächst gesichert.

IN DER MITTE des 18. Jahrhunderts regte sich vor allem bei den Leipziger Verlegern Unmut über die wachsende Produktion von Büchern minderer Qualität. Ihre Stadt galt als Hort der Aufklärung und ihre nahezu unzensierten Bücher fanden überall im Reich reißenden Absatz. Aber ein Großteil der Bücher, die sie gegen ihre begehrten und kostenintensiv edierten Originalausgaben eintauschen mussten, ließ sich aufgrund ihrer schlechten Qualität in Sachsen kaum verkaufen, verstopfte die Gewölbe der Buchhändler und schmälerte ihren Gewinn.

Um die Situation zu ändern, setzte sich der gebürtige Hesse Philipp Erasmus Reich an die Spitze der Leipziger Tauschhandelsgegner. Als Geschäftsführer des Leipziger Großverlegers Weidmann ersetzte er gemeinsam mit anderen Kollegen den Tauschhandel durch den sogenannten »Konditionenhandel«. Wer seine Bücher beziehen wollte, musste bar bezahlen und erhielt einen Rabatt von lediglich 25 Prozent auf den Ladenpreis. Überdies lieferte Reich ohne Rückgaberecht, wälzte also das Risiko gänzlich auf den ankaufenden Kollegen ab. »Damit war der endgültige Übergang von der Tausch- zur Geldwirtschaft im deutschen Buchhandel eingeleitet, begann die Anonymität des buchhändlerischen Warenverkehrs, setzte die Trennung von Verlag und Sortiment ein und entstand erst eigentlich das kapitalistische Konkurrenzdenken in diesem Berufsstand«, heißt es dazu in Wittmanns *Geschichte des deutschen Buchhandels.*

Mit dieser Revolutionierung der buchhändlerischen Abrechnung machte sich Reich Feinde unter den im katholischen Südwesten ansässigen »Reichsbuchhändlern«, die mit dem Boykott der Leipziger Messe und dem massiven Nachdruck der Bücher aus Leipziger Verlagen drohten. Daraufhin zogen sich die Leipziger Verleger 1764 vom

Buchhandlung | Während der Dreißigjährige Krieg Deutschland verwüstete, lebte es sich in Paris besser. Der Kupferstich von Abraham Bosse um 1640 zeigt *La Galerie du Palais* mit einer Buchhandlung und zwei Läden für modische Accessoires. Die in dieser Verkleinerung nicht zu lesende Regalbeschriftung verrät, dass vor allem Geschichtswerke und Autoren der römischen Antike angeboten wurden.

Frankfurter Messegeschäft zurück und konnten bei der sächsischen Regierung 1773 eine Verordnung durchsetzen, die unter anderem den Handel mit Nachdrucken in Sachsen verlegter Bücher auf der Leipziger Messe verbot (»kursächsisches Mandat«).

Erst nach Reichs Tod im Jahr 1787 wurde schließlich ein Kompromiss gefunden, der für den Handel einen Rabatt von 33 Prozent, feste Abrechnungsfristen, ein Rückgaberecht für unverkaufte Bücher und eine ganzjährige Belieferung vorsah. Der Konditionenhandel löste den alten Tauschhandel bald vollständig ab und führte zur Gründung erster Sortimentsbuchhandlungen, die nicht verlegerisch tätig waren. Die Trennung von Sortiment und Verlag wäre während der Zeit des Tauschhandels undenkbar gewesen, da man Bücher drucken musste, um überhaupt am Handel teilnehmen zu können. Die heute noch übliche Trennung von Verlag und Buchhandel entstand also Ende des 18. Jahrhunderts. 1796 gründete Friedrich Christoph Perthes

Zweisprachig | Während in der Mitte des 17. Jahrhunderts Bücher in lateinischer Sprache langsam von deutschsprachigen Ausgaben verdrängt wurden, entwickelte sich ein Markt für zweisprachige Bücher. Gleichzeitig entstanden umfangreiche Privatbibliotheken, die in eigenen Musenzimmern Platz fanden. In seinem Werk *Orbis sensualium pictus* (*Die sichtbare Welt in Bildern*) zeigte der mährische Philosoph und Theologe Johann Amos Comenius 1658 ein solches Museum.

(1772–1843) die erste reine Sortimentsbuchhandlung. Danach hat sich die Struktur des Handelns mit Büchern kaum verändert – bis fast 200 Jahre später mit dem erfolgreichen Online-Auftritt der amerikanischen Firma Amazon 1995 die Ära des Internetbuchhandels begann.

»DRUCKE ER NACH« – VOM PRIVILEGIUM ÜBER DEN NACHDRUCK ZUR PIRATERIE

DAS Problem des Nachdrucks wurde auf unserem bisherigen Gang durch die Geschichte der Buchkultur schon mehrfach genannt. Der unautorisierte Nachdruck originaler Verlagswerke entstand bald nach Gutenbergs Erfindung des Buchdrucks und löste im letzten Drittel des 15. Jahrhunderts eine Marktkrise aus, die durch Überproduktion und Preisverfall gekennzeichnet war. Die Druckerverleger dieser Zeit versuchten der Krise Herr zu werden, indem sie um kaiserliche oder landsfürstliche Privilegien ersuchten.

Diese »Druckerprivilegien« sollten nicht den Urheber und seine geistige Leistung, sondern den Drucker und sein materielles Eigentum schützen. Der Humanist Conrad Celtis kam 1501 als einer der ersten Drucker in den Genuss eines kaiserlichen Privilegs, das den Nachdruck seiner Werkausgabe der mittelalterlichen Dichterin Roswitha von Gandersheim unter strenge Strafe stellte. Mit dem Privileg sollte das verlegerische Risiko, aber auch die kulturelle Leistung seiner Ausgabe gewürdigt und geschützt werden. Privilegien wurden gegen Gebühren und eine Anzahl von Freiexemplaren gewährt. Später konnten nicht nur einzelne Werke, sondern auch Autoren und ganze Verlage privilegiert werden.

Das zunächst sehr begehrte und in der Regel zeitlich begrenzte kaiserliche Privileg beanspruchte zwar Geltung für das ganze Reich, aber die Verfolgung von Rechtsverstößen durch missbräuchlichen Nachdruck oblag den territorialen Behörden, die sich nicht selten von gegensätzlichen Interessen leiten ließen. Mit dem Erstarken der landesfürstlichen Gewalt im 17. und 18. Jahrhundert verlor das kaiserliche Privileg mehr und mehr an Bedeutung. Größere Wirksamkeit entfalteten die Territorialprivilegien, aber wie der Name schon sagt, waren sie begrenzt und boten keinen Schutz vor Nachdruck in einem anderen Fürstentum. Somit blieb der Nachdruck bis zur Mitte des 18. Jahrhunderts ein zwar ärgerliches, aber dennoch überschaubares Problem.

Eine neue Dimension erreichte der Nachdruck Mitte des 18. Jahrhunderts, als die Leipziger Verlagsbuchhändler den Konditionenhandel gegen den bargeldlosen Tauschhandel durchsetzten. Der Streit, der sich zwischen den Verlagen im Nordosten Deutschlands und denen im Südwesten entwickelte, eskalierte schließlich in einer Art Kulturkrieg, bei dem, wie schon erwähnt, der Nachdruck eine entscheidende Rolle spielte. Denn hinter den privatwirtschaftlichen Interessen der Vertreter des Konditionenhandels, die den Markt der in ganz Deutschland beliebten und gut verkäuflichen Neuerscheinungen fast vollständig beherrschten, standen die wirtschaftspolitischen Interessen Preußens und Sachsens. Ihnen war am Schutz ihrer Originalverleger gelegen, schließlich trugen diese Verlage nicht unerheblich zur positiven Außenhandelsbilanz der beiden Länder bei. Außerdem profitierten Papiermühlen, Schriftgießer, Setzereien, Druckereien, Buchbinder und andere Zulieferer vom Status quo.

Ganz anders stellte sich die Situation für die katholischen Länder des Reiches und speziell für Österreich dar, dessen Produktion von Originalausgaben am Boden lag. Ein badischer Drucker begründete den Nachdruck denn auch mit staatspolitischen Zielen: »Der Nachdruck hat auch eine ausnehmende politische Wichtigkeit für die einzelnen Länder des Reichs. Das Geld, das ... nach Sachsen geleitet würde, bleibt jetzt im Reich und macht, daß wir in der Handelsbilanz mit Sachsen nicht mehr, wie sonst, verlieren. Es ist dadurch ein neuer Zweig von Industrie, der so vielen und so vielerlei Arten von Bürgern Nahrung schafft und mit in die Kassen der Fürsten einfließt, eröffnet worden.«

Zur Verbesserung ihrer Handelsbilanz und zur Unterstützung des heimischen Buchgewerbes forderten die Fürsten ihre Verlage deshalb unverhohlen zum Nachdrucken auf. Am deutlichsten machte es Österreichs Kaiserin Maria Theresia in einer Audienz für den berüchtigten Wiener Nachdrucker Johann Thomas von Trattner: »Unterdessen aber, lieber Trattner, sagen Wir ihm, daß es unser Staatsprinzip sei, Bücher hervorbringen zu lassen, es ist fast gar nichts da, es muß viel gedruckt werden. Er muß Nachdrucke unternehmen, bis Originalwerke zustande kommen. Drucke Er nach.« Die Kaiserin erteilte Trattner ein Privileg zum Nachdruck und Vertrieb »aller zur Beförderung der Studien erforderlichen Bücher« und erließ ein Einfuhrverbot derjenigen Originalwerke, die Trattner nachgedruckt hatte oder nachdrucken wollte. Trattner nutzte die Gunst der Stunde – sein Druckimperium bestand aus 26 Pressen, einer Schriftgießerei, Kupferdruckerei sowie einer Buchbinderei – und versorgte das ganze Land mit Büchern.

In allen katholischen Territorien reagierten die Verlage und druckten ihrerseits in unvorstellbaren Dimensionen nach: Zeitweise wurden dort mehr Nachdrucke verkauft als im übrigen Deutschland Originalwerke. Auch aus der Sicht vieler Autoren hatte der massive Nachdruck in den katholischen Ländern seine Vorteile: Ganz ähnlich wie in der Zeit der Reformation trug das Nachdrucken erheblich zur Verbreitung aufklärerischer Gedanken bei. Die Zeit der staatlich forcierten Nachdrucke dauerte etwa achtzig Jahre. Erst am 5. November 1835 beschloss die Versammlung des Deutschen Bundes offiziell das Verbot des Nachdruckens.

DER STAATLICH GEFORDERTE und geförderte Nachdruck war analog schon einmal aufgetreten in einem Phänomen, das von 1690 bis 1730 unter dem euphemistischen Schlagwort vom »Goldenen Zeitalter« seine Blütezeit erlebte. Um Spanien wirtschaftlich zu schwächen und sich selbst in den Besitz von Edelmetallen aus der Neuen Welt zu bringen, verlieh oder verkaufte vor allem die Regierung Englands »Kaperbriefe« an Privatleute, die dadurch das Recht erhielten, Schiffe anderer Nationen zu plündern und zu versenken. Diese staatlich geförderten Piraten plünderten auf eigene Rechnung, durften den Schutz englischer Häfen in Anspruch nehmen und hatten nur einen Teil der Beute an die Krone abzuführen.

Man zieht zwar gern eine Trennlinie zwischen staatlich beauftragten »Freibeutern« und kriminellen »Piraten«, doch ist ihre Unterscheidung nicht ganz klar, weshalb wir hier der Einfachheit halber beim Begriff des Piraten bleiben. Die Piraterie in diesem Sinn ist definiert durch einen staatlichen Auftrag, staatliche Garantien und Schutzmaßnahmen, die Schädigung einer fremden Nation und die Verfolgung gemeinsamer finanzieller Ziele. Alle diese Aspekte treffen auch auf den Umgang mit Nachdrucken ab Mitte des 18. Jahrhunderts bis 1835 zu.

DIE LESEREVOLUTION

DIE großteils in den Nordosten Deutschlands verlagerte Buchproduktion, die Einführung des Konditionenhandels und die folgende Trennung von Verlag und Sortiment sowie die explosionsartige Verbreitung der Nachdrucke sind sicherlich die bedeutendsten, aber beileibe nicht die einzigen Veränderungen der Buchkultur im 18. Jahrhundert. Auch neu gegründete Tageszeitungen, Lesegesellschaften und Leihbüchereien, die Etablierung eines deutschsprachigen, belletristischen Buchmarktes sowie die große Leserevolution hatten einen enormen Einfluss auf die Branche.

Zeitungen wie die *Newen Zeyttungen* der Reformationszeit und die Flugblätter, die besonders im Dreißigjährigen Krieg aufgekommen waren, wurden Ende des 16. Jahrhunderts durch Halbjahreszeitschriften (ab 1588), monatliche Periodika (ab 1597), Wochenblätter (ab 1609) und dann Tageszeitungen abgelöst. 1660 erschien erstmals täglich das Blatt *Neu einlaufende Nachricht von Kriegs- und Welthändeln* des Leipziger Buchhändlers Timotheus Ritzsch.

Interessant an dieser Entwicklung ist vor allem ein damit einhergehendes soziales Phänomen, denn im 18. Jahrhundert bekam die Buchkultur durch den kollektiven Bezug von Zeitungen und deren gemeinsame Lektüre neue Impulse. Studentische Zirkel, aber auch Angehörige des städtischen Bürgertums abonnierten vor allem im ausgehenden 17. Jahrhundert gemeinsam Zeitungen, um sie in geselligen Runden zu lesen und über die »neu eingelaufenen Nachrichten« zu debattieren. Doch auch das Kleinbürgertum und sogar Teile der Unterschicht wurden durch die Tagespresse beeinflusst. In den Städten entwickelten sich Kneipen und Kaffeehäuser, Weinstuben und Garküchen zu den bevorzugten Orten des Austauschs der neuesten Nachrichten aus aller Welt, im ländlichen Raum betätigten sich Pfarrer, Lehrer, Wirtsleute und Krämer als Vorleser. So wurde die besondere Fähigkeit, lesen zu können, auch an die unteren Schichten herangetragen. Dies war für die Zukunft bedeutsam, denn sie legten ihren Nachkommen das Erlernen dieser Kulturtechnik nahe.

DIE IDEE der gemeinschaftlichen Abonnements von Tageszeitungen und anderen Periodika führte ab der Mitte des 18. Jahrhunderts zur Gründung von »Lesegesellschaften«. In ihnen vereinigten sich Bürger zum gemeinsamen Erwerb von Büchern. Das hatte zunächst nur einen ökonomischen Hintergrund. Im Laufe der Jahre entwickelten sich zwei verschiedene Modelle dieser Lesegesellschaften: Einige Bürger folgten der Idee, die Bücher nach dem gemeinsamen Erwerb von Haushalt zu Haushalt weiterzureichen. Aus dieser Form der Buchentleihe entwickelten sich später die im Zeitschriftenbereich heute noch bekannten Lesezirkel. Ein anderer Typus von Lesegesellschaften ging darüber hinaus und richtete Klubs mit Bibliothek und Gesellschaftsräumen ein. Diese Klubräume standen den Mitgliedern zur individuellen Lektüre, aber auch zum gesellschaftlichen Austausch zur Verfügung. Hier stand die literarische und politische Diskussion im Vordergrund, der finanzielle Vorteil des gemeinsamen Bucherwerbs war nur noch zweitrangig.

Am Beispiel von Bremen kann man die rasante Entwicklung der Lesegesellschaften darstellen: 1774 entstand dort die erste Gemeinschaft, die sich zusammentat, um eine Reisebeschreibung anzuschaffen. Keine 20 Jahre später waren in Bremen bereits 36 Lesegesellschaften mit 2340 Mitgliedern registriert. In ganz Deutschland wurden zwischen 1760 und 1800 etwa 430 Lesegesellschaften unterschiedlicher Ausprägungen gegründet. Ihre Mitgliederzahl betrug vermutlich mehr als 30 000 Personen.

Eine Gemeinsamkeit aller Lesegesellschaften des 18. Jahrhunderts bestand darin, dass Frauen und Studenten von der Mitgliedschaft ausgeschlossen waren. Ansonsten gab es keine Einschränkungen. Der gesellschaftliche Rang eines Mitglieds spielte offiziell keine Rolle, nur musste die Person über ein entsprechendes Einkommen verfügen, um den finanziellen Verpflichtungen beim Bucherwerb oder der Unterhaltung der Gemeinschaftsräume nachkommen zu können. Damit war den unteren Schichten der Zugang verschlossen. Das wohlhabende städtische Bürgertum blieb unter sich. Die bildungsbeflissenen Kleinbürger und Handwerker nutzten hingegen ab dem Ende des 18. Jahrhunderts die »Leihbüchereien« als Alternative. Sie waren eine Erfindung des Schotten Allan Ramsay, der 1726 in seiner Buchhandlung einen separaten Raum einrichtete, in dem man gegen Zahlung einer Gebühr Bücher für einen gewissen Zeitraum ausleihen konnte. Diese Geschäftsidee, die den unteren Schichten die Möglichkeit zur Lektüre bot, fand auf dem Kontinent viele Nutzer und unterschiedliche Nachahmer. In den bedeutendsten deutschsprachigen Metropolen wurden einige wenige Leihbüchereien eingerichtet, die einen Buchbestand von bis zu 70 000 Bänden hatten und damit ein breites Themenspektrum abdeckten. Die Mehrzahl der Leihbüchereien bot aber ein kleines Sortiment, das eher am Massengeschmack orientiert war. Im späten 19. Jahrhundert entstanden aus der Idee der Leihbüchereien die ersten öffentlichen Büchereien, die für breite Bevölkerungskreise ein qualitativ gutes literarisches Angebot bereithielten.

EIN KURZER STATISTISCHER BLICK auf die Entwicklung des Buchmarktes im 18. Jahrhundert belegt die rasante Verbreitung des Lesens und die zunehmende Kauflust des Publikums – aber auch allgemeine Veränderungen des Leseverhaltens im Zeitalter der Aufklärung. Während um 1740 jährlich etwa 750 Neuerscheinungen auf den Buchmessen gehandelt wurden, produzierten die Verlage 40 Jahre später bereits 5000 Novitäten pro Jahr. Insgesamt wurden im 18. Jahrhundert schätzungsweise 175 000 Neuerscheinungen verlegt, mehr als doppelt so viele wie im Jahrhundert zuvor.

Wie bereits erwähnt, wurde bedingt durch den Dreißigjährigen Krieg die lateinischsprachige Literatur durch die deutschsprachige verdrängt. Am Ende des 17. Jahrhunderts hatte die Produktion deutscher Neuerscheinungen die Produktion der lateinischen überholt und nur 15 Jahre später war das Verhältnis zwei zu eins.

Doch nicht nur in der Literatur, sondern auch bei den wissenschaftlichen Werken war diese Tendenz zu beobachten. Veränderungen gab es ebenfalls in Bezug auf einzelne »Sachgruppen«. So lag die »schöne Literatur« 1740 noch bei einem Anteil von 6 Prozent in Bezug auf den Gesamtumsatz mit Büchern. 1770 war ihr Marktanteil bereits auf 16,5 Prozent gestiegen – von Platz sechs auf Platz zwei beim Verkaufsranking nach Sachgruppen. Am Ende des 18. Jahrhunderts konnte sie mit 27 Prozent den Spitzenplatz übernehmen und überflügelte damit sogar die Theologie.

ᐳ

EIN WEITERES Charakteristikum des für die Buchkultur so ereignisreichen 18. Jahrhunderts ist das Entstehen des Kinderbuches als eigenständige Buchgattung. Auslöser dafür war der Wunsch absolutistisch regierender Fürsten nach schulisch gut ausgebildeten Untertanen. Das Herzogtum Sachsen-Weimar führte deshalb bereits 1619 die allgemeine Schulpflicht im Reich ein. Diese Fürsorge oder besser Vorsorge der Fürsten entsprang hauptsächlich zwei Motiven: Zum einen sollten die Kinder durch eine schulische Ausbildung befähigt werden, später nützliche Beiträge zum Erstarken der Wirtschaft zu leisten. Zum anderen diente der Unterricht einer gelenkten Anpassung der Schüler an die absolutistische Weltordnung.

Neben Lehrbüchern für den schulischen Unterricht veröffentlichten die Verlage nun verstärkt auch Lese- und Bilderbücher, Sammlungen von Kinderliedern und Gedichtbände sowie Romane für Kinder. Inhaltlich sollten die Bücher Fertigkeiten und Wissensinhalte vermitteln und eine moralische Unterweisung geben.

A NGESICHTS dieser Wertverschiebung in puncto Bildung und all der anderen geschilderten Entwicklungen spricht man in der Buchwissenschaft von einer »Leserevolution«, die seit der Mitte des 18. Jahrhunderts das Land erfasste. Diese Leserevolution fällt zeitlich zusammen mit der geisteswissenschaftlichen Epoche der Aufklärung, die ebenfalls geprägt war von tiefgreifenden Umbrüchen. Mit ihr begannen die Säkularisierung der Gesellschaft und der Übergang von einem absolutistischen Staatssystem zu einem demokratisch geprägten. Vor allem die amerikanische Unabhängigkeitsbewegung und die Französische Revolution förderten den Wunsch nach nationaler Einheit und einem demokratisch legitimierten Staat. Die Leserevolution veränderte nicht nur den Buchhandel nachhaltig – die Buchproduktion, die Struktur der Branche, den Zahlungsverkehr und die Vertriebswege –, sondern auch die Leserschaft und ihre Lesegewohnheiten. Verkauft wurden nicht mehr überwiegend Klassiker oder gelehrte Texte, sondern vor allem zeitgenössische Belletristik. Die große Nachfrage nach »schöner Literatur« blieb nicht ohne Auswirkung auf die Stellung des Autors literarischer Texte.

Vom Ende des Dreißigjährigen Krieges bis zur Mitte des 18. Jahrhunderts entstammten die Schriftsteller fast ausnahmslos dem Stand der Gelehrten. Sie gehörten meist der höfischen Gesellschaft an und wurden von einzelnen Fürsten protegiert. Dafür huldigten die Dichter in ihren Werken ihren Gönnern. Davon allein konnten sie aber kaum leben und an den Erlösen aus dem Verkauf ihrer Bücher waren sie weiterhin nicht beteiligt. Deshalb hielten sich die meisten mit Dichtungen für besondere Anlässe, wie Taufen und Hochzeiten, Geburtstage und Thronjubiläen, Geburten und Beerdigungen, über Wasser.

Doch mit dem Ende der absolutistischen Herrscher und ihrer höfischen Kultur kamen auch die Huldigungsdichter außer Mode. Der Fürst und seine Entourage legten keinen großen Wert mehr auf poetische Überhöhung, und auf dem Buchmarkt fanden sich für ihre Werke nicht genügend Käufer. Wenn man als Schriftsteller nicht aus einer begüterten Patrizierfamilie stammte, musste man sich von nun an nach einer dotierten Tätigkeit umschauen. So wurden nach einer kurzen Umbruchsphase aus den ehemaligen Hofschriftstellern Theologen, Universitätsprofessoren, Hauslehrer, Beamte und Kirchenmusiker. Durch die gesellschaftlichen Umbrüche wechselte auch der Adressat des Schriftstellers: Nicht mehr der Hofstaat war Hauptabnehmer der Bücher, sondern das aufstrebende Bürgertum eroberte langsam, aber sicher die Welt der Literatur. Das bedeutete allerdings, dass sich auch der Stil und die Themen dem neuen Zielpublikum anpassten. So wurde der belletristische Schriftsteller zur Stimme des aufstrebenden Bürgertums.

Mit dem Rückenwind der ab Mitte des 18. Jahrhunderts einsetzenden Leserevolution sicherten sich vor allem die reformatorisch-aufklärerischen Verlage im Nordosten Deutschlands die Manuskripte der in der bürgerlichen Öffentlichkeit beliebten Autoren für den Erstdruck und zahlten dafür erste nennenswerte Honorare. In dieser neuen Form der Entlohnung drückte sich allerdings noch nicht die Anerkennung der Verleger aus, dass jeder Autor ein Recht auf eine Beteiligung an den Erlösen aus der Vermarktung seiner geistigen Arbeit hat.

Die langsam einsetzende Honorierung verdankten Schriftsteller also nicht der Generosität ihrer Verleger, sondern sie trug vielmehr der Tatsache Rechnung, dass das Bedürfnis des Publikums nach zeitgenössischer Literatur das Angebot gut lesbarer Stoffe weit übertraf. Nur aus diesem Grund sahen sich die Verlage gezwungen, verkaufsträchtige Autoren durch Honorarzahlungen an sich zu binden.

1814 erinnert sich Goethe im dritten Teil von *Dichtung und Wahrheit* an diese Zeit: Unter »den deutschen Autoren war eine allgemeine Bewegung entstanden. Sie verglichen ihren eignen, sehr mäßigen, wo nicht ärmlichen Zustand mit dem Reichtum der angesehenen Buchhändler, sie betrachteten, wie groß der Ruhm eines Gellert, eines Rabener sei, und in welcher häuslichen Enge ein allgemein beliebter deutscher Schriftsteller sich behelfen müsse, wenn er sich nicht durch sonst irgend einen Erwerb das Leben erleichterte. Auch die mittleren und geringern Geister fühlten ein lebhaftes Verlangen, ihre Lage verbessert zu sehn, sich von Verlegern unabhängig zu machen.«

ZUM prominentesten Sprachrohr dieses Verlangens wurde Gotthold Ephraim Lessing (1729–1781). Ihm ist es im Wesentlichen zu verdanken, dass Mitte des 18. Jahrhunderts Fragen der Honorierung und der

rechtlichen Bewertung des geistigen Eigentums von Autoren diskutiert und neu bewertet wurden. In Lessings Nachlass fand sich eine
fragmentarische Schrift mit dem bezeichnenden Titel *Leben und
leben lassen*. Darin stellte er sich vehement gegen das traditionelle Argument, dass sich ein Schriftsteller für seine geistige Arbeit nicht honorieren lassen dürfe. Gegen den Zeitgeist forderte er, dass es legitim
sei, von seinen Werken leben zu wollen: »Wie? es sollte dem Schriftsteller zu verdenken sein, wenn er sich die Geburten seines Kopfes so
einträglich zu machen sucht, als nur immer möglich? Weil er mit seinen edelsten Kräften arbeitet, soll er die Befriedigung nicht genießen,
die sich der gröbste Handlanger zu verschaffen weiß – seinen Unter-
halt seinem eigenen Fleiße zu verdanken zu haben?« Auf den Hinweis
seiner Zeitgenossen, Autoren sollten sich den Freiraum zum Schreiben durch Ausübung eines bürgerlichen Berufes verschaffen, konterte
Lessing: »Ich weiß wirklich nicht, ob dieses die Absicht aller Amtsbe-
soldungen sein kann.« Und zur Auffassung, dass es ehrenrührig wäre,
für sein geistiges Schaffen entlohnt zu werden, schrieb er: »Aber Weisheit, sagt man weiter, feil für Geld! Schändlich! Umsonst habt ihrs
empfangen, umsonst müßt ihr es geben! So dachte der edle Luther bei
seiner Bibelübersetzung. Luther, antworte ich, macht in mehreren
Dingen eine Ausnahme. Auch ist es größtenteils nicht wahr, daß der
Schriftsteller das umsonst empfange, was er nicht umsonst geben
will. Oft ist vielleicht sein ganzes Vermögen darauf gegangen, daß er
jetzt im Stande ist, die Welt zu unterrichten und zu vergnügen.« Letzteres konnte Lessing sicher aus eigener Erfahrung bestätigen.

Doch Lessing ging es in seinem Widerstand gegen den Zeitgeist
nicht nur um die Honorierung der schriftstellerischen Tätigkeit, sondern auch um die Frage des geistigen Eigentums an den Werken. So
sprach er sich entschieden gegen die landläufige Rechtsauffassung
der Verlegerschaft aus, wonach das Werk eines Autors, sobald er es an
einen Verlag verkauft hatte, für immer in dessen Eigentum überging:
»Man mache gleich Anfangs einen Unterschied zwischen *Eigentum*
und *Benutzung des Eigentums* [Hervorhebung von Lessing] ... Daß
dem Verleger auf das Buch, welches er mit Genehmhaltung des Verfassers drucken läßt, ein Eigentum zustehe, halte ich für unerwiesen.«

Mit dieser kleinen, schnörkellosen Bemerkung stellte Lessing die
vertraglichen Buchhandelsusancen in Frage. Seit der Antike beruhten
die Vertragsbeziehungen zwischen Verlag und Autor darauf, dass ein

Gefährliche Bücher | In der Tradition der Totentanzbilder (siehe Bildunterschrift auf Seite 69) hat Johann Musäus 1785 eine Serie mit zeittypischen Charakteren veröffentlicht. Da fehlte auch der bibliophile Sonderling im Hausmantel nicht, der von seinen eigenen Büchern erschlagen wird.

Verlag mit dem Ankauf eines Manuskriptes ein »ewiges Verlagsrecht« an diesem erwarb. Lessings Meinung stand dem diametral entgegen. Er hielt die Rechtmäßigkeit der bisher üblichen Vertragsvereinbarungen zwischen Verlag und Autor für »unerwiesen« und forderte als Erster eine neue Auslegung zugunsten des Autors.

Möglicherweise wusste Lessing um die Brisanz seines Textes und legte diesen ersten Entwurf (vermutlich 1773) deshalb beiseite. Einem Brief an Georg Christoph Lichtenberg vom 23. Januar 1780 zufolge nahm Lessing die Arbeit daran aber wieder auf. Er wollte den Text in Lichtenbergs *Göttingischem Magazin* veröffentlichen. Doch dazu kam es nicht. Lessing starb 1781, und erst 1800 wurde das Fragment in der Breslauer Literaturzeitschrift *Nebenstunden* publiziert.

ALS LESSING im April 1767 von Berlin nach Hamburg zog, um am Hamburger Nationaltheater als Dramaturg und Berater bei einem Projekt mitzuwirken, war er 38 Jahre alt und ein für seine literarische Vielseitigkeit bekannter Autor. Dennoch hatte er den in jungen Jahren gefassten Entschluss, seine Existenz als freier Schriftsteller zu bestreiten, bisher nicht umsetzen können. In Hamburg lernte er den Drucker und Übersetzer Johann Joachim Christoph Bode kennen, der mit der Gründung eines Autorenverlages einen Plan verfolgte, der Lessing sofort faszinierte. In Bodes Druckerei sollten Autoren die Möglichkeit erhalten, ihre Werke in herausragender Qualität zum Selbstkostenpreis drucken zu lassen. Der angegliederte Verlag würde den Verkauf an Abonnenten und den Direktvertrieb der Bücher an den barzahlenden Buchhandel unter Umgehung des Leipziger Umschlagplatzes organisieren. Lessing war begeistert und wollte eine Reihe unter dem Titel *Deutsches Museum* etablieren. In ihr sollten die Werke der bedeutendsten deutschen Schriftsteller verlegt werden.

Die Besonderheit von Bodes Projekt lag darin, dass die Autoren erstmals direkt am Verkaufserlös ihrer Werke beteiligt werden sollten. Das entsprach Lessings Vorstellungen, und so entschloss er sich zum Verkauf eines Teils seiner wertvollen Bibliothek, um sich an dem Unternehmen zu beteiligen. Er hatte insgeheim die Hoffnung, sich auf diese Weise doch noch seinen alten Jugendtraum zu erfüllen und als Schriftsteller leben zu können.

Ostern 1768 reiste Lessing zur Leipziger Messe, um sich über den Markt zu informieren. Vermutlich waren zu dieser Zeit bereits erste Vertriebsprobleme des neuen Autorenverlages aufgetreten. In Leipzig traf er den erfolgreichen Verleger Friedrich Nicolai, der ihn vor der Weiterführung des Unternehmens warnte. Doch Lessing wollte nicht auf den erfahrenen und mit allen verlegerischen Wassern gewaschenen Freund hören. Ein knappes halbes Jahr später war das ehrgeizige Projekt gescheitert, Lessing musste sich vom Rest seiner Bibliothek trennen, um die Schulden zu bezahlen.

Karl August Böttiger schilderte 1795 das Scheitern dieser ambitionierten Unternehmung so: »Allein zum Unglück waren beide Männer mit dem kaufmännischen und mechanischen Gang des Buchhandels völlig unbekannt. Beide liebten mit einer bis zum Steifsinn gehenden Beharrlichkeit diese Kinder ihrer Phantasie, die sie sich freilich in der Spekulation als äußerst ausführbar dachten, bei der Anwendung selbst aber nicht einmal mit den größten Aufopferungen durchsetzen konnten.« Doch die Gründe für das Scheitern der Unternehmung lagen nicht nur in der Unerfahrenheit der beiden. Ihre Pleite lag auch darin begründet, dass die besten Autoren, die sie bei sich veröffentlichen lassen wollten, nicht unbedingt die waren, die sich am besten verkaufen ließen. Außerdem war der Buchhandel es gewohnt, über den Leipziger Platz beliefert zu werden. Auch hatte sich der Konditionenhandel noch nicht endgültig durchgesetzt und viele Händler weigerten sich weiterhin, Bücher gegen Barzahlung anzukaufen. Ein weiterer Aspekt dürfte gewesen sein, dass Lessing und Bode zu viel Geld in die hochwertige Ausstattung ihrer Bücher investierten und damit einen hohen Verkaufspreis ansetzen mussten. Vor allem aber wehrten sich die etablierten Verlage nachdrücklich gegen die neue Konkurrenz. Aus Sorge, der Versuch des Selbstverlages könnte Schule machen, stellte der Leipziger Verleger Engelhard Benjamin Schwickert (1741–1825) in einer *Nachricht an die Herren Buchhändler* unmissverständlich fest, dass er und seine Verbündeten »künftig denenjenigen, welche sich ohne die erforderlichen Eigenschaften in die Buchhandlungen mischen werden (wie es zum Exempel, die neuaufgerichtete in Hamburg ...) das Selbst-Verlegen zu verwehren, und ihnen ohne Ansehen nachzudrucken; auch ihre gesetzten Preiße alle Zeit um die Hälfte zu verringern«. In dieser Nachricht forderte er alle »Herren Buchhändlern« weiter auf, »solche unbefugte Störung« des Marktes zu boykottieren. Schwickert selbst machte seine Drohung wahr und veranlasste einen Nachdruck von Lessings *Hamburgische Dramaturgie* zum erheblichen Schaden des Autors und seines Verlages.

Lessing nahm den gesamten Text von Schwickerts *Nachricht an die Herren Buchhändler* in das *Nachspiel* seiner *Hamburgischen Dramaturgie* auf, um wie folgt zu reagieren: »Ist irgendwo das Selbst-Verlegen jemals verboten gewesen? ... Welch Gesetz kann dem Gelehrten das Recht schmälern, aus seinem eigenthümlichen Werke alle den Nutzen zu ziehen, den er möglicherweise daraus ziehen kann? ›Aber sie mischen sich ohne die erforderlichen Eigenschaften in die Buchhandlung.‹ Was sind das für erforderliche Eigenschaften? Daß man fünf Jahre bey einem Manne Pakete zubinden gelernt, der auch nichts weiter kann, als Pakete zubinden? Und wer darf sich in die Buchhandlungen nicht mischen? Seit wann ist der Buchhandel eine Innung? Welches sind seine ausschließlichen Privilegien? Wer hat sie ihm ertheilt?«

Setzerei | Blick in eine sehr aufgeräumt wirkende Setzerei zu Lessings Zeiten.
Kupferstich aus der *Encyclopédie* von Diderot und d'Alembert, Paris 1751–1772.

MIT DEM UNTERGANG der gemeinsamen Unternehmung von Lessing und Bode war zwar der erste Versuch eines Autorenverlages gescheitert, doch die Unzufriedenheit unter den Autoren war so allgemein, dass bereits 1773 der nächste Versuch unternommen wurde, ein ähnliches Modell durchzusetzen.

Es war kein Geringerer als der gefeierte Nationaldichter Friedrich Gottlieb Klopstock (1724–1803), der in jenem Jahr das literarische Deutschland verblüffte. Der eifrige Verfechter des Nationalstaatsgedankens und Anhänger der Französischen Revolution hatte schon 1748 mit seiner Messias-Dichtung großes Aufsehen erregt. In der Bevölkerung genoss er große Popularität, und der dänische König Friedrich V. gewährte ihm eine Lebensrente.

Klopstock war schon in jungen Jahren als zäher Verhandlungspartner bei den Verlagen bekannt. Ein zeitgenössischer Dichter spottete nach Abschluss des Vertrages zu Klopstocks Versepos *Messias*, dass Christus zweimal verkauft worden sei, »einmahl von Judas an die Hohenpriester, und einmahl von Klopstock an Hemmerde [seinen Verleger]«. Sein geschäftliches Geschick bewies Klopstock auch, als er 1773 eine Anzeige unter der Überschrift *Subskriptionsplan zu folgender Schrift* in vielen Zeitungen veröffentlichte. Darin warb er beim Publikum für eine verbindliche Vorbestellung (»Subskription«) seines geplanten Buches *Die deutsche Gelehrtenrepublik*. Im Text der Anzeige erklärte er, dass es ihm dabei in erster Linie nicht um den Verkauf des Werkes gehe, es sei vielmehr seine Absicht, »zu versuchen, ob es möglich sei, daß die Gelehrten durch so eingerichtete Subskriptionen Eigentümer ihrer Schriften werden. Denn jetzt sind sie es nur dem Scheine nach; die Buchhändler sind die wirklichen Eigentümer, weil ihnen die Gelehrten ihre Schriften ... wohl überlassen müssen.«

Klopstock wollte also durch einen Direktverkauf seines Werkes an das Publikum den Buchhandel umgehen und somit als Autor Herr des gesamten Produktions- und Distributionsprozesses werden. Dieser Versuch sollte im Falle seines Gelingens allen Autoren als Vorbild dienen und letztlich den traditionellen Buchhandel ersetzen. Um seinen Plan umzusetzen, war Klopstock auf ein dichtes Netz von »Kollekteuren« angewiesen, die im gesamten deutschsprachigen Raum – und auch darüber hinaus – in ihrem privaten und öffentlichen Umfeld Vorbestellungen akquirieren und dem Autor melden sollten.

Die öffentliche Resonanz auf Klopstocks Anzeige war überwältigend. Viele Leserinnen und Leser zeichneten nicht nur eine Subskription, sie zahlten das Geld sogar im Voraus (»Pränumeration« statt »Subskription«), um den verehrten Autor nicht für sein Werk zu »bezahlen«, sondern ihn für seine Verdienste um das Vaterland zu »belohnen«. »Hier drängte sich nun jederman hinzu, selbst Jünglinge und Mädchen, die nicht viel aufzuwenden hatten, eröffneten ihre Sparbüchsen; Männer und Frauen, der obere, der mittlere Stand trugen zu dieser heiligen Spende bei, und es kamen vielleicht tausend Pränumeranten zusammen. Die Erwartung war aufs höchste gespannt, das Zutrauen so groß als möglich«, notierte Goethe in *Dichtung und Wahrheit*.

Klopstocks Spekulation fiel auf fruchtbaren Boden. In allen Landesteilen brach förmlich ein Subskriptionsfieber aus. Bei Erscheinen der *Deutschen Gelehrtenrepublik* im Jahr 1774 konnte Klopstock insgesamt 3678 Subskribenten und Pränumeranten aus 263 Orten beliefern. Doch der Enthusiasmus der Kollekteure und Besteller verflog nach Erscheinen des Werkes im Nu, denn Klopstocks behäbig vorgetragene Idee einer von Gelehrten regierten Republik entsprach weder stilistisch noch inhaltlich den Erwartungen des Publikums. Um es mit Goethes Worten auszudrücken: »Die Bestürzung war allgemein, die Achtung gegen den Mann aber so groß, daß kein Murren, kaum ein leises Murmeln entstand. Die junge schöne Welt verschmerzte den Verlust und verschenkte nun scherzend die theuer erworbenen Exemplare. Ich erhielt selbst mehrere von guten Freundinnen, deren keines aber mir geblieben ist.«

Klopstocks marktpolitischer Erfolg mündete also in ein inhaltliches Fiasko. Der traditionelle Buchhandel, der Klopstocks Aktion als Kriegserklärung empfunden hatte, atmete langsam wieder auf. Denn der Weg, durch Subskription und Pränumeration von dem Erlös der eigenen Schriften zu profitieren, war mühsam und konnte für die Zukunft nicht wegweisend sein. Der Dichter Leopold von Goeckingk resümierte 1785 über Klopstocks Versuch, den Buchhandel zu umgehen: »Das Herausgeben der Bücher auf Subskription und Pränumeration hat tausend Beschwerlichkeiten, die man sich hat vorher nicht träumen lassen, und am Ende gewinnt der Verfasser selten so viel, als ihm ein Verleger gegeben haben würde. Also will ich niemand rathen, diesen Weg einzuschlagen. Er bleibe vielmehr bey den Verlegern, die das Ding besser verstehen.«

EINZIG CHRISTOPH MARTIN WIELAND (1733–1813) blieb es vorbehalten, ein Modell zu entwickeln, in dem er als Autor die Verfügungsrechte über seine Schriften weitgehend behalten konnte. Nachdem er als Autor breite Anerkennung gefunden hatte, gründete Wieland 1773 die Zeitschrift *Der Teutsche Merkur*, die er verlegte, redigierte und in der er seine eigenen Werke im Erstdruck herausgab. So behielt er als erster Verleger seiner Manuskripte das Verlagsrecht an seinen Werken. Dieses überließ er später für eine befristete Zeit anderen Verlagen.

Wieland betrachtete die Tätigkeit des Schriftstellers ohne genialische Pose. Für ihn war es ein Beruf wie jeder andere. Er verzichtete auf eine kompromisslose poetische Selbstverwirklichung zugunsten des Publikumsgeschmacks, verabschiedete sich aber dennoch nicht von seinen literarischen Ansprüchen. Ein schwieriger Balanceakt.

Auch Goethe versuchte eines seiner Werke im Selbstverlag zu veröffentlichen. Doch mit dem als Bühnenfassung umgearbeiteten *Götz von Berlichingen mit der eisernen Faust* erlebte er 1773 das Gegenteil von dem, was Klopstock widerfahren war. Sein *Götz von Berlichingen* machte ihn zwar schlagartig berühmt, wurde aber finanziell ein großer Misserfolg, weil sich fünf Nachdrucker sofort des Werkes bemächtigten. Ähnlich erging es Schiller, der 1781 sein Debütwerk *Die Räuber* im Selbstverlag veröffentlichte und anschließend mit Schulden dastand.

Einen weiteren Versuch, neue Wege zu gehen, startete der Magister Karl Christoph Buch 1781 mit der *Buchhandlung der Gelehrten* in Dessau. Diese Autorenbuchhandlung war als solidarisches Genossenschaftsprojekt ins Leben gerufen worden. Die Idee war, dass Autoren ihre Werke auf eigene Kosten drucken und sie anschließend der *Buchhandlung der Gelehrten* zum Kommissionsvertrieb überlassen sollten. Mit einem Rabatt von 27 Prozent würden die Bücher dann an andere Buchhandlungen weiterverkauft werden. Doch das Angebot wurde nicht angenommen. Den anderen Buchhandlungen war weiterhin jede buchhändlerische Tätigkeit der Autoren suspekt, und so boykottierten sie das neue Projekt. 1785 musste Karl Christoph Buch in Liquidation gehen.

Obwohl mit der Dessauer *Buchhandlung der Gelehrten* der vorerst letzte Versuch gescheitert war, Autoren direkt in den Produktions- und Vertriebsprozess ihrer Werke einzubinden, verbesserte sich die Situation der Schriftsteller von Jahr zu Jahr. Um 1800 hatten sich angemessene Honorare etabliert und nicht wenige Autoren konnten von ihren Werken leben.

Die Möglichkeit, mit dem Schreiben Geld zu verdienen, wirkte sich erheblich auf die Anzahl der Schriftsteller aus. Während Johann Georg Meusel 1766 in seinem *Teutschen Künstlerlexikon oder Verzeichnis der jetztlebenden teutschen Künstler* noch keine 3000 Autoren aufführte, waren es zehn Jahre später bereits über 4300, 1788 fast 6200 und im Jahr 1806 konnte das Verzeichnis bereits mit knapp 11 000 Autoren aufwarten. In der 5. Auflage von 1796 wunderte sich der Herausgeber denn auch über diesen rasanten Anstieg: »Wahrlich, es ist nicht abzusehen, wo das alles noch hinaus will; woher Leser, Buchdrucker und Papier genug zu so vielerley elendem, mitelmäßigem und gutem Geschreibe herkommen soll; woher die vielen Tausende unserer Schreiber am Ende noch Stoff zur Arbeit nehmen wollen.«

LESSING war ein unruhiger und umtriebiger Geist. Im sächsischen Kamenz aufgewachsen, lebte und arbeitete er wahlweise in Leipzig,

Wittenberg, Berlin, Breslau, Hamburg und Wolfenbüttel; auf längeren Reisen erkundete er zahllose Orte im gesamten deutschsprachigen Raum und natürlich in Italien. Im Laufe seines Lebens baute er ein dichtes Netz von Kontakten zu Personen auf, die wir heute zur geistigen Elite des 18. Jahrhunderts zählen. Deshalb wundert es nicht, dass sich seine Gedanken zum Recht am geistigen Eigentum nach seinem Tod weit verbreiteten.

Der Begriff »geistiges Eigentum« tauchte erstmals in den dreißiger Jahren des 18. Jahrhunderts bei einer Reihe heute kaum noch bekannter sächsischer Juristen und Philosophen auf. Dabei ist es nicht erstaunlich, dass gerade in Sachsen die Idee des geistigen Eigentums in juristische Form gebracht wurde, waren die mächtigen Leipziger Verlagsbuchhändler doch verständlicherweise am rechtlichen Schutz ihrer Bücher vor Nachdruck interessiert. Deshalb entwickelten findige Juristen eine für sie möglichst positive Begriffsdefinition. In ihrem Sinne unterlag das geistige Eigentum dem »Verlagseigentumsprinzip«. Damit ist gemeint, dass Verlagen – nicht Autoren – das Eigentum an den Werken der Schriftsteller zusteht, nachdem die Autoren ihre Manuskripte dem Verlag zum Druck übergeben haben.

Wie wir bereits erfahren haben, stellte Lessing diese Definition in seiner Schrift *Leben und leben lassen* in Frage. Immanuel Kant (1724 bis 1804) nahm Lessings Gedanken 1785 in seiner Schrift *Von der Unrechtmäßigkeit des Büchernachdrucks* auf. Das Geschäft mit Nachdrucken sei Unrecht, so Kant, weil die Nachdrucke gegen den »Willen des Verfassers« – und nicht gegen den »Willen des Originalverlages« – hergestellt würden. Wer sich also im Besitz eines gedruckten Werkes befand, war deshalb noch lange nicht zu dessen Nachdruck berechtigt. Denn es gäbe einen Unterschied zwischen dem geistigen Eigentum des Autors an seinem Werk und dessen physischer Präsenz in Form eines gedruckten Buches. Kant gestand dem Verlag das Recht zum Vertrieb eines Werkes zu, das dieser vom Verfasser erwerben konnte, grenzte von diesem Recht aber das unveräußerbare Recht am »Eigentum des Verfassers an seinen Gedanken« ab.

Ganz ähnlich sah das Johann Gottlieb Fichte (1762–1814). Er nannte seine wichtigste Publikation zum Thema *Beweis der Unrechtmäßigkeit des Büchernachdrucks* (1793). Allein am Titel ist aber auch ein Unterschied erkennbar. War Kants Veröffentlichung noch ein Beitrag zu einer gesellschaftlichen Diskussion, so sah Fichte die Unrechtmäßigkeit des bisherigen Umgangs mit dem geistigen Eigentum bereits als erwiesen an. Er unterschied wie Kant zwei verschiedene Formen des Eigentumsrechts an einem Buch: »das *Körperliche* desselben, das bedruckte Papier; und sein *Geistiges*«. Nach ihm könne jeder das Eigentum am körperlichen Gegenstand eines Buches durch Kauf erwerben, aber der geistige Inhalt bliebe unveräußerbar und Eigentum des Autors. Der Verleger erwerbe »durch den Kontrakt mit dem Verfasser überhaupt *kein Eigenthum*, sondern unter gewissen Bedingungen nur das Recht eines gewissen *Niessbrauchs* [Nutzung] des Eigenthums des Verfassers, d. i. seiner Gedanken«. Der Nachdrucker maßt sich demnach die Werknutzung an, ohne vom Autor dazu ermächtigt worden zu sein, er »stört den Verfasser in der Ausübung seines vollkommenen Rechtes«.

Auch Georg Wilhelm Friedrich Hegel (1770–1831) äußerte sich in seinen *Grundlinien der Philosophie des Rechts* 1821 dazu. Kurz und bündig heißt es dort: »Die ... allererste Beförderung der Wissenschaften und Künste ist, diejenigen, die darin arbeiten, gegen Diebstahl zu sichern und ihnen den Schutz ihres Eigenthums angedeihen zu lassen; wie die allererste und wichtigste Beförderung des Handels und der Industrie war, sie gegen die Räuberei auf den Landstraßen sicher zu stellen.«

So haben Lessings Ideen zum geistigen Eigentum einige der bedeutendsten deutschen Philosophen des 18. und frühen 19. Jahrhunderts beeinflusst. Zu einer Veränderung in der Rechtsprechung kam es durch die Diskussion allerdings noch nicht. Das einzig urheberrechtlich relevante Gesetz war das bereits erwähnte »Kursächsische Mandat« von 1773. Doch das geistige Eigentum der Autoren wurde darin nicht erwähnt. Erst im 19. Jahrhundert führten die Forderungen der Autoren zu einer gesetzlichen Regelung.

GOETHES AUSGABE LETZTER HAND: »OHNE ANMASSUNG EINE NATIONAL-ANGELEGENHEIT«

AM 14. Januar 1824 teilte Johann Wolfgang von Goethe seinem Verleger Johann Friedrich Cotta mit, dass die Arbeit an einer Ausgabe seiner sämtlichen Werke voranginge. Zum Zeitpunkt, als Goethe das Mammutprojekt – die »wichtigste Sache« seines Lebens – in Angriff nahm, war er bereits 73 Jahre alt. Er wollte mit diesem Werk eine für die Nachwelt endgültige »Ausgabe letzter Hand« schaffen und nebenbei nichts weniger als »die Basis des Autor-Verleger-Verhältnisses neu ... klären« sowie »die Situation des Autors in seiner Zeit neu ... bestimmen«. So formulierte es zumindest Siegfried Unseld in seiner Goethe-Biographie. Dem großen Dichter war es ein zentrales Anliegen, dass die gesammelten Werke nach Erscheinen nirgendwo unbefugt nachgedruckt würden. Er hatte im Lauf seines langen Lebens genug unerfreuliche Erfahrungen mit fehlerhaften Nachdrucken gemacht und wollte deshalb für diese Ausgabe ein Privileg mit reichsweiter Geltung erwirken. Ihm war die Kühnheit dieses Unternehmens bewusst, hatte doch der 1815 als Nachfolger des Heiligen Römischen Reiches Deutscher Nation gegründete Deutsche Bund in seiner jungen Geschichte noch nie ein so weitreichendes Privileg erteilt. Doch Goethe wusste auch, dass sich seine Position bei den bald anstehenden Vertragsverhandlungen durch ein solches Privileg erheblich verbessern würde. Nach ersten Sondierungsgesprächen formulierte Goethe am 11. Januar 1825 schließlich ein Gesuch an die in Frankfurt am Main tagende »Hohe deutsche Bundes-Versammlung«: »Daß mir durch Beschluß ... für die neue vollständige Ausgabe meiner Werke ein Privilegium ertheilt und dadurch der Schutz gegen Nachdruck in allen Bundesstaaten gesichert werde, unter Androhung der Konfiskation und anderer Strafen.«

Die Bundesversammlung befasste sich bald mit dem Gesuch, kam aber zu dem Ergebnis, dass sie aufgrund der Rechtslage kein für das ganze Reich verbindliches Privileg erteilen konnte. Die Mitglieder des Kongresses wollten aber den berühmten Antragsteller nicht durch eine Absage brüskieren. Sie beschlossen deshalb, ihre jeweiligen Regierungen zu bitten, Landesprivilegien zu erteilen. So kam es, dass Goethe am 15. Juli 1825 völlig unerwartet ein Privileg der sächsischen Regierung in den Händen hielt, ohne überhaupt zu wissen, dass die Bundesversammlung sein Gesuch aus Verfassungsgründen längst abgelehnt hatte. Am 23. Januar 1826 unterzeichnete König Friedrich Wilhelm III. als letzter der 39 Landesherren des Deutschen Bundes das preußische Privileg, über das sich Goethe besonders freute. Es wurde sogar in der *Gesetz-Sammlung für die Königlich Preußischen Staaten* veröffentlicht. Das Privileg war zeitlich unbefristet und galt auch für Goethes Erben.

Damit hatte Goethe sein Ziel eines lückenlosen Werkschutzes im gesamten deutschen Reichsgebiet erreicht. Vom Herzogtum Schleswig bis zur Gefürsteten Grafschaft Tirol, vom Großherzogtum Luxemburg bis zur Markgrafschaft Mähren reichte der Rechtsschutz, den nie zuvor ein anderer Autor bekommen hatte. Die Nachricht verbreitete sich wie ein Lauffeuer bei den deutschen Verlagen und bald lagen Goethe 37 Vertragsangebote vor. Die Höhe der Angebote reichte von 17 000 bis 200 000 Taler. Beim Öffnen des Briefes des Gothaer *Bureaus des Correspondenzblattes*, das ihm das höchste Angebot gemacht hatte, muss es selbst Goethe den Atem verschlagen haben. Man schätzt den heutigen Wert des Betrages auf knapp 10 Millionen Euro, was nicht nur für damalige Verhältnisse ein unerhörtes »Garantiehonorar« (Honorarvorschuss) war.

Doch Goethe ging es nicht ausschließlich um den pekuniären Aspekt; er wollte sein Lebenswerk einem Verlag anvertrauen, der sich diesem gigantischen Vorhaben von der Herstellung bis zur Pressearbeit, vom Korrektorat bis zum Vertrieb, von der Gestaltung bis zur Abrechnung mit höchster Professionalität widmete. Deshalb entschied er sich für Cotta. Der Verleger hatte bereits zwei seiner Gesamtausgaben verlegt und Goethe hatte gute Erfahrungen mit ihm gemacht. Cotta verpflichtete sich zur Zahlung eines Honorars von mindestens 65 000 Talern (etwa 3 Millionen Euro). Im März 1826 wurde der Vertrag unterschrieben.

Auch wenn das Garantiehonorar exorbitant hoch war, darf man nicht vergessen, dass Goethe für die Arbeiten an dieser Ausgabe seiner sämtlichen Werke über sechs Jahre brauchte und ihm dabei zahlreiche Schreiber und Sekretäre zur Hand gingen. Nach Siegfried Unseld »hat es vor und nach Goethe keinen Schriftsteller gegeben, der sich mit einem vergleichbar großen Mitarbeiterstab umgeben und derart intensiv mit ihm zusammengearbeitet hat«. Die ersten fünf Bände der Gesamtausgabe erschienen zur Ostermesse 1827, die letzten Bände wurden im März 1831 ausgeliefert. Fast auf den Tag genau ein Jahr später, am 22. März 1832, starb Goethe in Weimar als 84-jähriger Greis. Mit seiner Ausgabe letzter Hand hat er Rechtsgeschichte geschrieben und die Position des Autors nachhaltig verändert.

Die Dichter bauen Luftschlösser, die Leser bewohnen sie,
und die Verleger kassieren die Miete.
MAXIM GORKI [1868–1936]

Am Anfang war das Wort, nicht die Zahl.
KURT WOLFF [1887–1963]

Von der Buchkultur im 19. und 20. Jahrhundert

»DIE JANZE RICHTUNG PASST UNS NICHT!«
– AUTOREN, BÜCHER UND ZENSOREN

NACH dem Sturz Napoleons im Frühjahr 1814 traten Delegierte aus rund 200 europäischen Staaten, Fürstentümern und freien Städten zusammen, um unter der Leitung des österreichischen Außenministers Metternich auf dem Wiener Kongress vom 18. September 1814 bis zum 9. Juni 1815 die politische Landkarte Europas neu zu entwerfen. Gesonderte Verhandlungen führten am 8. Juni zur Gründung des Deutschen Bundes, der faktisch das Heilige Römische Reich Deutscher Nation ablöste. Metternichs neoabsolutistische Politik konnte sich durchsetzen und führte zu einer Phase der Restauration.

Obwohl in Artikel XVIII der Verfassung des Deutschen Bundes festgelegt wurde, dass »die Bundesversammlung ... sich bei ihrer ersten Zusammenkunft mit der Abfassung gleichförmiger Verfügungen über die Preßefreiheit und die Sicherstellung der Rechte der Schriftsteller und Verleger gegen den Nachdruck beschäftigen« würde, kam es in Wirklichkeit anders. Durch die Karlsbader Beschlüsse wurde 1819 die obligatorische Vorzensur für sämtliche Zeitungen und Zeitschriften sowie für Bücher mit einem Umfang von bis zu 320 Seiten angeordnet. Während der Zeit der napoleonischen Kriege hatten viele betroffene Staaten die politische Mobilisierung des Bürgertums, die vor allem über die Presse organisiert worden war, noch unterstützt. Nun aber ging es den im Deutschen Bund lose verbundenen Einzelstaaten darum, ihre politische Macht zu stabilisieren und nationalstaatliche Tendenzen zu unterdrücken.

Auf die Zensur von Buch und Presse reagierte die Verlegerschaft unterschiedlich, je nach Ausmaß ihrer Betroffenheit. Der konservativchristliche Friedrich Perthes (1772–1843), der unbestritten zu den bedeutendsten Verlegern der Goethe-Zeit zählt, hat sich etwa in einer programmatischen Schrift unverhohlen gegen die Pressefreiheit ausgesprochen und seine Freude darüber geäußert, dass nun »dem Schreibervolk aufs Maul geschlagen« würde. 1827 organisierte er zusammen mit dem Vorstand des zwei Jahre zuvor gegründeten Börsenvereins des Deutschen Buchhandels sogar die Verbrennung politisch brisanter Bücher eines missliebigen Kollegen.

Anders sah es ein Teil der jungen Schriftsteller in Deutschland. Bei ihnen löste die Pariser Julirevolution 1830, die zum Sturz der Bourbonen und zur Machtergreifung des Bürgertums führte, eine politische und ästhetische Radikalisierung aus. Die jungen Schriftsteller proklamierten das »Ende der Kunstperiode« und forderten, dass man mit Hilfe der Literatur in die politischen Debatten eingreifen müsse. Zu den bedeutendsten Vertretern dieser Schriftstellergeneration zählen Heinrich Heine (1797–1856), Georg Büchner (1813–1837), Ludwig Börne (1786–1837) und Karl Gutzkow (1811–1878). Sie wandten sich entschieden gegen Zensurmaßnahmen und sprachen sich für ein geeintes, bürgerlich-liberales Deutschland aus.

Die meisten dieser oppositionellen Schriftsteller fanden ihre verlegerische Heimat bei Hoffmann & Campe in Hamburg. Der 1781 gegründete Verlag wurde unter der Leitung von Julius Campe (1792–1867) ab 1823 zu einem der führenden Literaturproduzenten Deutschlands. Zu seinen Lebzeiten verlegte Julius Campe allein 146 Werke von 36 politisch unliebsamen Autoren. »Mein Hauptverlag ist junge Literatur« lautete das Motto des von den Obrigkeiten argwöhnisch beäugten Verlegers. Einen vorläufigen Höhepunkt erreichte die Zensur 1835, als bundesweit alle Schriften des sogenannten »Jungen Deutschland« verboten wurden. In Ziffer 3 des Verbots wurde »die Regierung der Freien Stadt Hamburg ... aufgefordert, in dieser Beziehung insbesondere der Hoffmann- und Campe'schen Buchhandlung zu Hamburg, welche vorzugsweise Schriften obiger Art in Verlag und Vertrieb hat, die geeignete Verwarnung zugehen zu lassen«.

1842 verlegte Campe das Werk *Oesterreich und seine Zukunft*. Die düpierte Wiener Regierung, so lautet jedenfalls eine Anekdote, beauftragte flugs den Prager Polizeikommissar Muth als verdeckten Ermittler in Hamburg, um den Namen des Autors in Erfahrung zu bringen. Der Kommissar buchte unter falschem Namen ein Hotel und suchte die Campe'sche Buchhandlung auf. Er gab sich Campe gegenüber als Wiener Kaufmann aus, der einige der verbotenen Schriften kaufen wolle, die er im Wiener Handel nicht erhalten könne. Campe legte ihm allerlei Titel vor und Muth kaufte ordentlich ein, um das Vertrauen seines Gegenübers zu gewinnen. Wenige Tage darauf suchte er die Buchhandlung erneut auf und fragte nach dem Verfasser des inkriminierten Titels. Nun begann Campe mit einem Katz-und-Maus-Spiel, das sich über Wochen hinzog. Erst erklärte er dem neugierigen Kaufmann, dass es sich bei dem Autor um einen hohen österreichischen Beamten handele, dessen Namen er aber nicht preisgeben dürfe. Dann versprach er dem Kommissar, bei seinem Autor schriftlich nachzufragen, ob er in diesem Fall eine Ausnahme machen könne, um dem Agenten nach weiteren zwei Wochen verschwörerisch mitzuteilen, dass es sich bei dem anonymen Verfasser um keinen Geringeren als den Prager Polizeikommissar Muth handele.

Diese Geschichte ist zwar nicht verbürgt, doch sie zeigt, dass es Campe offensichtlich Vergnügen bereitete, der Zensur mit verschiedenen Tricks und Finten immer wieder ein Schnippchen zu schlagen. Julius Campe war liberal und stand hinter seinen Autoren. Aber er war auch ein Hamburger Kaufmann, der auf seinen Gewinn achtete; er verstand es, sein literarisch-politisches Verlagsprogramm zu versilbern – auch im Interesse seiner Autoren, die er angemessen honorierte. Campe konnte sich seine schon ins Sportive gehenden Scharmützel mit den Zensurbehörden allerdings nur erlauben, weil er genau wusste, dass diese vor allem mit der Presse beschäftigt waren, dem Medium mit wesentlich höheren Auflagen und einer ungleich weiteren Verbreitung.

NACHDEM in der Nacht des 31. Juli 1834 im Großherzogtum Hessen-Darmstadt eine achtseitige Flugschrift unter dem harmlos klingenden Titel *Der Hessische Landbote* verbreitet worden war, setzte die hessische Regierung alles daran, der Hintermänner dieser Publikation habhaft zu werden. Unter der berühmt gewordenen Überschrift *Friede den Hütten, Krieg den Palästen* hatte der 21-jährige Georg Büchner einen revolutionären Aufruf verfasst, der nicht das liberale Bürgertum, sondern die immer noch in elenden Verhältnissen lebenden Arbeiter und Bauern zum Aufstand gegen die absolutistische Willkür aufrief. Diese staatsgefährdende Provokation mobilisierte jedoch vor allem die hessische Regierung. Büchner wurde steckbrieflich gesucht, konnte sich aber ins französische Exil retten. Sein Freund und Mither-

ausgeber, der hessische Theologe, Publizist und Pionier der Turnbe-
wegung Friedrich Ludwig Weidig (1791–1837), saß zwei Jahre in Haft
und wurde gefoltert. Dabei hatte er Büchners Text gegen dessen Willen noch erheblich abgeschwächt. Weidig starb in einem Darmstädter
Gefängnis unter bis heute ungeklärten Umständen. Der sadistische
Untersuchungsrichter Konrad Georgi ließ bekanntgeben, dass Weidig
freiwillig aus dem Leben geschieden sei.

Nach dem kurzen Frühling der Pressefreiheit im Revolutionsjahr
1848 wurden bereits 1849 erneut Zensurbestimmungen erlassen. 1874
setzte mit einem reichseinheitlichen Pressegesetz eine weitere Ver-
schärfung der Zensur ein. Beschlagnahmungen von kritischen Medi-
en bedurften von da an nicht mehr richterlicher Beschlüsse, was der
Willkür der Polizeibehörden noch mehr Raum gab. Bismarcks 1878
verabschiedetes *Gesetz gegen die gemeingefährlichen Bestrebungen der
Socialdemocratie* wendete sich explizit gegen Publikationen, »in welchen socialdemokratische, socialistische oder communistische auf
den Umsturz der bestehenden Staats- oder Gesellschaftsordnung ge-
richtete Bestrebungen in einer den öffentlichen Frieden, insbesondere die Eintracht der Bevölkerungsclassen gefährdenden Weise zu Tage
treten«.

Um 1880 setzte in der Literatur, im Theater und in der Malerei die
kurze Phase des Naturalismus ein. Die Vertreter dieser Richtung bezogen die soziale Problematik in ihre Kunst ein. Sie thematisierten
die Lebenswelt der industriellen Produktion, der Mietskasernen sowie das Milieu der Kneipen, Huren und Kriminellen. Ihre Bücher,
Stücke und Gemälde verstanden sich weniger als vordergründige Agi-
tation, wohl aber als Anklage, und riefen deshalb auch die Zensoren
auf den Plan. Die von der Polizei verfemten Künstler zogen sich aus
der gesellschaftlichen Mitte in kleine Zirkel und Vereine zurück, um
beispielsweise im Verein Freie Bühne Stücke aufzuführen, die kein öffentliches Theater spielen wollte oder durfte. 1890 verbot der Berliner
Polizeipräsident eine Aufführung des Künstlerdramas *Sodoms Ende*
von Hermann Sudermann (1857–1928). Nach dem Grund befragt, erläuterte er das Verbot mit den Worten: »Die janze Richtung paßt uns
nicht.«

DER PROGRESSIVE TEIL des mehrheitlich liberal eingestellten Bürgertums hatte die Schriftsteller des Jungen Deutschland und des Vormärz bis zur Märzrevolution von 1848 als kulturpolitische Speerspitze der freiheitlichen Bewegung anerkannt und sich mit ihren Idealen identifiziert. Nach dem Scheitern der von vielen politischen, sozialen und ökonomischen Hoffnungen begleiteten Revolution kehrte sich dieses Verhältnis ins Negative. Während die schwer zu steuernden Revolutionshaufen des vierten Standes immer noch Gewaltbereitschaft zeigten, machte das Bürgertum sein intellektuelles Führungspersonal für das Scheitern der Revolution verantwortlich. Die Bürger gewöhnten sich nach 1850 an die Reaktionszeit, *Ruhe ist die erste Bürgerpflicht* – so der Titel eines Romans von Willibald Alexis aus dem Jahr 1852 – wurde zu ihrem politischen Credo. An die Stelle der scharfzüngigen Prosa eines Heinrich Heine trat unterhaltende Massenware. Vor allem die im steten Aufstieg befindliche Presse bediente dieses Bedürfnis. Nahezu alle wesentlichen Autoren der zweiten Hälfte des 19. Jahrhunderts sahen sich gezwungen, hier ihr Auskommen zu finden. »Zeitungen ... sind doch das Beste«, notierte beispielsweise Theodor Fontane, »sie erscheinen alle Tage, bringen das Eingeschickte, wenn man drum bittet und gut mit ihnen steht, oft nach 12 Stunden schon, erweisen einem kleine Gefälligkeiten, kräkeln nicht ... und zahlen prompt und gut.«

»DER SETZER SITZT VOR SEINER MASCHINE, SO WIE VOR EINEM FORTEPIANO« – VOM BUCHHANDWERK ZUR INDUSTRIELLEN PRODUKTION

IN jeder Druckerei des späten 18. Jahrhunderts hätte sich Johannes Gutenberg nach einem kurzen Orientierungsgang sofort zurechtgefunden. Nur ein paar Jahrzehnte danach hätte er eine Lehre absolvieren müssen, denn die industrielle Revolution erfasste im 19. Jahrhundert auch die Buchherstellung.

Als 1818 in Berlin die erste Papierfabrik mit Dampfbetrieb eingerichtet wurde, konnte die Tagesproduktion um das Zehnfache gesteigert werden. Doch vorher musste ein Problem gelöst werden, denn die Leserevolution des 18. Jahrhunderts hatte eine Papierkrise ausgelöst: Die Hadern, der Rohstoff für die Papierherstellung, wurden

Rotationsmaschine | Der Kupferstich aus New York zeigt sehr deutlich, dass 1846 die beschauliche Zeit der Druckwerkstätten längst der Vergangenheit angehörte. Die Schwarze Kunst war von der industriellen Revolution erfasst worden.

immer seltener. Dieses Rohstoffproblem löste der sächsische Tüftler und Bastler Friedrich Gottlob Keller im Jahr 1844 mit der Erfindung des Holzschliffpapiers. Als dann auch noch der Chemieprofessor Alexander Mitscherlich 1873 ein Verfahren zur Herstellung eines Papiers aus Zellstoff, ganz ohne Hadernanteil, entwickelte, war die Massenproduktion nicht mehr aufzuhalten.

Gutenbergs altes, bewährtes Handgießinstrument zur Herstellung der beweglichen Bleilettern wurde zudem 1838 durch eine Handgießmaschine ersetzt und schließlich wurde das Gießen 1883 vollautomatisiert. Auch der Handsatz verschwand im 19. Jahrhundert weitgehend aus den Druckereien. Nach einigen eher unbefriedigenden Versuchen der Automatisierung fertigte Ottmar Mergenthaler 1883 die Linotype, die den industriellen Satz von Büchern, Zeitungen und Zeitschriften fast ein Jahrhundert lang prägen sollte.

Die erste große technische Verbesserung von Gutenbergs Druckerpresse gelang Friedrich Koenig mit seiner Schnellpresse, auf der in London ab 1814 die *Times* gedruckt wurde. 1817 gründete Koenig bei Würzburg die erste Druckmaschinenfabrik in Deutschland, ab 1823 standen seine Dampfschnellpressen in Berlin, Hamburg und Augsburg. Auch Goethes Ausgabe letzter Hand wurde bei Cotta industriell gedruckt.

Da alle vorgenannten technischen Entwicklungen immer mit einer Beschleunigung der Arbeitsprozesse verbunden waren, musste sich, um Staus bei der Herstellung großer Auflagen zu vermeiden, notwendigerweise auch die Buchbinderei mechanisieren. Im Lauf des 19. Jahrhunderts verschwanden die handgehefteten Buchblocks und wurden durch den sogenannten »Verlegereinband«, den maschinell hergestellten Bucheinband, abgelöst. 1851 wurde die Falzmaschine erfunden, 1878 folgten die Drahtheftmaschine und die Beschneidemaschine. Bereits 1866 wurde der Dampfbetrieb in Buchbindereien eingesetzt. 1885 zog schließlich die Fadenheftmaschine in die Endverarbeitung von Büchern ein. Die industrielle Buchverarbeitung hatte kaum 35 Jahre gebraucht, um eine 400 Jahre alte Handwerkstradition nahezu vollständig zu verdrängen.

DAS LESENDE PUBLIKUM IM 19. JAHRHUNDERT

AUS sozialgeschichtlicher Perspektive kann das 19. Jahrhundert als Übergangszeit von einer ländlich-handwerklichen zu einer städtisch-industriellen Lebensform definiert werden. Dies gilt vor allem für die zweite Jahrhunderthälfte, denn während 1871 noch zwei Drittel der Bevölkerung in Deutschland auf dem Lande lebten, arbeiteten zu Beginn des 20. Jahrhunderts bereits drei Fünftel aller Menschen in der Industrie.

Die rasche Industrialisierung der Gesellschaft schuf eine immer stärkere Differenzierung der Berufswelt, aber auch einen wachsenden Bedarf der Behörden und Verwaltungen nach qualifiziertem Büropersonal. In dieser Phase konnten die noch am Ideal einer humanistischen Erziehung orientierten Bildungsinstitutionen den hungrigen Arbeitsmarkt nicht in ausreichendem Maße befriedigen. Die private Bildung durch Lektüre nahm für die berufliche Entwicklung an Bedeutung zu. Der Buchmarkt avancierte mit seinen Lexika und Weltgeschichten, mit Ratgebern und naturwissenschaftlich-technischen Lehrbüchern rasch zu einem Bildungsmarkt. Das verhalf dem Medium Buch zu noch größerer Popularität.

Der Aufstieg des Buches lag auch darin begründet, dass große Teile der Bevölkerung alphabetisiert waren. Dazu beigetragen hatten die nun überall praktizierte Grundschulpflicht, die Verkürzung der Arbeitszeit bei gleichzeitiger Verlängerung der Helligkeitsdauer durch die Erfindung und Weiterentwicklung neuer Lichtquellen wie des Gaslichts oder des elektrischen Lichts sowie der Anreiz, durch Bildung in der sozialen Hierarchie aufzusteigen. Man hat die Wende vom 19. zum 20. Jahrhundert auch gern als das »Goldene Zeitalter des Buches« bezeichnet, denn diese erste Generation der alphabetisierten Gesellschaft ist gleichzeitig auch die letzte, die das gedruckte Wort ohne jegliche Medienkonkurrenz erlebt hat, wie sie beispielsweise das Kino, der Hörfunk ab etwa 1924 und das Fernsehen zur Olympiade 1936 in den öffentlichen Fernsehstuben darstellten.

Die eifrigsten neuen Buchleser des 19. Jahrhunderts waren Frauen, Kinder und Jugendliche sowie Arbeiter. Die Domäne der bürgerlichen Frau des 19. Jahrhunderts war das Haus. Einen erheblichen Teil ihrer freien Zeit vertrieb sie sich mit der Lektüre von Romanen. Weniger bemittelte Frauen stillten ihren Lesehunger durch Ausleihen in den zahlreichen Leihbibliotheken. In großbürgerlichen Haushalten entstanden dagegen umfangreiche Privatbibliotheken. In den großen Städten kam es vielfach zur Gründung literarischer Salons, die zu Zentren ästhetischer Debatten wurden. Berühmt geworden sind die Zirkel von Henriette Herz, Rahel Varnhagen von Ense und Bettina von Arnim. Die lesende Frau wurde zum beliebten Bildmotiv – etwa bei Édouard Manet, Claude Monet, Honoré Daumier, Jean-Honoré Fragonard und vielen anderen.

Die zweite Gruppe der Lesebeflissenen waren die Kinder und Jugendlichen. Die Gründungswelle von Kinder- und Jugendbuchverlagen zwischen 1828 und 1849, unter anderen Ensslin & Laiblin und Thienemann, ist ein eindeutiger Hinweis auf das rapide Anwachsen der Lesefähigkeit von Kindern. Für den französischen Historiker Philippe Ariès ist das Entstehen einer florierenden Kinderbuchindustrie Hinweis auf den Prozess, den er als »Erfindung der Kindheit« bezeichnet hat – also die Anerkennung der Kindheit als eine eigene Lebensphase mit speziellen Problemen und Bedürfnissen.

Die dritte Gruppe waren die Arbeiter, die sich eifrig der Unterhaltungsliteratur zuwandten. Sie nutzten die Arbeitszeitverkürzung in Deutschland – ab 1870 auf zwölf Stunden am Tag – immer häufiger, um in die Bibliotheken zu gehen und sich Bücher auszuleihen. In vielen

Das leselustige Kindermädchen | so ist dieser Holzschnitt von 1863 aus der satirischen Zeitschrift *Postheiri* überschrieben. Die Vernachlässigung der Pflicht eines Kindermädchens wird hier dramatisch inszeniert. Lesehungrige Dienstmädchen gehören zum Bildinventar des 19. Jahrhunderts, man begegnete vor allem dem Bildungsbestreben von Frauen aus den unteren Schichten mit Skepsis und offenem Misstrauen.

Fabriken gab es um die Jahrhundertwende für Arbeiter firmeneigene Bibliotheken. Dies hatte nicht nur philanthropische Gründe, sondern diente vor allem auch dazu, die Belegschaft vom Alkoholgenuss und der Lektüre politisch gefährlicher Schriften fernzuhalten. Letzteres war eigentlich unbegründet, denn die Arbeiter interessierten sich hauptsächlich für Unterhaltungsliteratur. So scheiterten die Versuche der Führer der Arbeiterbewegung, durch Gründung von Gewerkschaftsbibliotheken oder das Empfehlen politisch relevanter Bücher auf die Lektüre der Arbeiterschaft Einfluss zu nehmen.

In diesem Punkt unterschieden sich die Arbeiter grundlegend von der Mittel- und der Oberschicht. Die Bücherregale von Ärzten und Anwälten, Grundbesitzern und höheren Beamten, die zur oberen Mittelschicht gehörten, waren hauptsächlich mit Konversationslexika, Klassikern, Prachtausgaben und gebundenen Ausgaben von Familienzeitschriften gefüllt – also kaum mit Unterhaltungsliteratur. Der war schon eher die untere Mittelschicht zugetan. Einzelhändler,

Handwerker und Verwaltungsangestellte liehen sich gelegentlich Bücher in Volksbibliotheken oder kostenpflichtigen Leihbüchereien.

In den Häusern des Adels, der Großgrundbesitzer, der erfolgreichen Kaufleute und höchsten Beamten waren dagegen so gut wie keine Bücher zu finden. Die herrschende Klasse der Gründerzeit kaufte keine Bücher, sondern las die Presse und traf sich in ausgesuchten Leihbibliotheken, die auch vom Kaiserhaus besucht wurden.

Die Buchkäufer des 19. Jahrhunderts entstammten also hauptsächlich der Mittelschicht, was, wie wir noch sehen werden, erhebliche Auswirkungen auf den Buchmarkt hatte.

VOM KONVERSATIONSLEXIKON ZUM KOLPORTAGEROMAN – VERLAGE UND BUCHHANDLUNGEN IM 19. JAHRHUNDERT

ZU Beginn des 19. Jahrhunderts hatte sich der Buchmarkt weitgehend konsolidiert. Der Konditionenhandel hatte sich etabliert und der Handelskrieg zwischen den Messeplätzen Leipzig und Frankfurt beruhigt. Die Ausdifferenzierung des Buchmarktes in Verlage und Buchhandlungen schritt voran und führte auf beiden Seiten zu vorsichtigen Spezialisierungen. Die Zahl der Neuerscheinungen wuchs stetig und die scharfen Auseinandersetzungen zwischen Verlagen und Autoren fanden ein Ende. Zwar gab es in der Frage des geistigen Eigentums immer noch keine umfassenden, rechtssichernden Kodifizierungen, doch wurde das Recht der Autoren am geistigen Eigentum weitgehend anerkannt.

Die Verlage reagierten auf den Bildungshunger und das Leseinteresse breiter Bevölkerungskreise, indem sie ihre Verlagsprogramme diesen Bedürfnissen geschickt anpassten. So gab beispielsweise Friedrich Arnold Brockhaus (1772–1832) 1806 eine erste, sechsbändige Ausgabe seines *Conversationslexikons* heraus. Diese Ausgabe konnte er in einer Auflage von 2000 Exemplaren verkaufen. Der ökonomische Erfolg seiner Idee, ein vielbändiges Nachschlagewerk für ein aufstiegswilliges und nach Bildung strebendes Bürgertum auf den Markt zu bringen, kam mit der fünften Auflage in zehn Bänden, die von 1818 bis 1821 in einer Höhe von 32 000 Exemplaren erschien. Allein in der ersten Hälfte des 19. Jahrhunderts wurden vom Brockhaus insgesamt über 150 000 Exemplare verkauft, dazu kamen noch seine Nachahmer und Konkurrenten, die ähnliche Verkaufszahlen erzielten.

Brockhaus zählte zu den großen Universalverlegern seiner Zeit und gab mit seinem Verlag ein breitgefächertes Programm heraus. Dort erschienen beispielsweise die Memoiren Casanovas neben dem philosophischen Werk *Die Welt als Wille und Vorstellung* des damals noch fast unbekannten Autors Arthur Schopenhauer. Die Programmvielfalt des Verlages zwang Brockhaus zu einer sogenannten »Mischkalkulation«. In einem Brief an den Mediziner Lorenz Oken erläuterte er seine Rechnung so: »Wir müssen beim Verlagsbuchhandel durchaus die Chance haben, etwas Erkleckliches in einzelnen Fällen gewinnen zu können, da wir als Regel annehmen müssen, daß wir von 20 Unternehmungen bei 10 verlieren, bei 5 auf unsere Kosten kommen, bei 4 ordentlich und bei einer tüchtig gewinnen. So hält eins das andere in der Balance.« Auch heute ist es in den meisten Verlagen so, dass nur wenige Titel – manchmal auch nur ein einzelner – das ganze Programm finanzieren. Der Verkauf der meisten Bücher deckt gerade einmal die Kosten ab oder schlägt sogar negativ zu Buche.

Carl Joseph Meyer (1796–1856) wuchs als Sohn eines Schuhmachers in einfachen Verhältnissen auf und erlernte den Beruf des Kaufmanns. Nach zwei spektakulären Pleiten in London und Frankfurt gründete er 1826 in Gotha das Bibliographische Institut und reüssierte auf dem Markt mit einer preiswerten Shakespeare-Ausgabe und seiner *Miniaturbibliothek deutscher Klassiker*. Meyer hatte seine ersten kaufmännischen Erfahrungen im Orienthandel und in der chemischen Industrie gemacht. Als Quereinsteiger im Verlagsbuchhandel war er, wie Brockhaus, von den Handelsbräuchen der Branche unbelastet und entwickelte völlig neue Vertriebsstrategien. Über Kolporteure, wie die Buchhausierer auch genannt wurden, ließ er Subskriptionsprospekte in riesigen Auflagen an die Haushalte verteilen. Unter dem Motto »Bildung macht frei« bot er darin seine 150-bändige *Miniaturbibliothek* an, für zwei Groschen pro Teillieferung eines Werkes. Jede Lieferung wurde sofort nach Erscheinen durch die Kolporteure zu den Kunden gebracht. Die Subskribenten zahlten dann die erste Lieferung und gleich auch den Preis für die nächste.

Die erste Lieferung eines Werkes ließ Meyer auf Friedrich Koenigs Schnellpresse preiswert in hoher Auflage drucken, um damit den Markt zu erobern. Je nach Anzahl der schließlich gewonnenen Sub-

Wissenschaftsverlag | Das denkmalgeschützte Bucharchiv von Walter de Gruyter in einer heutigen Ansicht. Die Wurzeln des bedeutendsten geisteswissenschaftlichen Verlages auf dem europäischen Kontinent reichen bis ins Jahr 1801.

skribenten pegelte sich die Auflage der folgenden Lieferungen ein. Mit diesen Haustürgeschäften erreichte Meyer Käuferschichten, die der traditionelle Buchhandel bisher vernachlässigt hatte, weil sie keine teuren Bücher kaufen konnten. Meyer machte auch mit seinen Plakaten und großen Zeitungsinseraten Furore. Diese neue Werbestrategie, der geringe Preis pro Lieferung und der Direktvertrieb an den Endkunden unter Ausschaltung des traditionellen Buchhandels machten den Erfolg seines Verlages aus. Allerdings reagierte der Buchhandel empört und boykottierte den Außenseiter. Außerdem zog sich Meyer den Ärger vieler zeitgenössischer Autoren zu, deren Originalwerke er ohne Genehmigung und Honorarzahlung in einzelnen Lieferungen publizierte und vertrieb. Er nutzte dazu eine Gesetzeslücke aus, die den Abdruck geschützter Werke in Anthologien oder in Auszügen honorarfrei ermöglichte.

Meyers politische Überzeugung war den Obrigkeiten bekannt. Er trat für ein liberales, demokratisches, vereinigtes Deutschland und die Überwindung absolutistischer Strukturen ein. Geschickt umging er die Vorzensur, indem seine Einzellieferungen zusammen jeweils einen Band mit mehr als 320 Seiten ergaben.

Meyers Prinzip der Teillieferungen fand schnell seine Nachahmer. Im Lauf der folgenden Jahre erschienen auch viele ausländische Bücher in preiswerten Teillieferungen: *Oliver Twist* von Charles Dickens, *Der letzte Mohikaner* von James Fenimore Cooper und *Der Graf von Monte Christo* von Alexandre Dumas eroberten schnell ein Massenpublikum. Ab 1827 gab Johann Benedikt Metzler in seinem Stuttgarter Verlag mit den Werken der griechischen und römischen Antike in 729 Bänden einen gültigen und preiswerten Kanon klassisch-humanistischer Bildung heraus.

Mit umfangreichen Lexika, normalpreisigen Originalwerken und den billigen Ausgaben deutscher und internationaler Autoren erreichten die Verlage im 19. Jahrhundert wie nie zuvor ein bildungsbeflissenes und lesehungriges Massenpublikum, das bis in die unteren Mittelschichten reichte.

IN DER zweiten Hälfte des 19. Jahrhunderts erreichte die Spezialisierung der Verlage eine neue Dimension. Parallel zur Entwicklung der Forschung auf allen Gebieten der Natur- und Geisteswissenschaften entstanden die Fach- und Wissenschaftsverlage. Die Zahl der publizierenden Gelehrten wuchs ständig, und sie veröffentlichten immer mehr Titel, die hauptsächlich oder ausschließlich für eine wissenschaftliche Klientel geschrieben waren. Während die Universal- oder Konversationslexika eine breite Schicht bildungshungriger Bürger ansprachen, vertieften die Fachverlage den wissenschaftlichen Diskurs der Forscher und Gelehrten.

Die fachwissenschaftliche Ausrichtung setzte bei den traditionellen Universitätsverlagen ein, zu denen sich bald zahlreiche Neugründungen gesellten. Innerhalb weniger Jahrzehnte fand nahezu jede Fachdisziplin ihre publizistische Heimat in einem oder mehreren Verlagen. Der bereits 1719 gegründete Verlag Breitkopf & Härtel beispielsweise spezialisierte sich auf Musikalien und teilte sich dieses Marktsegment später mit dem Verlag von Bernhard Schott, der 1770 ins Leben gerufen wurde. Duncker & Humblot (Gründungsjahr 1798) konzentrierte sich auf Geschichte, Sozialpolitik und Staatskunde, während der geographische Verlag von Justus Perthes (1785) sich im 19. Jahrhundert zum bedeutendsten Fachverlag für Kartographie entwickelte. 1827 begann mit der Verlagsbuchhandlung von Karl Baedeker die beispiellose Erfolgsgeschichte der bis heute berühmten Reiseführer. Der Verlag von Friedrich Bruckmann (1858) widmete sich wie der von Georg Callwey (1884) der bildenden Kunst. Die Medizin wurde in mehreren Fachverlagen heimisch: Ferdinand Enke (1837), Urban & Schwarzenberg (1876) und Georg Thieme (1886), um nur einige zu nennen. 1851 gründete sich das Unternehmen von Wilhelm Ernst & Sohn als Fachverlag für Architektur und Technik. Kurz davor hatte Julius Springer 1842 seinen Verlag für Naturwissenschaft und Technik begonnen. Seit 1881 kümmerte sich der Verlag J. H. W. Dietz als sozialdemokratisches Unternehmen um die politische Theorie und Praxis der Arbeiterbewegung. Die Themen Landwirtschaft, Forstwirtschaft und Gartenbau beackerte Paul Parey (1848). 1878 gründete sich mit Gustav Fischer ein Verlag für Nationalökonomie, Medizin und Naturwissenschaften. Benedictus Gotthelf Teubner nahm sich 1811 der Mathematik an und C. H. Beck widmete sich ab 1763 der Rechtswissenschaft. Ebenso bedeutend waren auch die Schulbuchverlage Schroedel (1792), Klett (1844), Schwann (1821) und Georg Westermann (1838).

⌁

IM RAHMEN der Vereinheitlichung urheberrechtlicher Schutzfristen, die in den Ländern des Deutschen Bundes unterschiedlich geregelt waren, beschloss die Bundesversammlung am 6. November 1856, dass mit Datum vom 9. November 1867 im gesamten Reichsgebiet die Werke derjenigen Autoren gemeinfrei werden, die vor dem 9. November 1837 gestorben waren. Dies bedeutete faktisch, dass ab diesem Datum die Werke nahezu aller klassischen und romantischen Nationaldichter Deutschlands honorarfrei nachgedruckt werden durften. Das Unternehmen von Johann Friedrich Cotta als Verlag von Goethe, Schiller, Wieland, Kleist, Hölderlin, Uhland, Humboldt, Herder und vielen anderen verlor durch diese Bestimmung schlagartig seine monopolartige Stellung. Das Jahr 1867 ist deshalb als »Klassikerjahr« in die Geschichte der deutschen Buchkultur eingegangen.

Die Klassikerausgaben des Cotta-Verlages erschienen von 1853 bis 1862 in der *Volksbibliothek deutscher Classiker* in drei Reihen zu 518 Lieferungen, die nur geschlossen bezogen werden konnten. Wer sich diese Ausgaben nicht leisten konnte, musste auf die viel teureren Einzelbände von Cottas *Miniatur-Bibliothek classischer Dichter und Dramatiker* zurückgreifen. Wie rigide diese Preispolitik war, zeigt das

Beispiel der Ausgabe von Schillers *Don Carlos*. Während Cotta dafür zwei Reichstaler verlangte, brachte Reclam das Drama 1867 für zwei Groschen, also für ein Vierundzwanzigstel des Preises der Originalausgabe, ökonomisch erfolgreich auf den Markt. Es ist deshalb verständlich, dass die deutschen Verleger und ihr Publikum ungeduldig auf das Ende der Schutzfrist warteten.

Brockhaus, Meyer, Gustav Hempel und andere Verlage kündigten ihre Editionen schon Jahre vor dem Termin mit intensiven Werbekampagnen an. Gustav Hempel startete seine *Nationalbibliothek sämtlicher deutscher Classiker* mit 150 000 Exemplaren zu zweieinhalb Groschen pro Lieferung. Doch der Anfangserfolg hielt nicht lange an. Als der Verlag zwölf Jahre später seine Reihe mit der 714. Lieferung beendete, war die Auflage um ein Vielfaches gesunken. Ähnlich erging es allen anderen Verlagen.

Allein ein Unternehmen verdankte dem Klassikerjahr einen Riesenerfolg, der bis in die heutige Zeit reicht. Carl Heinrich Reclam hatte 1802 in Leipzig eine Buchhandlung und einen Verlag gegründet. Sein 1807 geborener Sohn Anton Philipp Reclam lieh sich 1828 von seinem Vater 3000 Taler, um in Leipzig eine Leihbibliothek mit Lesekabinett zu übernehmen und einen eigenen Verlag zu gründen, den er elf Jahre später in Philipp Reclam jun. umbenannte. Der liberal eingestellte Verleger, dessen antihabsburgerische Bücher 1846 in Österreich verboten wurden und der sich auch in Leipzig »wegen öffentlicher Herabsetzung der Religion« vor Gericht verantworten musste, präsentierte nach der Revolution von 1848 ein gemischtes Verlagsprogramm: Liedersammlungen, Klavierauszüge von Opern, Bibelausgaben, Klassiker der Antike, Wörterbücher. Im Klassikerjahr schlug für Reclam die historische Stunde. Gemeinsam mit seinem Sohn Hans Heinrich gründete er die *Universal-Bibliothek*, die als »Erscheinen sämtlicher classischer Werke unserer Literatur« angekündigt wurde und die »besten Werke fremder und todter Literaturen in guten deutschen Übersetzungen« versprach, »die sich einer allgemeinen Beliebtheit erfreuen«. Im Werberummel des Klassikerjahres kaum beachtet, erreichte der erste Band der *Universal-Bibliothek*, Goethes *Faust*, zum Preis von zwei Groschen bis Jahresende eine Auflage von 20 000 Exemplaren. Nach 1867 wurde die Reihe zügig ausgebaut. Pro Jahr erschienen etwa 140 Bände, neben deutscher und europäischer Literatur auch philosophische Werke, Unterhaltungsliteratur, antike

Texte, Operntexte und Gesetzesausgaben. Zahlreiche Einzelbände der *Universal-Bibliothek* wurden bis heute in jeweils mehreren Millionen Exemplaren verkauft.

IM LETZTEN DRITTEL des 19. Jahrhunderts begannen sich die Funktion des Buchhandels und seine Arbeitsweise zu verändern. Bis dahin erhielten Buchhandlungen von den Verlagen unverlangt deren Neuerscheinungen, lieferten sie als Ansichtssendungen an ihre Kunden und rechneten zu vereinbarten Terminen mit den Verlagen ab. Unverkäufliche Bücher wurden zurückgegeben, für verkaufte Exemplare kassierte der Buchhändler seinen Rabatt. Der Verkauf von Neuerscheinungen fand im Ladenlokal selbst kaum statt. Hier vertrieb der Buchhändler in der Hauptsache Schulbücher, Bibeln und religiöse Literatur, Kalender und allerlei Neben- und Randartikel.

Mit Gründung der »Barsortimente« in der Mitte des 19. Jahrhunderts eröffnete sich für den Buchhandel ein neuer Bezugsweg. Barsortimente kauften auf eigene Rechnung von den Verlagen Buchblocks in größeren Mengen ein und konnten sie – dank neuer technischer Verfahren – maschinell aufbinden lassen. Diese gebundenen Bücher boten sie dem stationären Buchhandel zu den Originalkonditionen des Verlages an. Sie selbst erhielten aufgrund ihrer Bestellmenge vom Verlag einen höheren Rabatt und lebten von der Differenz zwischen diesem und dem Rabatt, den sie dem Buchhandel gewähren mussten. Sie informierten den Buchhandel über die bei ihnen erhältlichen Titel durch sogenannte »Nettokataloge«, die sich im Lauf der Jahrzehnte zu umfangreichen Nachschlagewerken entwickelten. Darüber hinaus verteilten sie auch Publikumsprospekte, um die Nachfrage zu steigern. Die Buchhändler konnten so erstmals Titel gezielt bestellen und die Verlage stellten sich schnell auf diese Entwicklung ein: Sie verschickten »Wahlzettel« an den Handel, der nun selbst entscheiden konnte, welche Bücher er vom Verlag beziehen wollte. Bei einem Festbezug gegen Rechnung, also ohne automatisches Rückgaberecht, erhielt der Handel als Anreiz einen zusätzlichen Rabatt. So entstand gegen Ende des 19. Jahrhunderts eine neue Form von Buchhandlung, die sich ein eigenes Sortiment zusammenstellen konnte und so in der Lage war, sich zu spezialisieren. Dieser Prozess führte dazu, dass nun Kunden vermehrt den Buchhändler im Laden besuchten, und nicht umgekehrt, wie es noch wenige Jahre zuvor üblich gewesen war.

Mit diesen Usancen, also der eigenen Zusammenstellung des Sortiments durch den Buchhändler, dem Bücherbezug über Verlags- und Barsortimentbestellungen, der Sortimentsspezialisierung und einer Konzentration auf den Verkauf im Geschäftsraum selbst, ist auch die Arbeitsweise einer heutigen Buchhandlung ziemlich genau umrissen. Weit über einhundert Jahre haben sich die Handelsbräuche im Buchhandel kaum verändert. Man darf gespannt sein, wie sich der Buchhandel im Zeitalter der Digitalisierung entwickeln wird.

DIE ÜBERSCHWEMMUNG des Marktes mit preiswerten Ausgaben deutscher Klassiker erweckte in den reichen und wohlhabenden Oberschichten das Bedürfnis nach anderen Insignien ihres kulturellen Führungsanspruches. Verbesserte Drucktechniken im Bereich der Illustration und der ornamentalen Ausschmückung kamen diesem Wunsch entgegen. So brachten die Verlage bereits ab der Mitte des 19. Jahrhunderts, vor allem aber nach 1867 aufwendig hergestellte Bücher und Editionen heraus, die unter dem Begriff »Prachtexemplare« in die Geschichte des Buches eingegangen sind. Passend zu den großbürgerlichen Salons der Gründerzeit und teils sogar auf eigens angefertigten Präsentationsmöbeln boten Verlage wie Cotta und Bruckmann prächtig illustrierte Ausgaben von Goethe oder Schiller mit Ledereinbänden, ziselierten Eckstücken und metallenen Medaillons an, für die Preise bis zum dreifachen Monatsverdienst eines Angestellten zu entrichten waren. Diese voluminösen Bücher waren kaum als Leseausgaben gedacht. Sie sollten vielmehr das Repräsentationsbedürfnis der Bildungsaristokratie befriedigen.

Eine kulturelle Entwicklung des 19. Jahrhunderts, die Ausformung des Weihnachtsfestes mit Weihnachtsbaum, Krippe, Weihnachtsliedern, Gottesdienstbesuch und vor allem Geschenken, bescherte dem Buchhandel durch den Absatz von Prachtausgaben im Dezember einen Umsatzschwerpunkt, wie er bis dahin in dieser Form nicht bekannt war. Um besondere Ausgaben auch an die weniger Betuchten zu verkaufen, produzierten die Verlage bald auch illustrierte Bücher mit einfachen Einbänden für den Geldbeutel der oberen Mittelschicht.

Obwohl der Sortimentsbuchhandel im letzten Drittel des 19. Jahrhunderts durch den Verkauf preiswerter Klassikerausgaben und hochpreisiger Prachtausgaben eine sozial so breitgefächerte Klientel wie nie zuvor zu seinen Kunden zählen konnte, geriet er bald in eine Krise. Der Grund dafür findet sich in den Vertriebsstrukturen dieser Zeit. Zum einen machte dem stationären Sortiment der Kolportage-Vertrieb zu schaffen. Der Haus-zu-Haus-Vertrieb von Büchern existierte zwar seit Gutenbergs Zeiten, doch ab der Mitte des 19. Jahrhunderts und vor allem im Zusammenhang mit dem Klassikerjahr 1867 gewann er immer mehr an Bedeutung. Eine weitere Konkurrenz erwuchs dem Buchhandel durch den wachsenden Zuspruch der Leihbibliotheken, in denen die Mehrzahl der potentiellen Buchkäufer ihr Lektürebedürfnis befriedigte.

Am schwersten aber wog für den traditionellen Buchhandel die Tatsache, dass sich die Massenauflagen der Verlage im letzten Drittel des 19. Jahrhunderts kaum noch zum regulären Ladenpreis absetzen ließen. Immer mehr Restauflagen landeten bei Buchtrödlern und Antiquaren. »Der gemeine Buchhändler ist der Hauptsache nach nur dazu da, die neuen Bücher bekannt zu machen. Was seinem Kunden davon gefällt, notiert sich dieser und bestellt es sich vom Antiquar«, klagte ein Zeitgenosse bereits 1866. Aber auch Neuerscheinungen wurden schon nach deren Auslieferung mit einem Kundenrabatt bis zu 20 Prozent abgegeben. Der von den Verlagen festgesetzte Verkaufspreis wurde faktisch nicht mehr als verbindlich angesehen. Vor allem in den Großstädten gingen sogenannte »Schleuderer« dazu über, den gebundenen Ladenpreis für Neuerscheinungen durch hohe Kundenrabatte auszuhöhlen. Ferner führte die Einführung der Gewerbefreiheit dazu, dass sich nun auch andere Händler und sogar Handwerker in das Buchgeschäft drängten, Berufsgruppen also, die über keinerlei Bindung an die Handelsbräuche des Buchhandels verfügten

Das Zusammenwirken aller dieser Faktoren drohte, das dichte Netz des Buchhandels zu zerstören. Ohne das ordnungspolitische Engagement der buchhändlerischen Standesorganisation, des Börsenvereins des Deutschen Buchhandels, wäre diese Entwicklung wohl nicht aufzuhalten gewesen.

HIER ist also kein anderer Ausweg: entweder mußt du während der Messe gänzlich auf das Straßengehn Verzichttun oder mit Hintansetzung aller Bequemlichkeit deinen raschen Schritten eine Beinschelle anlegen und hinter Karren so langsam und bedächtig einhergehen wie ein schwarzer Leichenbedienter bei der Prozession.« So beschrieb der Autor August Salomon Maurer in seinem Buch *Leipzig im Taumel* 1799 den Trubel auf den Leipziger Straßen zur Messezeit. Nur wenige Jahre vorher hatte der deutsche Philosoph Friedrich Wilhelm Joseph von Schelling die Messe mit diesen Worten charakterisiert: »Den geringsten Lärmen macht der literarische Markt. In aller Stille, in entfernten Gewölben wird die deutsche Litteratur feil geboten.«

Auf jeder Messe sortierten und zählten die Verleger zunächst die vom Buchhandel als unverkäuflich zurückgeschickten Remittenden. Nach dem Versuch, diese anderweitig zu verkaufen, wurden schließlich die Neuerscheinungen an die Buchhandlungen ausgeliefert. Über jeden dieser Geschäftsvorgänge musste genauestens Buch geführt werden, damit man auf der nächsten Messe noch wusste, wer wem was schuldete. Die Rücknahme von Remittenden und das Ausliefern von Neuerscheinungen wiederholte sich für die Verleger zigmal auf jeder Messe, an vielen, über die ganze Stadt verstreuten Orten, begleitet von allerlei Festlichkeiten. Denn die Messe war auch eine große Party. »Das ist eine ächte Kirmeß, wie sie die heiteren Bilder flamändischer Maler darstellen«, hielt der französische Reiseschriftsteller Victor Tissot 1875 fest. »Überall herrscht Leben und Glanz, lautes und leises Geschwätz, Gläserklirren, Trommelgerassel, Trompetengeschmetter, denn alle Gaukler und Seiltänzer des Reiches, alle wandernden Musikanten kommen hier zusammen. Für die Zeit der Feste und Geschäfte miethet die Leipziger Stadtbehörde alle eintreffenden Musikanten und läßt sie vor den Thoren der Gasthöfe und Wirthschaften während der Speisestunden aufspielen, um die Fremden bei guter Laune zu erhalten.«

Aus Sicht der auswärtigen Buchhändler war das Messegeschehen allerdings alles andere als ein Vergnügen. Bereits 1714 beklagte sich

Abrechnung | Die Buchhändlerbörse im theologischen Hörsaal
der Leipziger Universität im Jahr 1825.

der Buchhändler Heinrich Julius Elers aus Halle: »Schon um 5 Uhr
morgens begannen die Geschäfte, man empfing und machte selbst
um diese frühe Tageszeit Besuche. Diese Besuche haben mich frühe
und nachmittags biß acht Uhr sehr hingerichtet, daß meine Zunge
kaum reden kunte vor vielem Rechnen.«

Mit der von Jahr zu Jahr wachsenden Anzahl von Buchhandlungen
vermehrte sich für jeden Verleger auch die Zahl der Abrechnungster-
mine, so dass schließlich eine andere Lösung gefunden werden musste. Zunächst entwickelten sich die Verwalter der Lagerplätze in der
Messestadt zu selbständigen Unternehmern (»Kommissionäre«), die
für ihre auftraggebenden Verlage (»Kommittenten«) die Abrechnung
vornahmen und auch zwischen den Messen auslieferten. Aus diesen
Kommissionären sind später die Barsortimente und Verlagsauslieferu-
rungen, also die Unternehmen des Zwischenbuchhandels, hervorgegangen. Die Leipziger Zwischenhändler empfingen die Buchhändler
zum Abrechnungstermin in ihren Häusern, die auswärtigen mieteten
dazu Kontore an. Manche auswärtige Kommissionäre trafen sich mit
den Buchhändlern zur Abrechnung sogar in Gaststätten oder Kaffee-

Leipzig | Das Haus der Deutschen Buchhändlerbörse in der Ritterstraße
nach seiner Fertigstellung im Jahr 1836.

häusern, und so verteilte sich die Buchmesse über die ganze Stadt.
1792 wurde erstmals ein zentraler Raum zur Organisation der Abrech-
nungsgeschäfte angemietet – die »Buchhändlerbörse«. Ab 1797 wurde
dazu der theologische Hörsaal der Universität genutzt, in dessen
Nähe sich die meisten Leipziger Buchhandlungen und Verlage befanden.

Nach mehreren vergeblichen Vorstößen versammelten sich schließlich zur Ostermesse am 30. April 1825 Repräsentanten aus 101 Buchhandlungen und Verlagen im theologischen Hörsaal der Leipziger
Universität, um einen Verein zu gründen, dessen vorrangiges Ziel die
Einrichtung einer dauerhaften und durch eine Börsenordnung kodi-
fizierten Buchhändlerbörse sein sollte. Ihrem Hauptzweck entsprechend gab sich diese Organisation der Branche den Namen »Börsenverein der Deutschen Buchhändler«. Ein Jahr später konzentrierte
sich die Tätigkeit des Vereins auf die »zweckmäßige Einrichtung des
Börsen-Locales«, wie es im Versammlungsprotokoll von 1826 heißt.
1834 gründete der Verein seine eigene Zeitschrift, das *Börsenblatt für
den Deutschen Buchhandel*, das zunächst wöchentlich, ab 1837 zwei-

mal in der Woche und schließlich ab 1867 täglich erschien. Am 26. April 1836 konnte das im Baustil des italienischen Quattrocento errichtete Haus der Deutschen Buchhändlerbörse in der Ritterstraße mit einem prunkvollen Fest eingeweiht werden.

Mitte des 19. Jahrhunderts setzten mehrere für die Geschichte der Messe und des Börsenvereins wichtige Entwicklungen ein. Zunächst entstanden neben dem Börsenverein zahlreiche von lokalen Interessen getragene Vereinigungen. Ferner ließ die Professionalisierung des Abrechnungsverkehrs durch die Kommissionäre auf der Buchhändlerbörse bei vielen die Meinung entstehen, der Besuch der Buchmesse wäre überflüssig. »Wer nicht zur Messe kommt, läßt durch seinen Commissionair abrechnen und zahlen«, hieß es in der Leipziger *Illustrierten Zeitung* zur Ostermesse 1844. Und tatsächlich verzichteten zahlreiche Buchhändler auf den Messebesuch.

Gleichzeitig führte die durch Neugründungen von Buchhandlungen und Verlagen wachsende Konkurrenz in der Branche zu der Forderung, den Börsenverein zu stärken und ihn zu einem »obersten Gericht des Buchhandels« werden zu lassen, zu einer mit der Macht ausgestatteten Exekutive, um unredliche Firmen auszuschließen. Dazu sollte der Börsenverein einen für alle Mitglieder verbindlichen Verhaltenskodex entwickeln, der die Regeln des buchhändlerischen Geschäftsverkehrs zu definieren hätte. Erstaunlicherweise wurde diese Forderung vor allem von den Vorständen des Börsenvereins abgelehnt, die vor einem »allgemeinen Krieg« unter den Buchhändlern warnten. Der Vorsteher Johann Mohr erklärte dazu im *Börsenblatt*, der Vorstand eigne sich weder zum Richter noch zum Vollstrecker. Und Friedrich Johann Frommann vertrat als Vorsteher die Meinung, der Börsenverein sei keine Innung und wolle es auch nie werden. Er bilde einen freien Verein von Buchhändlern, jede institutionelle Macht würde ihn ruinieren. Dieser interne Streit über die Funktion des Börsenvereins währte mehrere Jahrzehnte, ohne dass sich eine Lösung abzeichnete. Verantwortlich für den allgemeinen Unmut war zunehmend die bereits erwähnte Rabattierung von Neuerscheinungen durch die »Schleuderer«.

Die Zahl der im *Adressbuch des deutschen Buchhandels* verzeichneten Firmen erhöhte sich von 3575 im Jahr 1870 auf 5410 nur zehn Jahre später. In diesem Zeitraum wurde der Konkurrenzkampf vor allem zwischen den Buchhandlungen mit harten Bandagen ausgetragen,

Standesbewusstsein | Das 1888 eingeweihte Buchhändlerhaus des
Börsenvereins des Deutschen Buchhandels in Leipzig.
Heute steht an dieser Stelle das 1996 eröffnete Haus des Buches.

denn die Schleuderei hatte bedrohliche Ausmaße angenommen. Deshalb wurde der Börsenverein vermehrt angerufen. Als Reaktion darauf verabschiedete der 1863 gegründete Verein der deutschen Sortimentsbuchhändler auf seiner Tagung am 22. Juni 1878 eine Erklärung, wonach der Börsenverein »die Behörde sein [solle], welche eine Art Beaufsichtigung über den Gesamtbuchhandel ausübt und allenthalben gegen Ausschreitungen Einzelner auftritt und Zwistigkeiten schlichtet. Mit einem Worte: Er soll die Gesetzgebungs-, Verwaltungs- und Polizeibehörde des deutschen Buchhandels werden.«

Unter seinem Vorsteher Alfred Kröner entschloss sich der Börsenverein nach jahrzehntelangen Debatten endlich auf seiner Hauptversammlung am 25. September 1887 zu durchgreifenden Reformen. Nach einer zweieinhalbstündigen Diskussion konnte Kröner das Ergebnis der Abstimmung über das Reformwerk bekanntgeben. Im *Börsenblatt* heißt es: »Meine Herren! Ich teile Ihnen das Resultat der Abstimmung mit. Von 395 Anwesenden haben 27 gegen die Vorlage gestimmt und 7 sich der Abstimmung enthalten; wir haben also für statuarische Erfordernis hinausgehende Majorität. (Stürmisches minutenlanges Bravo und Händeklatschen).«

Die »Krönersche Reform« erweiterte die Funktion des Börsenvereins vor allem auf drei Gebieten. Sie schuf zunächst die Grundlage für eine umfassende Sicherung der »Preisbindung«, indem sie in der Satzung des Börsenvereins die verbindliche Verpflichtung der Verlage aufnahm, bei Erscheinen jedes Titels einen Verkaufspreis für das Publikum zu veröffentlichen. Das Sortiment wurde verpflichtet, diese Ladenpreise einzuhalten. Bei Nichteinhaltung dieser Bestimmung drohte dem Sortiment die Einstellung der Belieferung durch die Verlage. Weiter erklärte sich der Börsenverein zum Dachverband aller buchhändlerischen und verlegerischen Vereinigungen in Deutschland, sofern diese in ihren Satzungen die Bestimmung aufnahmen, dass deren Mitglieder auch Mitglieder des Börsenvereins sein mussten. Und schließlich wurde in § 1 der Satzung des Börsenvereins die Bestimmung aufgenommen, dass in einer *Buchhändlerischen Verkehrsordnung* verbindliche Handelsbräuche geregelt werden. Im Kern haben diese drei Regelungen noch heute Bestand.

Alfred Kröner konnte seine Zeit als Vorsteher am Kantate-Sonntag 1888 mit der Einweihung des Leipziger Buchhändlerhauses in Gegenwart des sächsischen Königs krönen. Er zählt heute zu den bedeutendsten Vorstehern in der Geschichte des Börsenvereins.

KURZ NACH der Gründung 1825 widmete sich der Börsenverein einem dringlichen Problem, das hauptsächlich die Verleger beschäftigte: dem Urheber- und Verlagsrecht. Der Börsenverein konnte dabei an eine Reihe von Initiativen anknüpfen, die von der Branche bereits vor seiner Gründung ausgegangen waren und zu einer rechtlichen Umsetzung geführt hatten: dem Kursächsischen Mandat, dem Preußischen Allgemeinen Landrecht mit seinen Paragraphen zum Urheber- und Verlagsrecht und der Absichtserklärung der Bundesversammlung 1815, sich mit dem Thema zu befassen. 1834 erarbeitete dann der Börsenverein unter seinem Vorsteher Theodor Enslin *Vorschläge zur Feststellung des literarischen Rechtszustandes in den Staaten des Deutschen Bundes.* An dieser Denkschrift waren unter anderem die Altvorsteher beziehungsweise Nachfolger im Amt Friedrich Johann Frommann und Carl Duncker beteiligt. Ein Jahr später beschloss die

Bundesversammlung daraufhin ein generelles Nachdruckverbot. Sie vermied es aber, weitere Festlegungen zu urheberrechtlichen Fragen zu machen. Die Denkschrift beeinflusste jedoch maßgeblich das *Preußische Gesetz zum Schutze des Eigenthums an Werken der Wissenschaft und Kunst in Nachdruck und Nachbildung* von 1837, in dem allen im »Bundesgebiete erscheinenden literarischen Erzeugnissen und Werken der Kunst ein Schutz von zehn Jahren vom Tag des Erscheinens an« eingeräumt wurde. Mit diesem Gesetz wurde erstmals der Schutz des Autorenrechts eingeführt. 1845 wurde diese Schutzfrist auf 30 Jahre ausgeweitet. Diese Fristerweiterung führte dann 1867 zum bereits erwähnten Klassikerjahr.

Von 1855 bis 1857 erarbeitete ein Ausschuss des Börsenvereins unter seinem Vorsteher Moritz Veith die weitreichenden *Vorschläge zu einem allgemeinen deutschen Bundesgesetz über das Urheber- und Verlagsrecht*. Nach mehreren Anläufen und Modifikationen wurde diese Vorlage nach der Gründung des Deutschen Reiches 1871 schließlich zur entscheidenden Grundlage für das *Gesetz betreffend das Urheberrecht an Schriftwerken, Abbildungen, musikalischen Kompositionen und dramatischen Werken*. Damit erlangte erstmals ein umfassendes und reichseinheitliches Urheberrechtsgesetz allgemeine Geltung.

Einhundert Jahre nach Lessings fragmentarischer Betrachtung *Leben und leben lassen* hatten dessen juristische Überlegungen zum Schutz des geistigen Eigentums mit tatkräftiger Hilfe des Börsenvereins Gesetzeskraft erlangt.

»WIRKLICHE SCHLAGER KÖNNEN EIGENTLICH NUR NOCH VON BERLIN AUSGEHEN!«

BIS in die achtziger Jahre des 19. Jahrhunderts war Leipzig unbestritten das Zentrum des deutschen Buchhandels. Dort fand die inzwischen einzige deutsche Buchmesse statt, der Börsenverein des Deutschen Buchhandels hatte seinen Sitz in der Stadt an der Pleiße und für die Verlage war im Graphischen Viertel eine Infrastruktur von Druckereien und verlagsspezifischen Zulieferbetrieben entstanden, die ihresgleichen suchte. Über den Leipziger Zwischenbuchhandel wurde die Mehrzahl aller Bücher bis in die kleinsten und entlegensten Orte Deutschlands geliefert. Zwar zählte Berlin bereits 1869 mit 110

Buchhandlungen mehr Sortimente als Leipzig, aber gemessen an der Zahl der Verlage, der publizierten Titel und der Verlagsumsätze war Leipzig mit weitem Abstand Deutschlands bedeutendste Verlagsstadt. Zwei umwälzende Ereignisse, die Reichsgründung 1871 und die Proklamation Berlins zur deutschen Hauptstadt, hatten für das Verlagswesen weitreichende Folgen: Die Sogwirkung der neuen Hauptstadt war gewaltig und erstreckte sich auf alle gesellschaftlichen Gebiete. Berlin als Hauptstadt der Forschung und industriellen Entwicklung trat als Konkurrent des Graphischen Viertels in Leipzig auf, die Kulturmetropole lockte Verlage an, vor allem aber führte das kulturelle Klima in der Hauptstadt nicht nur zur Entwicklung neuer Kunststile, sondern auch zur Gründung zahlreicher Verlage, die diese publizistisch begleiteten.

Innerhalb weniger Jahre nach der Reichsgründung war Leipzigs bis dato unantastbare Vormachtstellung im deutschen Verlagswesen gebrochen. Schon 1885 überholte Berlin die traditionelle Buchstadt: In diesem Jahr erschienen in Berlin 2743 Neuerscheinungen, Leipzig konnte nur mit 2664 Titeln aufwarten. Spätestens in den zwanziger Jahren des letzten Jahrhunderts stand Berlin einsam an der Spitze der Verlagsstädte in Deutschland und hatte Leipzig weit hinter sich gelassen. 1927 wurden in Berlin 3000 Neuerscheinungen mehr als in Leipzig publiziert, aber auch gemessen an der Höhe der Umsätze und der Anzahl der Verlage hatte Berlin Leipzig den Rang abgelaufen. »Wirkliche Schlager, d. h. Bücher, die in ganz kurzer Zeit Massenauflagen erleben und ausgesprochen Mode werden, können eigentlich nur noch von Berlin ausgehen«, konstatierte ein Chronist des Buchhandels 1925.

»In Berlin wurden die Uhren aufgezogen, nach denen sich das Deutsche Reich zu richten hatte«, bemerkte der Publizist Klaus Strohmeyer in einer von ihm herausgegebenen Anthologie. Das »Berliner Tempo« wurde zum Schlagwort des Reiches. »Der Berliner hat keine Zeit«, frotzelte Kurt Tucholsky. »Er würde auch noch im Himmel – vorausgesetzt, daß der Berliner in den Himmel kommt – um viere was vorhaben.« Ähnlich empfand wohl der Wiener Schriftsteller Alfred Polgar: »Alle Einwohner Berlins sind intensiv mit ihrer Beschäftigung beschäftigt. Auch die Müßiggänger gehen nicht schlechthin müßig, sondern sind damit beschäftigt, müßig zu gehen, auch die nichts arbeiten, tun dies im Schweiße ihres Angesichts.«

VOR DER Entwicklung Berlins zur schnellsten Stadt der Welt trat ein neuer Verlegertypus in Erscheinung, der nach einer griffigen Formel Eugen Diederichs »Kulturverleger« genannt wird. Einer seiner ersten Vertreter – und einer der bedeutendsten – war Samuel Fischer (1859 bis 1934), der hier beispielhaft vorgestellt werden soll. Der in Ungarn aufgewachsene Sohn eines jüdischen Kaufmanns trat 1874 in Wien eine Buchhandelslehre an und kam 1880 als Buchhändler-Gehilfe nach Berlin. 1886 gründete er seinen Verlag unter dem programmatischen Motto: »Dem Publikum neue Werte aufzudrängen, die es nicht will, ist die schönste und wichtigste Mission des Verlegers.« Im Kern bestand Samuel Fischers verlegerische Leistung darin, anspruchsvolle Texte der von ihm selbst entdeckten Gegenwartsautoren in schöner Ausstattung und zu einem günstigen Preis einem möglichst breiten Publikum anzubieten. Die zentrale Aufgabe des Verlegers sah Fischer in einer langjährigen und mindestens partnerschaftlichen, wenn nicht sogar freundschaftlichen Zusammenarbeit mit seinen Autoren. Er warb anderen Verlagen nie Autoren ab, entdeckte lieber mit großer Fortune seine Autoren selbst und war stets bestrebt, ihr Gesamtwerk zu verlegen.

Samuel Fischer überließ die Produktion seiner Bücher nicht allein den Druckereien, sondern arbeitete eng mit Graphikern zusammen, mit denen er das Erscheinungsbild seiner Produktion erarbeitete. In dieser Zeit bildete sich im Verlagswesen der Beruf des Herstellers heraus und Fischer hatte maßgeblichen Anteil daran. Er beschäftigte außerdem mit Moritz Heimann und Oskar Loerke zwei Autoren von Rang als Lektoren und sorgte so dafür, dass diese Tätigkeit aufgewertet und bald unverzichtbar wurde.

Mit Henrik Ibsen und Gerhart Hauptmann wurde S. Fischer zum publizistischen Träger des literarischen Naturalismus, die Entdeckung seines Autors Thomas Mann verschaffte dem Verlag Weltgeltung. 1929 entschied sich Samuel Fischer zu einer preiswerten Ausgabe von Thomas Manns *Buddenbrooks*, die 1901 erstmals erschienen war und sich zu einem Longseller entwickelt hatte. Zum Auftakt des Weihnachtsgeschäfts erschien das Buch in einer ungekürzten Ausgabe und einem Ganzleineneinband zum Preis von 2,85 Mark statt vorher 17 Mark. Dieser Preis war nur durch eine riesige Auflage zu erreichen. S. Fischer startete mit 150 000 Exemplaren. Um diese hohe Auflage in möglichst kurzer Zeit herzustellen, wurden mehrere Druckereien in ganz Deutschland beschäftigt – ein bis dahin völlig unbekanntes Vorgehen. Fischers riskante Unternehmung bekam wenige Tage nach der Auslieferung eine unerwartete und hochwillkommene Unterstützung aus Schweden: Thomas Mann erhielt für die *Buddenbrooks* den Literaturnobelpreis. Allein in diesem Jahr gingen 650 000 Exemplare über den Ladentisch.

Dem um 1910 einsetzenden literarischen Stil des Expressionismus standen Samuel Fischer, Eugen Diederichs, Albert Langen und Anton Kippenberg skeptisch bis ablehnend gegenüber; dessen grelle Inszenierung von Krankheit und Wahnsinn, Angst und Apokalyptik, Großstadt und Krieg, Prostitution und Rausch passten nicht in das Programm der alten Kulturverleger. Kurt Wolff, Ernst Rowohlt, Herwarth Walden und Franz Pfemfert waren die Protagonisten einer neuen Verlegergeneration, die sich vom Expressionismus beeinflussen ließen. Vor allem zwischen 1910 und 1920 gingen sie eine buchgeschichtlich einmalige Symbiose zwischen Literatur und Malerei ein. Ernst Ludwig Kirchner, Ludwig Meidner, Oskar Kokoschka, Frans Masereel, Wassily Kandinsky, Franz Marc, August Macke, Paul Klee und viele andere Maler gaben ungefähr 2300 Büchern aus über 400 Verlagen ein neues Gesicht und nahmen dadurch wie keine andere Künstlergruppe Einfluss auf die Gestaltung von Büchern.

WÄHREND der deutschen Inflation entschied der Börsenverein im September 1922, trotz der Wirtschaftskrise am gebundenen Ladenpreis festzuhalten, und errechnete eine Schlüsselzahl, mit der der reguläre Ladenpreis multipliziert werden musste. Dieser Schlüssel wurde der jeweiligen Inflationsrate angepasst. Im *Börsenblatt* vom 8. September hieß es dazu: »Die Schlüsselzahl gilt bis zur Bekanntgabe einer neuen.« Mit Wirkung vom 13. September wurde als Schlüsselzahl 60 festgesetzt. Ende des Jahres lag die Schlüsselzahl bereits bei 600, mit Wirkung vom 21. Juni 1923 wurde sie auf 6300, zum 11. September auf 6 000 000 angehoben. Auf dem Höhepunkt der Krise, am 3. Dezember 1923, betrug sie sagenhafte 1100 Milliarden. Für ein kleines Reclambändchen, das 1917 zwanzig Pfennig gekostet hatte, musste man zuletzt 330 Milliarden Papiermark bezahlen.

Während sich die Buchhandlungen und Verlage durch diese Maßnahme wenigstens einigermaßen über Wasser halten konnten, muss-

Expressionismus | Umschlag für einen Almanach
des Kurt Wolff Verlages von Frans Masereel.

ten die Autoren der rasanten Vernichtung ihrer Honorare tatenlos zu-
sehen. Die Verlage rechneten mit ihnen auch in der Inflation halb-
jährlich oder jährlich auf der Grundlage des ursprünglichen Laden-
preises, also ohne Anrechnung der Schlüsselzahl ab, so dass die aus-
bezahlten Honorare am Abrechnungstermin faktisch wertlos waren.

Die Autoren reagierten darauf – wie ihre Kollegen im 18. Jahrhundert – mit furiosen, aber wirkungslosen Polemiken. Carl Sternheim
rechnete seinem Verleger Kurt Wolff vor, dass er auf dem Hintergrund
von 20 erfolgreichen Dichterjahren nun für das ganze Jahr ein Honorar von insgesamt 0,75 Goldmark erhalten habe, und forderte ihn auf,
sich zu erschießen. Herbert Eulenberg resümierte 1924 in der *Weltbühne* die Stimmung unter der Autoren so: »Es herrscht wohl unter
sämtlichen Beteiligten keine Meinungsverschiedenheit darüber, daß

sich von allen Unternehmern in Deutschland nach dem Kriege die Verleger das Tollste an Ausbeutung geleistet haben ... Die wenigen großen Ausnahmen durchleuchten diese trübe Zeit wie ein paar Sterne eine düstere, wolkenüberjagte Novembernacht.« Im gleichen Jahr wetterte Else Lasker-Schüler in ihrer im Selbstverlag erschienenen Schrift *Ich räume auf!* gegen die ganze Branche: »Ich bin bereit, und unentwegt gehe ich gegen den verdammungswürdigsten Buchhandel vor. Ich werde die Händler aus ihren Tempeln jagen, die wir Dichter ihnen aufgerichtet haben ... Unser blauer Tempel gehört nicht einem Geldmenschen, er gehört der Menschheit ... Wir Dichter aller Künste wollen uns zusammenschließen, daß wir stark werden. Wir wollen vor die Tore unserer Ausbeuter ziehen.«

Nicht minder dramatisch entwickelte sich für die Autoren in der Weimarer Republik die Zensurpraxis. Zwar hieß es in der Weimarer Verfassung »Eine Zensur findet nicht statt«, ein Zusatz präzisierte allerdings, »doch sind zur Bekämpfung der Schund- und Schmutzliteratur ... gesetzliche Maßnahmen zulässig«. 1926 wurde das *Gesetz zur Bewahrung der Jugend vor Schund- und Schmutzschriften* verabschiedet, zu dessen Durchsetzung entsprechende Prüfstellen eingerichtet wurden. In der Praxis dienten diese gesetzlichen Grundlagen zur Unterdrückung und Verfolgung missliebiger Autoren des linken Spektrums. Die überwiegend erzkonservative Beamtenschaft der Weimarer Republik war auf dem rechten Auge blind und leitete die Zerstörung bürgerlicher Freiheiten ein, die schließlich im Nationalsozialismus vollendet wurde.

Carl Einstein wurde für sein Drama *Die schlimme Botschaft* vor Gericht gestellt, George Grosz wurde für sein »pornographisches Machwerk« *Ecce homo* zu einer Geldstrafe von 6000 Mark verurteilt. Nachdem in der *Weltbühne* am 12. März 1929 ein kritischer Artikel über die Reichswehr veröffentlicht worden war, verurteilte das Reichsgericht den Herausgeber Carl von Ossietzky wegen angeblicher Weitergabe militärischer Geheimnisse in einem nichtöffentlichen Prozess zu zweieinhalb Jahren Gefängnis. Auch Werke der bildenden Kunst gerieten ins Visier der Zensur. Gemälde von Otto Dix, Lyonel Feininger und Paul Klee verschwanden aus den Museen. Weiter wurden kritische Filme und die Aufführung moderner Kompositionen verboten. Wie ein Krake breitete sich die Zensur über das ganze Land aus.

ZU BEGINN des 20. Jahrhunderts konnten die meisten Deutschen bereits lesen und schreiben. Doch wie weit die Fähigkeit verbreitet war, sich komplexe Texte verständig anzueignen, ist nicht eindeutig klar. Heute liegt die Teilhabe an einer lebendigen Lesekultur bei höchstens 80 Prozent der Bevölkerung. Wie dem auch sei, im Gegensatz zu den vorangegangenen Jahrhunderten waren weitaus mehr Menschen aktive Leser. Davon profitierte der Buchhandel, aber vor allem die Presse. Während der Zeit der Weimarer Republik beherrschten im Großen und Ganzen zwei Unternehmen diesen Markt: der Hugenberg-Konzern und der Ullstein Verlag

Noch in seiner Zeit als Generaldirektor der Krupp-AG begann der in großbürgerlichen Verhältnissen aufgewachsene und erzkonservativ eingestellte Alfred Hugenberg (1865–1951) mit dem Aufbau seines Medienimperiums. Durch Gründung, Übernahmen und Fusionen baute er zunächst die bedeutendste Presseagentur Deutschlands auf, dann eine national agierende Anzeigenagentur. Hugenberg erwarb ein Zeitungshaus nach dem anderen, bis ihm schließlich knapp 600 Titel unterstanden, etwa die Hälfte des gesamten deutschen Blätterwaldes. 1927 übernahm der Konzern mit der Universum Film AG (UFA) auch die größte deutsche Filmgesellschaft. Als antisemitisches Sprachrohr der deutschnationalen Hochfinanz ebnete Hugenbergs Presse dem Nationalsozialismus den Weg.

Dem stand vor allem in der Hauptstadt der Ullstein Verlag gegenüber. Allein in Berlin gab der Verlag vier Tageszeitungen heraus: die *Vossische Zeitung*, die *Berliner Morgenpost*, die *BZ am Mittag* und die Abendzeitung *Tempo*. Weiter gehörten die Zeitschriften *Querschnitt* und *Uhu* sowie zahlreiche andere Periodika zu Ullstein, und auch als Buchverlag hatte sich das Unternehmen einen Namen gemacht. Von leichter Unterhaltungsliteratur bis hin zu anspruchsvoller Belletristik reichte das Programm. Mit dem Roman *Im Westen nichts Neues* von Erich Maria Remarque erzielte der Verlag 1929 den größten Bucherfolg, den Deutschland bis dahin gesehen hatte. Der Roman verkaufte sich binnen eines Jahres mehr als eine Million Mal. Das Motto der Ullsteins – fünf Brüder jüdischer Herkunft – »war politischer Liberalismus und moderne Kultur«, bemerkte Arthur Koestler in einem Rückblick. »Sie waren antimilitärisch, antichauvinistisch und im besten Sinne europäisch. Das Haus Ullstein war eine politische Macht und gleichzeitig die Verkörperung des fortschrittlichen und kosmopolitischen Geistes der Weimarer Republik.«

Wie bei Ullstein war es auch in anderen Medienkonzernen üblich, dass viele Autorinnen und Autoren die Möglichkeit bekamen, Erzählungen und Romane in den angegliederten Tageszeitungen, wöchentlich oder monatlich erscheinenden Zeitschriften zu veröffentlichen.

Das blieb natürlich nicht ohne Auswirkungen auf den traditionellen Buchhandel, denn durch die so ermöglichte massenhafte Verbreitung der Literatur war er gezwungen, seine Arbeitsweise zu ändern. Die klassische Form des Buchverkaufs, die Ansichtssendung, wurde zur Ausnahme. Die Buchhandlungen bedienten sich nun moderner Strategien von Werbung und Verkauf. Man schaltete Anzeigen und verschickte Prospekte, gestaltete die Verkaufsräume kundenfreundlicher und entdeckte das Schaufenster als werbewirksame Auslage. Mit preiswerten Buchreihen und einer Abteilung »Modernes Antiquariat«, in dem Sonderausgaben, Mängel- und Ramschexemplare sowie Remittenden angeboten wurden, sollten neue Käuferschichten in die Buchhandlungen gelockt werden. Dies war auch dringend geboten, denn der Sortimentsbuchhandel sah sich starker Konkurrenz ausgesetzt.

In den Vororten großer Städte und in der Provinz hatte sich eine Kombination aus Schreibwarenhandlung und Buchbinderei etabliert. Inzwischen war der Verlegereinband beim Buchverkauf die Regel. Der Erwerb von Buchblocks für private Einbände machte beim Buchbinder nur noch einen kleinen Teil des Umsatzes aus. Deshalb versuchten die Buchbinder, ihren Umsatz durch den Verkauf von Kalendern, Schulbüchern und anderen Brotartikeln zu steigern.

Der Bahnhofsbuchhandel war zwar schon 1854 in Heidelberg entstanden. Doch erst um die Jahrhundertwende blühte der Markt durch das Ansteigen des Nah- und Fernverkehrs auf. Der Reclam Verlag nutzte ab 1912 die Bahnhöfe, um dort seine Bücher in Automaten durch Buchhandlungen verkaufen zu lassen. Aber nicht nur dort: Insgesamt gab es fast 2000 Standorte, an denen man sich für 20 Pfennig ein Reclam-Heft ziehen konnte.

Zu einem nennenswerten Anbieter von Büchern hatte sich auch der Kaufhausbuchhandel entwickelt. Im Jahr 1899 verkaufte ein Berliner Warenhauskonzern zwar nur 8000 Exemplare von klassischen Autoren, jedoch 150 000 Bilderbücher, 120 000 Unterhaltungs-

Filialgeschäft | Reclams berühmter Buchautomat, der 1912 eingeführt wurde und nur fünf Jahre später an fast 2000 Standorten Kunden mit Büchern versorgte. Er diente dem Sortimentsbuchhandel »ohne große Anlagekapitalien und zu hohe Personalkosten« als eine Art »selbständiges Filialgeschäft«, wie es in einem Verlagsprospekt hieß.

schriften und 11 000 Kochbücher. Auch Kioske wurden zum Ort des Bücherverkaufs. Vor allem billige Romanhefte fanden dort reißenden Absatz.

Die Buchgemeinschaften erlebten während der Weimarer Republik ihre Blütezeit. Bis 1933 wurden mehr als 30 von ihnen gegründet. Zwar traten sie mit dem Anspruch auf, Bücher billiger anzubieten, die Vielzahl der Neuerscheinungen zu sichten und den Markt transparenter zu machen, doch die Auswahl der angebotenen Bücher spiegelte oft ihre weltanschauliche Position wider.

Als letzter Konkurrent des traditionellen Buchhandels ist der

Direktvertrieb der Verlage zu nennen. Diese Praxis, den Endkunden direkt zu beliefern, führte zu ständigem Ärger zwischen Buchhändlern und Verlegern.

Doch es war nicht allein die Vielfalt der Angebotsformen, die den klassischen Buchhandel in Bedrängnis brachte, sondern neue technische Entwicklungen veränderten den Markt und die Gesellschaft. Das Telefon hatte der Kommunikation eine völlig neue Dimension gegeben und das Auto die Mobilität erhöht. Das künstliche Licht hatte die Freizeitgestaltung der Menschen verändert und neue Unterhaltungsformen ermöglicht. Sechs-Tage-Rennen, Boxkämpfe, Kabarett:»Berlin ist gleichsam zu einer Stadt geworden, in der die Sonne nie untergeht«, schrieb der Journalist Isidor Kastan bereits 1919. Und schließlich traten erstmals in der Geschichte des Buches mit dem Film und dem Rundfunk zwei völlig neue Medien in Erscheinung.

All dies zusammen führte neben der politisch instabilen Lage am Ende der zwanziger Jahre zu einer tiefgreifenden Bücherkrise, die als Symptom einer allgemeinen Kulturkrise gesehen wurde. Rudolf Borchardt diagnostizierte 1929 die Auflösung der bürgerlichen Gesellschaft und Thomas Mann konstatierte 1930 resigniert:»Es heißt wohl zu viel verlangen, wenn man von einem wirtschaftlich kranken Volk ein gesundes politisches Denken fordert.« Samuel Fischer sprach von einer unheimlichen Stille auf dem Buchmarkt und fand es »sehr bezeichnend, daß das Buch augenblicklich zu den entbehrlichsten Gegenständen des täglichen Lebens gehört. Man treibt Sport, man tanzt, man verbringt die Abendstunden am Radioapparat, im Kino, man ist neben der Berufsarbeit vollkommen in Anspruch genommen und findet keine Zeit, ein Buch zu lesen.«

Doch einige Probleme waren auch hausgemacht. So veröffentlichte Carl von Ossietzky in der *Weltbühne* am 19. März 1929 seine *Ketzereien zum Büchertag*. Darin nahm er die vielfachen Nachahmungen von Remarques *Im Westen nichts Neues* zum Anlass, sich über die Verwahrlosung im Verlagswesen zu beschweren:»Der Respekt vor dem Original, vor der Einzigartigkeit einer Leistung ist dahin. Rasende Reportage, Petroleum, Kriegsromane – eben wars noch neu und eine Idee. Und gleich ist es abgegriffen, durch Dutzende von Nachahmern verkleinert und als Genre verdächtig gemacht. Erreicht ein Buch, neuartig in Form oder Motiv, in ein paar Tagen Beachtung, so heißt es gleich in soundsovielen Verlagskontoren: ›So etwas müssen wir auch haben!‹ In diesem Wort liegt das ganze Unheil des deutschen Buches beschlossen. Die Tätigkeit zahlreicher deutscher Verleger ist nicht mehr als eine geistesverlassene Doublettenzucht. Wenn einer einen Einfall hatte, leben sofort zwanzig Konkurrenten davon.« Nach weiteren kritischen Anmerkungen zum Kulturverfall der Branche endet Ossietzkys Artikel mit dieser beklemmenden Vision: Man »ahnt hinter alledem die Götterdämmerung das Heraufkommen eines neuen Barbarentums, das schrecklich aufräumen wird unter den Werten, an denen wir heute noch hängen. Dem fettgewordenen Geist steht eine harte Abmagerungskur bevor.«

Vier Jahre später, am 30. Januar 1933, ernannte der greise Reichspräsident Paul von Hindenburg Adolf Hitler zum Reichskanzler und öffnete damit einem verheerenden Staatsterror und dem Schreddern jeglicher Kultur Tür und Tor. Carl von Ossietzky wurde schon am 28. Februar 1933 verhaftet und später in verschiedene Konzentrationslager gebracht. Als er 1936 den Friedensnobelpreis erhielt, sah sich das NS-Regime gezwungen, den schwerkranken Ossietzky in das Berliner Krankenhaus Nordend zu verlegen. Die Nazis fürchteten den öffentlichen Aufschrei zu sehr, wenn der Nobelpreisträger während der im Mai stattfindenden Olympischen Spiele gestorben wäre. Letztlich erlag Ossietzky den Folgen seiner Tuberkulosekrankheit, die er sich in den Lagern zugezogen hatte.

»NICHT NUR EIN MENSCH DES BUCHES, SONDERN AUCH EIN MENSCH DES CHARAKTERS« – DER DEUTSCHE BUCHHANDEL UND SEIN BÖRSENVEREIN IM DRITTEN REICH

DER Vorstand des Börsenvereins verhielt sich nach der Machtergreifung der Nationalsozialisten zunächst vorsichtig. Die Verbandsspitze um ihren Vorsteher Friedrich Oldenbourg war zwar deutschnational, stockkonservativ und weitgehend antisemitisch eingestellt, hatte aber kein Mitglied der NSDAP in ihren Reihen. Die Führung des Börsenvereins war auf die neuen Machtverhältnisse politisch nicht vorbereitet und wartete die Wahlen vom 5. März 1933 ab. Erst als Hitlers Regierung durch den Wahlgang bestätigt wurde, begann der Börsenverein damit, sich ernsthaft mit der neuen Regierungskonstellation auseinanderzusetzen – dann handelte er allerdings schnell und gründlich.

Schon am 3. Mai 1933 erschien im *Börsenblatt* ein vom Vorstand des Börsenvereins verabschiedetes *Sofortprogramm des deutschen Buchhandels*, in dem die Erwartungen des Vorstandes an die neue Regierung formuliert wurden. Der Text beginnt mit dem Bekenntnis: »Der deutsche Buchhandel begrüßt die nationale Erhebung.« Von der neuen Regierung erwartete der Börsenverein seine Einsetzung als »Zwangsorganisation für alle Buchhändler« und eine staatliche Konzessionierung aller »buchhändlerischen Gewerbebetriebe«. Vor allem aber sollte der Markt im Interesse der im Börsenverein organisierten Sortimente bereinigt werden. Dazu forderte der Vorstand die Einschränkung der Betätigung staatlicher Einrichtungen, Gewerkschaften und Parteien im buchhändlerischen Bereich, den »Abbau« der Buchgemeinschaften, eine »sofortige und restlose Beseitigung des Bücherverlags und -vertriebs von Warenhäusern« sowie gesetzliche »Maßnahmen gegen die ungesunde und volksschädigende Ausbreitung der sogenannten modernen Leihbibliotheken«. Der Börsenverein plante also mit Hilfe der neuen Regierung, die bedeutendsten Konkurrenten des traditionellen Buchhandels auszuschalten. Als Gegenleistung für die Marktbereinigung versprach der Börsenverein: »In der Judenfrage vertraut sich der Vorstand der Führung der Reichsregierung an. Ihre Anordnungen wird er für seinen Einflußbereich ohne Vorbehalt durchführen.«

Nur zehn Tage nach dieser Anbiederung veröffentlichte das *Börsenblatt* als Sofortreaktion auf die Bücherverbrennung vom 10. Mai 1933 eine Liste mit zwölf Namen von Autoren, die »für das deutsche Ansehen als schädigend zu erachten« seien und deren Bücher vom deutschen Buchhandel nicht weiter angeboten werden sollten. Es handelte sich dabei um Autoren wie Lion Feuchtwanger, Alfred Kerr, Heinrich Mann, Kurt Tucholsky und Arnold Zweig. Diese Erklärung war wohl ein Gastgeschenk an Joseph Goebbels, der einen Tag später auf der traditionellen Kantate-Versammlung im Leipziger Buchhändlerhaus zur Branche sprach. Der Reichsminister für Volksaufklärung und Propaganda hatte am Abend der Bücherverbrennung noch verkündet: »Der kommende deutsche Mensch wird nicht nur ein Mensch des Buches, sondern auch ein Mensch des Charakters sein.« Vor den Buchhändlern und Verlegern konkretisierte Goebbels seine Auffas-

sung vom deutschen Charakter:»Diese Ideen [der neuen Regierung],
die mit dem 30. Januar 1933 zum Durchbruch kamen, sind ihrem Wesen nach antiinternational, antipazifistisch und antidemokratisch.
Sie sind ihrem Wesen nach in den Gedanken des Kampfes erhärtet, in
der Absicht, das deutsche Volk und sein Denken wieder zurückzufüh-
ren auf Rasse, Religion und Volkstum, ihrem Wesen nach auch den
Gedanken der autoritativen Persönlichkeit auf allen Gebieten des öffentlichen Lebens durchzusetzen.«

In seinem Beitrag *Der Börsenverein in den Jahren 1933 bis 1945* kommentiert Jan-Pieter Barbian die Reaktion der Zuhörer auf Goebbels'
Rede wie folgt:»Daß diese autoritäre Botschaft vom Plenum laut Pro-
tokoll mit stürmischem Beifall aufgenommen wurde, darf keineswegs
nur als Akt der Höflichkeit oder des reinen Opportunismus mißver-
standen werden. Vielmehr brachte Goebbels all jene Vorbehalte zum
Ausdruck, die während der Weimarer Republik von unterschiedlichen
Machteliten in Politik, öffentlicher Verwaltung, Wirtschaft und Geis-
tesleben gegen die pluralistische Demokratie und gegen die internationale Kultur der Moderne vorgebracht worden waren.«

Zunächst schien Friedrich Oldenbourgs Politik erfolgreich zu sein.
Im November 1933 wurde der bisher privatrechtlich verfasste Börsenverein als Körperschaft des öffentlichen Rechts in die Reichsschrifttumskammer übernommen und am 1. Dezember konnte bekanntgegeben werden, dass »für alle Gewerbetreibenden, die Bücher herstellen,
vertreiben oder verleihen«, der Börsenverein die einzige und ausschließlich zuständige Standesvertretung sei.

Oldenbourgs Widersacher, der nationalsozialistische Verleger Gustav Pezold, glaubte allerdings, dass der Vorsteher des Börsenvereins
die Situation völlig falsch einschätzte. In einem Brief am 22. Dezember schrieb er:»Von dem, was eigentlich vorgeht, hat er aber meiner
Überzeugung nach keine Ahnung, auch wenn er es jetzt glaubt.«
Gustav Pezold sollte recht behalten. In seinem Bemühen, die nationale Erhebung für eine Marktbereinigung im Interesse der Mitglieder
des Börsenvereins zu nutzen, verlor Friedrich Oldenbourg aus den
Augen, dass auch der NSDAP an einer Marktbereinigung gelegen war
– jedoch zu ihren eigenen Gunsten.

Der Konflikt zwischen Friedrich Oldenbourg und den Machteliten
der Partei brach im Frühjahr 1934 aus. Am 16. April verfügte Rudolf
Heß als Stellvertreter des Führers die Einrichtung einer parteiamtli-

chen Zensurbehörde, außerdem sollten laut Anordnung »Manuskripte, die nationalsozialistische Probleme und Stoffe zum Gegenstand haben, in erster Linie dem Zentralparteiverlag, der Eigentum der N S D A P ist, zum Verlage angeboten werden«. Friedrich Oldenbourg erkannte die wirtschaftliche Dimension dieser Bestimmung und nahm dazu in einem Brief an Heß vom 17. April 1934 Stellung: »Eine wörtliche Durchführung der Bekanntmachung würde bedeuten, daß in der Hauptsache der Verlag Franz Eher Nachf. als eine Art zentraler Staatsverlag für das politische Schrifttum überhaupt nur noch in Betracht käme.« Angesichts der sich damit »für das Gesamtgewerbe ergebenden Schädigungen« schlug der Vorsteher des Börsenvereins vor, »daß die Wahl des Verlags den Autoren freigestellt wird«.

Oldenbourg erhielt nicht nur eine harsche Absage von Rudof Heß, sondern auch ein Telegramm von Wilhelm Baur, dem jungen Leiter des Eher-Verlags. Dieser interpretierte Oldenbourgs Vorstoß »als bewußt gegnerisch gegen unseren nationalsozialistischen Zentralparteiverlag« und drohte dem Vorsteher des Börsenvereins mit seiner Abwahl auf der nächsten Mitgliederversammlung: »Wir verwahren uns dagegen, daß an der Spitze des Börsenvereins ein Mann steht, der bewußt gegen uns Front macht. Im nationalsozialistischen Staat gehört an die Spitze des Börsenvereins ein wirklicher Nationalsozialist und kein Dr. Friedrich Oldenbourg.« Tatsächlich verlor Friedrich Oldenbourg Ende Mai 1934 sein Vorsteheramt.

Nach einer kurzen Interimszeit übernahm der fanatische Nationalsozialist Wilhelm Baur am 21. September 1934 im Alter von 29 Jahren das Amt. Nach einer Phase der Selbstanpassung und der Verwandlung des Börsenvereins in einen Verband mit Zwang zur Mitgliedschaft war nun mit Wilhelm Baur die Gleichschaltung des Börsenvereins endgültig vollzogen. Gleich nach Amtsantritt machte Baur am 1. Oktober 1934 im Börsenblatt seine Position gegenüber dem Sortiment deutlich: »Wir begegnen in der Presse und im Schriftverkehr immer wieder dem Vorwurf, daß hier und da Firmen [Buchhandlungen] fortfahren, schädliche und unerwünschte Bücher anzubieten, die den Buchkäufer unnötig belasten und enttäuschen müssen. Wer volksschädliches Schrifttum vertreibt, wird sein Recht auf Berufsausübung verlieren.«

Den Verlagen gegenüber gab sich der neue Vorsteher des Börsenvereins scheinbar konziliant. Als Leiter des Eher-Verlages wolle er keinen »Staatsverlag nach russischem Vorbild errichten«, so sagte er. Der Eher-Verlag werde es sich deshalb »auch weiterhin angelegen sein lassen, als deutscher Verlag neben den übrigen Verlegern im Wettstreit mit der besten deutschen Literatur zu liegen«. Dennoch würde er sich das Recht vorbehalten, »Parteiwerke allein herauszugeben. Dieses Recht wird ihm auch niemand streitig machen können.«

Wilhelm Baur machte von diesem Recht ausgiebig Gebrauch. Durch Arisierungen, Zukäufe und Neugründungen formte er den parteieigenen Verlag zu einem riesigen Buch- und Pressekonzern. 1939 war der Zentralparteiverlag zum größten Wirtschaftsunternehmen des Deutschen Reiches aufgestiegen. Der Jahresgewinn lag bei mehr als 100 Millionen Reichsmark. Bis 1941 verkaufte der Verlag etwa 132 Millionen Bücher. Der Bestseller des Verlages war selbstverständlich Hitlers *Mein Kampf.* Im April 1940 lag die Gesamtauflage bei sechs Millionen Exemplaren. Anfang der vierziger Jahre gehörten etwa 150 Verlage mit 35 000 Beschäftigten zum Konzern, der als größter Medientrust der Welt galt. Auf dem Höhepunkt seiner wirtschaftlichen Macht kontrollierte der Verlag 82,5 Prozent aller deutschen Zeitungen. Ein erheblicher Teil dieser Umsätze ging übrigens am Sortiment vorbei. Auf der Seite des Buchhandels hatte sich ein parteiamtlicher Buchvertrieb organisiert, der verhinderte, dass sich das Sortiment im nationalsozialistischen Staat von der Buchkrise der Weimarer Zeit erholte. Auch hier profitierte die N S D A P kräftig.

Die Geschichte des Buchhandels im Dritten Reich – es verbietet sich, hier von Buchkultur zu sprechen – ist also die eines bis dahin nie dagewesenen ideologischen und ökonomischen Konzentrationsprozesses zugunsten einer politischen Partei. Diese Geschichte hängt wiederum eng mit der Geschichte der Enteignung der jüdischen Bevölkerung zusammen. Bereits 1934 wurde das größte Medienunternehmen in jüdischem Besitz, der Ullstein-Konzern, arisiert. Eine Finanzierungsgesellschaft der N S D A P übernahm den renommierten Buch- und Zeitungsverlag für ein Zehntel seines tatsächlichen Wertes.

Obwohl der Anteil jüdischer Besitzer im Sortiments- und Verlagsgeschäft bei lediglich etwa 2,5 Prozent lag, wurde der Ausschaltung jüdischer Verleger und Buchhändler nach 1933 eine perfide Aufmerksamkeit beigemessen. Wer sein Unternehmen nicht freiwillig aufgab oder verkaufte, erhielt ab Ende 1935 kurz und knapp den formellen Ausschluss aus der Reichsschrifttumskammer: »Da Sie jüdischer Ab-

stammung sind, halte ich Sie nicht für geeignet, in einem kulturver-
mittelnden Beruf tätig zu sein.« Eine Weile konnten jüdische Verlage
und Buchhandlungen noch eine Art Ghettobuchhandel betreiben.
Doch mit der Pogromnacht vom 9. auf den 10. Dezember 1938 war es
damit vorbei. Zum 31. Dezember ordnete Josef Goebbels die Einstellung jeglicher Handelstätigkeit an. Damit war das Ende aller noch
existierenden Verlage und Buchhandlungen mit jüdischer Inhaber-
schaft besiegelt. Und nicht nur das Ende der Unternehmen: Viele
Buchhändler und Verleger jüdischen Glaubens wurden in den Kon-
zentrationslagern ermordet.

»SO VIEL ANFANG WAR NIE«

NACH der bedingungslosen Kapitulation am 8. Mai 1945 konnte
endlich mit dem Wiederaufbau der am Boden liegenden Buchbranche begonnen werden. Die unter nationalsozialistischer Herrschaft angerichteten Verwüstungen waren allerdings so gewaltig,
dass es den Buchhandlungen und Verlagen sowie ihrer Branchenorga-
nisation unmöglich war, nahtlos an die Weimarer Zeit anzuknüpfen.
Dafür sorgte auch die Teilung Deutschlands in vier Besatzungszonen
und die kulturpolitische Einflussnahme der Alliierten.

In der Nachkriegszeit war die Entwicklung der Buchkultur im Westen
Deutschlands hauptsächlich von folgenden Veränderungen geprägt:
Geopolitisch betrachtet verloren Berlin und Leipzig ihre bisherige
Vormachtstellung durch den Kalten Krieg. Viele Verlage wanderten in
die Bundesrepublik ab. Medientechnisch entstand das Taschenbuch
als neue Buchform. Unter marktpolitischem Gesichtspunkt spielten
die Buchgemeinschaften eine bis dahin ungewohnt dominierende
Rolle. Betriebswirtschaftlich entdeckten die Verlage mit dem Taschenbuch und den Buchgemeinschaften neue Verwertungsmöglich-
keiten. Branchenpolitisch bedeutsam war die Neugründung des
Börsenvereins des Deutschen Buchhandels als zunächst dezentrale
Interessenvertretung der Branche. Staatspolitisch ist schließlich in
diesem Zusammenhang die Teilung des deutschen Buchmarktes als
Folge der Teilung Deutschlands hervorzuheben. Diese Entwicklungen
hatten weitreichende Folgen für die Buchkultur.

NUR WENIGE TAGE nach dem Ende des Zweiten Weltkrieges begannen die Alliierten mit der Neuordnung des deutschen Buchmarktes. Am 12. Mai 1945 wurden Herstellung und Vertrieb jeglicher Druckerzeugnisse verboten. Gleichzeitig begann die Konfiszierung nationalsozialistischer und kriegsverherrlichender Literatur in Bibliotheken und Leihbüchereien. Schließlich mussten alle Verleger und Buchhändler, die Bücher herstellen oder vertreiben wollten, eine Lizenz beantragen. Nur lizenzierte Verlage bekamen Papier und Druckkapazitäten zugeteilt. Und diese Lizenz wurde nur an Personen erteilt, die eine demokratische Gesinnung und entsprechende berufskundliche Erfahrungen nachweisen konnten.

In dieser Übergangszeit lief die Buchproduktion nur langsam an. Das Publikum aber war geistig ausgehungert, es verlangte nach Literatur, die über ein Jahrzehnt nicht legal vertrieben werden konnte. Da die Nachfrage das Angebot bei Weitem überschritt, wurde das Buch zum begehrten Schwarzmarktobjekt. »Bücher hatten einen Tauschwert«, erinnerte sich ein Zeitgenosse. »Vielleicht bekam man für einen lebensverneinenden Schopenhauer einen lebenserhaltenden Katenschinken.«

Die Abwanderung der Verlage aus der sowjetisch besetzten Zone in die der Westalliierten hatte hauptsächlich politische Gründe. Die weitflächige Zerstörung Berlins und des Leipziger Graphischen Viertels mit seinen Buchlagern und Druckereien war ein zusätzlicher Auslöser dafür. Die meisten Verlage in Berlin und Leipzig hatten dort alles verloren: Immobilien, Archive, Buchbestände. Viele der Autoren und Verlagsmitarbeiter galten als vermisst, waren in Kriegsgefangenschaft oder über ganz Deutschland verstreut. Man musste also sowieso ganz von vorne anfangen. Und es gab keinen Grund, dies unbedingt in der sowjetisch besetzten Zone zu tun. So zogen Verlage wie Brockhaus, Diederichs, Fischer, Insel, Kiepenheuer, List, Luchterhand, Meyer, Reclam, Rowohlt und Suhrkamp gen Westen.

Die Wahl des neuen Firmensitzes folgte selten strategischen Gründen. Vielmehr zogen die Verlage dorthin, wo Wohn- und Geschäftsräume zur Verfügung standen, Familienmitglieder Heimat gefunden hatten oder die Chance bestand, eine Lizenz zu erhalten. Man ließ sich in Frankfurt am Main, Hamburg, Köln, Mannheim, München, Neuwied oder Stuttgart nieder. So konnte sich in der Nachkriegszeit keine Verlagsmetropole im Westen Deutschlands herausbilden. 1958 stellte sich schließlich München an die Spitze der deutschen Verlagsstädte, gemessen an der Anzahl der verlegten Titel. München wuchs zwar zur größten Verlagsstadt Deutschlands heran, konnte aber nie den Rang einer Verlagsmetropole erreichen. Im Jahr 2006 musste die Stadt an der Isar den ersten Platz wieder an Berlin abgeben.

Am Ende des Zweiten Weltkriegs waren in den Westzonen 40 Prozent der Druck- und 60 Prozent der Bindekapazitäten zerstört, Papier eine Mangelware. Da die Presse bei der Umerziehung der deutschen Bevölkerung eine größere Rolle spielte als das Buch, wurde sie bei der Papierzuteilung mit einem Schlüssel von 60 zu 40 bevorzugt behandelt. Hier muss noch hinzugefügt werden, dass wesentlich mehr Druckkapazitäten auf Rotationsmaschinen für den Zeitungsdruck zur Verfügung standen als auf Buchdruckmaschinen.

Angesichts dieser Situation gab Heinrich Maria Ledig-Rowohlt im August 1946 eine anthologische Monatszeitschrift im halben Zeitungsformat unter dem Titel *story – Erzähler des Auslands* heraus, deren Hefte in Auflagen von 100 000 Exemplaren erschienen. Aus dieser Idee entstanden im gleichen Jahr die »Rowohlts Rotations Romane« (RoRoRo). Es handelte sich dabei um einzelne Buchtitel, die als ungebundene Zeitungsdrucke in Hunderttausender-Auflagen gedruckt wurden. Rowohlt hatte die Situation in der Druck- und Papierindustrie sowie die alliierten Umerziehungsstrategien geschickt genutzt, um ein neues Medienformat mit Massenauflagen zu erfinden.

Als Heinrich Maria Ledig-Rowohlt im Juni 1949 auf Einladung der US-Regierung nach New York reiste, um sich über den amerikanischen Taschenbuchmarkt zu informieren, war die Zeit der Rotationsromane im Zeitungsformat so gut wie vorbei. In diesem Jahr erschienen die letzten zwölf Ausgaben. Mehrere Gründe waren dafür ausschlaggebend: Die Währungsreform vom 21. Juni 1948 hatte im Zusammenhang mit dem immer größer werdenden Angebot lang entbehrter Gebrauchsgüter zu einer Veränderung des Kaufverhaltens geführt. Der erste große Hunger nach Literatur war gestillt, nun konnten auch andere Konsumbedürfnisse befriedigt werden. Diese Situation führte im Buchhandel zu einer allgemeinen Absatzkrise. Insbesondere die Rotationsromane, auf stark holzhaltigem Papier und im Zeitungsformat gedruckt, verloren ihr Publikum, das an dieser provisorischen Lösung der literarischen Versorgung keinen großen Geschmack mehr fand. Als Ledig-Rowohlt aus Amerika zurückkehrte, hatte er eine neue Idee

Kleine Medienrevolution | Anzeige im Mai 1950 für RoRoRo, die erste Taschenbuchreihe in Deutschland, die den Buchmarkt nachhaltig verändert hat.

im Kopf: das Taschenbuch – zwar aus Kosten- und Kapazitätsgründen immer noch auf Rotationsmaschinen gedruckt, aber nun mit einem Leinenrücken gebunden und im verkleinerten Buchformat hergestellt. Am 17. Juni 1950 erschienen die ersten Bände, darunter Hans Falladas *Kleiner Mann – was nun?* und *Schloß Gripsholm* von Kurt Tucholsky. Jedes Rowohlt-Taschenbuch kostete 1,50 D M und erschien in einer Auflage von 50 000 Exemplaren. Eine weitere Besonderheit dieser Idee bestand darin, in jedem Band eine Seite Werbung für Zigaretten oder Wertpapiere aufzunehmen, deren Text sich jeweils aus dem Inhalt des Buches ableitete, was dem Verlag zusätzliche Einnahmen bescherte. Rowohlts geniale Idee war eine verblüffend erfolgreiche Antwort auf die Absatzkrise, weshalb sie sofort ihre Nachahmer fand. Ab 1952 verlegte auch S. Fischer eine Taschenbuchreihe, bald folgten Goldmann, Ullstein, Knaur und andere. Das Taschenbuch versetzte nicht nur der preiswerten Leihbücherei den Todesstoß, es revolutionierte den gesamten Buchmarkt und trägt heute 35 Prozent zum Gesamtumsatz mit Büchern bei.

Der Sortimentsbuchhandel bewegte sich – wie in der Weimarer Zeit – in einem beträchtlichen Konkurrenzumfeld. Zwar neigte sich die Zeit der Leihbüchereien ihrem Ende entgegen, doch der Bahnhofsbuchhandel, die Warenhäuser und die Buchgemeinschaften schöpften einen erheblichen Teil vom Budget der Buchkäufer ab. Vor allem Letztere erlebten eine neue Blütezeit. Als bedeutendste Buchgemeinschaft entstand 1950 der Bertelsmann Lesering, der später zum Club Bertelsmann umfirmierte. In seinen besten Zeiten von 1960 bis in die Mitte der siebziger Jahre zählte er etwa 6,5 Millionen Mitglieder. Über die Hälfte von ihnen besaß lediglich einen Volksschulabschluss, nur 7 Prozent hatten Abitur. Die Leser rekrutierten sich also überwiegend aus unteren und mittleren Schichten. Zum Erfolg der Buchgemeinschaften in der Nachkriegszeit hat sicherlich der Nachholbedarf an Bildungsinhalten beigetragen. Dazu kam die Schwellenangst dieser Klientel vor dem klassischen Buchsortiment, die kompetenzversichernde Auswahl aus einem unüberschaubaren Gesamtangebot des Marktes und nicht zuletzt der im Vergleich zum festen Ladenpreis gewährte Mitglieder-Vorzugspreis für gebundene Bücher, mit deren regelmäßigem Erwerb langsam eine kleine Privatbibliothek heranwuchs. Die Mitgliedschaft wurde auch dadurch erleichtert, dass sich die großen Buchgemeinschaften der Nachkriegszeit von keiner politischen oder religiösen Idee leiten ließen, wie es in der Weimarer Republik noch der Fall war, sondern ihr Programm für eine möglichst breite Zielgruppe konzipierten.

Neben dem Club Bertelsmann existieren heute mit der Büchergilde Gutenberg und der Wissenschaftlichen Buchgesellschaft Darmstadt nur noch zwei konzernunabhängige Buchgemeinschaften. Während sich die Büchergilde an Freunde schöner Bücher wendet, gilt das Augenmerk der Wissenschaftlichen Buchgesellschaft einem akademischen Publikum.

Traditionell war in den Verlagen für die Preiskalkulation eines Buches der Absatz der Originalausgabe maßgeblich. Dies änderte sich in den fünfziger Jahren, denn durch die Buchgemeinschaften, das Taschenbuch, Vorabdrucke, Sonderausgaben, Anthologien, Schulbücher, Filme, Rundfunksendungen, Auslandslizenzen und Merchandising im Non-Book-Bereich hatten die Verlage die Möglichkeit, die Verwer-

tungskette eines Buches weiter auszubauen. Heute spielen diese Ne-
benrechte bei vielen Titeln für den Verlagsumsatz eine wichtigere
Rolle als der Verkauf der Originalausgabe.

DIE UNNÖTIGE, freiwillige und vorschnelle Anbiederung des Börsenvereins an die nationalsozialistischen Machthaber war den Siegermächten nicht verborgen geblieben. Aus diesem Grund und weil das
politische Prinzip des Föderalismus in Deutschland konsequent um-
gesetzt werden sollte, durften sich Interessenvertretungen der Verlage und Buchhandlungen nach Kriegsende zunächst nur auf Ebene
der Bundesländer konstituieren. Die Gründungsgeschichte der buchhändlerischen Standesorganisation nach dem Ende des Krieges soll
hier am Beispiel des Landes Berlin skizziert werden. Da Berlin als einziges Bundesland in Deutschland von allen vier Siegermächten be-
setzt war, ist diese Gründungsgeschichte komplizierter als in den
anderen Bundesländern verlaufen. Sie begann am 5. Mai 1946 mit der
Gründung der Deutschen Verleger- und Buchhändlervereinigung für
den britischen Sektor von Berlin. Gut drei Wochen später gründete
sich eine entsprechende Vereinigung im amerikanischen Sektor.
Nachdem am 30. August 1946 auch im russischen Sektor eine Verle-
ger- und Buchhändlervereinigung entstanden war, konzentrierten
sich alle Beteiligten auf den Zusammenschluss der bestehenden Ver-
bände unter Einbeziehung der Verlage und Buchhandlungen im französischen Sektor. So konstituierte sich schließlich am 21. November
1946 die Berliner Verleger- und Buchhändlervereinigung als Interessenvertretung aller Berliner Verlage und Buchhandlungen.

Diese Vereinigung sah sich in den ersten Nachkriegsjahren unterschiedlichen Problemen ausgesetzt, für die Lösungen gefunden werden
mussten. Beispielsweise galt es, die Buchtransporte im Interzonen-
verkehr zu organisieren oder für die Mitglieder eine bessere Einstu-
fung bei der Lebensmittelkartenausgabe zu erwirken. Ein immer wie-
derkehrendes Thema war für die Verlage die Formulierung eines
»Normal-Verlags-Vertrages«. Mitte 1947 konnte die Vereinigung zusammen mit dem Autoren-Schutzverband eine Vertragsbasis aushandeln.
Ferner führte man Verhandlungen mit dem Ziel der Beschaffung von
ehemaligen Pulverkisten, die als Transportverpackung eingesetzt
werden sollten. Doch nicht nur die Verpackungen waren ein großes

Problem, sondern viel schwerwiegender war die Entscheidung zahlreicher westdeutscher Verlage, den Berliner Buchhandel überhaupt nicht mit Büchern zu beliefern. »Es sei allgemein zu beobachten gewesen, daß man den deutschen Osten einschließlich Berlin abgeschrieben habe, was auch aus der Unterhaltung mit einem namhaften Verleger hervorgegangen sei. Für die Schwierigkeiten, die in Berlin beständen, fehle jedes Verständnis«, berichteten zwei Berliner Delegierte, die 1946 auf einer Verlegertagung in Hannover zu Gast waren. Tatsächlich wurden »innerhalb eines Jahres [vermutlich 1947] Bücher im Wert von RM 3,5 Millionen von Berliner Verlagen in den Westen verkauft, hingegen [fanden] nur Bücher für RM 170 000 ihren Weg nach Berlin«.

Ein zentrales Ereignis für die Berliner Vereinigung war die Deutsche Buchausstellung unter dem Motto »Das Neue Buch« vom 7. Juni bis zum 20. Juni 1947 im Schloss Charlottenburg. Diese Ausstellung gilt als Vorläuferin der zwei Jahre später ins Leben gerufenen Frankfurter Buchmesse. Ein von Andreas Wolff zusammengestellter Katalog der Neuerscheinungen 1945–1947 verzeichnete an die 6000 Buchtitel, darunter etwa 1500 belletristische Werke aus 400 Verlagen. Damit hatten sich fast 65 Prozent aller zu diesem Zeitpunkt in Deutschland zugelassenen Verlage beteiligt. 800 Titel kamen sogar direkt aus Berlin. In einem Artikel zu diesem Katalog schrieb Peter Suhrkamp: »Der Überblick über das bisher Fertiggewordene zeigt, daß überall gehörige Anstrengungen gemacht worden sind. Hinter dem, was ausgestellt ist, liegt verborgen der Ringkampf in einer völlig zertrümmerten Welt.«

Die Berliner Vereinigung versuchte, Berlin zum Zentrum des buchhändlerischen Verbandswesens in Deutschland zu entwickeln. Zu diesem Zweck organisierte sie parallel zur Buchausstellung eine erste Konferenz der Vorstände der Buchhandelsorganisationen nach dem Krieg. Deren wichtigsten Entschluss veröffentlichte das *Börsenblatt*: »Von den Vertretern aller Organisationen wurde die Notwendigkeit betont, eine Stelle zu schaffen, die berechtigt ist, im Namen des gesamten Buchhandels zu sprechen und die dafür Sorge trägt, daß die Maßnahmen der einzelnen Landesverbände aufeinander abgestimmt werden. Es wurde der Beschluß gefaßt, einen Koordinierungsausschuß einzusetzen, dessen Federführung bei der Berliner Verleger- und Buchhändlervereinigung liegt. Dieser einstimmig gefaßte Entschluß ist für den gesamten deutschen Buchhandel von größter Bedeutung.«

Eine zweite Konferenz der Vorstände, zu der bereits eingeladen war, musste wegen der Berliner Blockade kurzfristig abgesagt werden. So verhinderte die politische Großwetterlage eine Neugründung des Börsenvereins in Berlin. Unter dem Druck der Verhältnisse vereinigten sich die Landesverbände im Blockadejahr 1948 stattdessen in Frankfurt am Main zum Börsenverein Deutscher Verleger- und Buchhändlerverbände.

»AUFERSTANDEN AUS RUINEN«
– DIE BUCHKULTUR IN DER DDR

WÄHREND die in der Mitte des 16. Jahrhunderts begonnene konfessionelle Teilung des deutschen Buchmarktes etwa 200 Jahre andauerte, währte die politische Teilung des deutschen Buchmarktes genau 45 Jahre, nämlich von 1945 bis zur deutschen Wiedervereinigung am 3. Oktober 1990. Obwohl es sich hierbei um eine relativ kurze Zeitspanne handelt, hatte sie für die Buchkultur in Deutschland weitreichende Folgen. Leider sind bis heute keine umfangreichen, wissenschaftlich fundierten Monographien über die Geschichte der Buchkultur in der DDR veröffentlicht worden. Einzig zur Geschichte der DDR-Verlage ist im Frühjahr 2009 die ungemein gut lesbare Dissertation des Verlegers Christoph Links unter dem Titel *Das Schicksal der DDR-Verlage* erschienen.

Die ersten drei Verlagslizenzen in der sowjetischen Besatzungszone wurden im Juli und August 1945 in Berlin an die Neugründungen Dietz, Aufbau und Volk & Wissen verliehen. Der Dietz-Verlag publizierte politische Schriften und gehörte zur KPD, Aufbau verlegte schöngeistige Bücher und befand sich im Besitz des Kulturbundes, und Volk & Wissen war ein staatseigener Verlag, der Schulbücher herausbrachte. Bis zur Staatsgründung der DDR am 30. Mai 1949 erhielten insgesamt 160 Verlage eine Lizenz. Wie schon erwähnt, wanderten viele Traditionsverlage aus Berlin und Leipzig in den Westen Deutschlands ab. Einige dieser alten, renommierten Firmen wurden nach 1946 verstaatlicht. Dies geschah teils vor ihrer Übersiedlung in den Westen, in manchen Fällen sogar danach, und führte zu einer Reihe namensgleicher Doppelexistenzen in Ost und West: Brockhaus, Reclam, Insel und viele andere mehr.

Zwischen 1963 und 1965 kam es zu einer Konzentrationsbewegung im Verlagswesen der DDR, in deren Folge sich durch Fusionen, die Bildung von Verlagsgruppen und eine Ausschaltung mehrerer Privatverlage die Gesamtzahl der Verlage auf 78 Unternehmen reduzierte. Diese 78 existierten bis zum Ende der DDR. Sehr aufschlussreich sind die Eigentumsverhältnisse an den Verlagen, ihre Gewinne und Titelproduktionen. Etwa die Hälfte aller DDR-Verlage befand sich in staatlichem Besitz, rund 40 Prozent gehörten Parteien und Organisationen. Die restlichen Verlage verblieben mit staatlicher Beteiligung oder unter staatlicher Verwaltung formal in Privatbesitz. Zum Besitz der SED gehörten mit den Verlagen Kinderbuch, Aufbau, Dietz und Neues Leben – abgesehen vom Schulbuchverlag Volk & Wissen – die vier größten DDR-Verlage gemessen an der Anzahl der von ihnen produzierten Titel. Im Vorwendejahr 1988 erschienen im Kinderbuchverlag 472 Titel, bei Aufbau 301, Dietz 300 und Neues Leben 291. Im größten Verlag der DDR, bei Volk & Wissen, wurden im gleichen Zeitraum 500 Bücher verlegt. Insgesamt gehörten der SED 23 Verlage, die 1985 einen Gewinn von 36,5 Millionen Mark erwirtschafteten. Die durch fehlende Konkurrenz, hohe Durchschnittsauflagen und viele andere Faktoren erzielte hohe Rentabilität der Verlage war zwar erfreulich, nutzte ihnen aber nichts, da die Gewinne an die Partei abgeführt werden mussten. Gleiches galt übrigens für die Staats- und Organisationsverlage, beispielsweise für den Verlag Tribüne des Freien Deutschen Gewerkschaftsbundes, den Verlag Junge Welt der Freien Deutschen Jugend und den Union Verlag der CDU.

Die Verlagslandschaft in der DDR war aufgrund ihrer geringen Verlagsanzahl und der beiden Zentren Berlin und Leipzig sehr übersichtlich. Dies erleichterte die Arbeit der Zensoren ungemein. Die Zensur in der DDR begann schon mit der Einschränkung des Marktzugangs durch die Lizenzierungspraxis. Während die Erteilung von Lizenzen in den westlichen Besatzungszonen bereits 1949 abgeschafft wurde, galt eine entsprechende Verordnung in der DDR bis zum 15. Januar 1990. In der DDR war – im Gegensatz zur Bundesrepublik – neben der Verlagslizenz für jedes einzelne Buch eine Druckgenehmigung einzuholen. Da zur Erlangung dieser Genehmigung das Manuskript zur Prüfung eingereicht werden musste – die Instanzen dazu wechselten im Lauf der Jahre mehrfach –, kommt man nicht umhin von einer systematischen Vorzensur in der DDR zu sprechen.

Die gesamte Literaturpolitik der DDR wurde von einer Mega-
behörde gesteuert, der Hauptverwaltung Verlage und Buchhandel im
Ministerium für Kultur. Sie war die ökonomische und kulturelle Plan-
und Schaltzentrale für die lizenzierten Buchverlage und deren zentrale Auslieferung (Leipziger Kommissions- und Großbuchhandelsge-
sellschaft). Die Hauptverwaltung administrierte außerdem die über
700 Filialen des Volksbuchhandels, den Buchaußenhandel, das zen-
tralisierte Antiquariatswesen und die Bibliotheken des Landes. Die
Buchhandlungen und Verlage waren zwar im Börsenverein der Deutschen Buchhändler zu Leipzig organisiert, hatten sich aber nach den
Anweisungen der Hauptverwaltung zu richten. Ein Verteilungsschlüs-
sel der Hauptverwaltung regelte auch den Vertrieb der Neuerscheinungen. 69 Prozent aller Exemplare gingen an den Volksbuchhandel,
der private Buchhandel musste sich mit 7 Prozent des Kontingents
zufriedengeben. Die restlichen 24 Prozent einer Auflage gingen in den
Buchexport und in die Partei- und Armeebuchhandlungen.

Trotz aller politischen und weltanschaulichen Differenzen haben
westdeutsche und ostdeutsche Verlage auf vielfältige Weise miteinander kooperiert. Ein reger Lizenzhandel und gemeinsame Herausgabe-
projekte beförderten neben den ökonomischen auch die kulturellen
Beziehungen zwischen den beiden deutschen Staaten. Hier sei nur an
die große kommentierte Berliner und Frankfurter Ausgabe der Werke
Bertolt Brechts erinnert, an der Aufbau und Suhrkamp zusammenar-
beiteten.

Die Leipziger Buchmesse war eine der bedeutendsten Drehschei-
ben dieser Handelsbeziehungen. Bis 1973 fand die Messe traditionell
zweimal jährlich, im Frühjahr und Herbst statt, danach nur noch im
Frühjahr. Nach wendebedingten Turbulenzen hat sich die Leipziger
Buchmesse erfolgreich als große Publikumsmesse und Treffpunkt der
Branche im Frühjahr neben ihrer Frankfurter Schwester etabliert. Die
erbitterten ökonomischen und ideologischen Konkurrenzkämpfe der
beiden Messestädte gehören der Vergangenheit an. Mit ihren fast
2000 Lesungen an vier Messetagen nimmt die Leipziger Buchmesse
inzwischen weltweit eine Alleinstellung ein.

Die Wende markierte für die Buchwirtschaft der DDR eine tiefe
Zäsur – das staatliche Monopol wurde in allen Bereichen aufgelöst.
Die Privatisierung des Buchhandels ging unterschiedlich vonstatten.
Während in Ostberlin und Brandenburg die meisten Buchhandlungen

an ihre jeweiligen Buchhandelsleiter veräußert wurden, ging der gesamte Volksbuchhandel in Sachsen an einen Investor aus dem Westen. Insgesamt muss festgestellt werden, dass der Buchhandel im Osten Deutschlands heute klar von westlichen Firmen dominiert wird. Das gilt nicht für die Anzahl der Buchhandlungen, wohl aber für die Gesamtverkaufsfläche und die Umsätze.

Die Privatisierung der Verlage wiederum war ein regelrechtes Desaster. Christoph Links hat in *Das Schicksal der DDR-Verlage* die Geschichte dieses Scheiterns ausführlich dokumentiert. Ungünstig war schon die Ausgangslage, in der sich die DDR-Verlage nach der Wende befanden. In den meisten Fällen verfügten sie über kein abgesichertes Eigentum an ihren Verlagsgebäuden, waren technisch unzureichend ausgestattet und hinzu kam, dass ein Großteil ihrer Verlagsrechte über Nacht faktisch wertlos wurde. Dies lag einerseits daran, dass die von den Westverlagen erworbenen Lizenzen mit dem Ende der staatlichen Selbständigkeit der DDR ihre Rechtsgrundlage verloren, andererseits fanden die Originalausgaben der DDR-Verlage im Westen kaum Käufer. Nicht einmal die Buchhandlungen im Osten schienen sich noch für die Programme dieser Verlage zu interessieren, als sie plötzlich mit den lange entbehrten Büchern aus Westverlagen förmlich überschwemmt wurden. Dann rächte sich die Tatsache, dass die DDR-Verlage ihre Gewinne immer an ihre Besitzer abgeführt hatten – so standen ihnen nach der Wende kaum liquide Mittel für einen Neustart zur Verfügung. Weiterhin machte sich bemerkbar, dass die DDR-Verlage über so gut wie keine Backlist, also keine verkaufsfähigen Altbestände verfügten und sich dadurch gezwungen sahen, überdurchschnittlich viel Geld in Neuerscheinungen zu investieren. Weiterhin hatte die Monopolisierung im Verlagswesen der DDR die Entwicklung jeglicher Kompetenz in Fragen des Vertriebs und der Werbung verhindert, und auch kaufmännisches Denken war nur rudimentär vorhanden. Dazu kam als Hauptproblem die Politik der Treuhandanstalt, die mit der Privatisierung der DDR-Verlage beauftragt worden war. Unter ihrem Präsidenten Detlev Karsten Rohwedder verfolgte die Treuhandanstalt ursprünglich das Ziel, möglichst viel von der kulturellen Substanz Ostdeutschlands zu erhalten. Nach seiner Ermordung im April 1991 und der Übernahme der Geschäfte durch Birgit Breuel änderte sich die Zielsetzung der Privatisierungspolitik. Im Vordergrund stand nun nicht mehr die Sanierung der Unternehmen, sondern deren zügiger Verkauf. Mit diesen Altlasten im Gepäck konnte eine erfolgreiche Privatisierung der DDR-Verlage nicht gelingen. Die Bilanzierung dieses Prozesses fällt bei Christoph Links ernüchternd aus:»Im gesamtdeutschen Vergleich ist die Wirtschaftskraft der ostdeutschen Verlage eher zu vernachlässigen. Am Gesamtumsatz der deutschen Buchbranche von 10,7 Mrd. € waren Firmen aus den neuen Bundesländern (ohne Berlin) 2006 mit nur 0,9 % beteiligt, Berlin mit 5,6 %.« Man möchte noch hinzufügen, dass kein einziger DDR-Verlag es geschafft hat, die Wende ohne fremde Hilfe zu überstehen.

Aber auch Westberlin blieb von den Turbulenzen der Wende nicht verschont. Obgleich die folgende, skurrile Geschichte im Grunde nichts mehr als eine historische Petitesse ist, hat sie damals in Westberlin die Wogen hochschlagen lassen. Für Unmut sorgte nämlich bei Westberliner Buchhändlern die Tatsache, dass viele westdeutsche Verlage direkt nach der Wende begannen, die Buchhandlungen in Ostberlin mit Büchern zu beliefern, um ihre Programme bekanntzumachen. Die Lieferungen erfolgten in der Regel zum Umrechnungskurs 1:1. Der Buchhändler erhielt also beispielsweise ein Buch im Wert von 100 DM (Deutsche Mark West) und zahlte dafür nach Abzug seiner Handelsspanne an den Verlag 60 M (Mark der DDR). Sein Endkunde musste für das Buch 98 M bezahlen. So weit so gut. Nur war der Kurs der DDR-Mark Anfang 1990 auf 1:20 gefallen. Und dieser Kurs galt bis zur Wirtschafts-, Währungs- und Sozialunion am 1. Juli 1990, an dem die DM in Deutschland zum einzigen Zahlungsmittel wurde. Bis dahin konnte also jeder eine Westberliner Bank aufsuchen, dort 5 DM in 100 M eintauschen und damit nach Berlin Mitte fahren, um besagtes Buch zu erstehen. So preiswert war man noch nie an Bücher herangekommen. Es hat in dieser Zeit sogar einige Buchhändler in Westberlin gegeben, die auf diesem Weg bei den Ostberliner Kollegen für ihre Lager eingekauft haben.

—⊸

DIE NEUORGANISATION des Börsenvereins nach der Wende ist zwar weitaus mehr als eine historische Fußnote, sie soll aber dennoch hier nur kurz erwähnt werden. Bereits zum 1. Januar 1991 fusionierte der Börsenverein der Buchhändler zu Leipzig mit dem Börsenverein des Deutschen Buchhandels. Hauptsitz des neuen Verbandes wurde Frankfurt am Main.

Zum gleichen Zeitpunkt änderte die Berliner Verleger- und Buchhändlervereinigung, die eine Westberliner Vereinigung war, ihre Satzung dahingehend, dass auch Buchhandlungen und Verlage aus Ostberlin und Brandenburg in ihr Mitglied werden konnten. Sie änderte ihren Namen in Verband der Verlage und Buchhandlungen Berlin-Brandenburg e. V. und heißt heute Börsenverein des Deutschen Buchhandels Landesverband Berlin-Brandenburg e. V. Bereits am 25. Oktober 1990 hatte sich in Leipzig ein buchhändlerischer Landesverband gegründet, der die Bundesländer Sachsen, Sachsen-Anhalt und Thüringen abdeckte, also keine Fusion mit einem westlichen Bundesland eingegangen war. Zum 1. Januar 1992 taten sich schließlich der westliche und der östliche Norden Deutschlands nach berlin-brandenburgischem Vorbild zu einem gemeinsamen Verband zusammen. Damit war die verbandliche Neuorganisation des Börsenvereins auf Bundes- und Landesebene gut zwei Jahre nach dem Fall der Mauer abgeschlossen.

»KLAU MICH«: 1968

IN den sechziger Jahren artikulierte sich bei der Nachkriegsgeneration ein Unbehagen über die mangelnde Aufarbeitung der NS-Vergangenheit und die konsumorientierte Grundhaltung einer Gesellschaft, die im Kalten Krieg und in der Zeit des Wirtschaftswunders ihre im Grundgesetz verankerten Ideale des Neubeginns verloren hatte. Über den Aufbruch in eine demokratisch offene Gesellschaft hatte sich ein Mehltau von kleinbürgerlicher Moral, intellektueller Müdigkeit und politischem Opportunismus gelegt. Eine Reihe von innen- und außenpolitischen Ereignissen führte zur Radikalisierung eines zunächst nur rumorenden Protestes: Die Spiegel-Affäre von 1962, der Eintritt Amerikas in den Vietnam-Krieg 1965 und die Verabschiedung der Notstandsgesetze im Mai 1968 führten vor allem im studentischen Milieu zu einer raschen Politisierung des gefühlten Unbehagens. Zeitgleich mit der Studentenrevolte entstand eine Jugendbewegung, die mit dem ästhetischen Mainstream brach und sich in Musik, Mode und nahezu allen Verkehrsformen radikal von der Elterngeneration absetzte. Insbesondere junge Frauen begehrten gegen die muffigen Familienklischees der Ära Adenauer auf – man rufe sich nur ins Gedächtnis, dass Frauen für eine berufliche Tätigkeit und zur Führung eines eigenen Bankkontos die Einwilligung ihres Ehemannes benötigten.

Diese Protestbewegung entwickelte mit ihren Untergrundzeitschriften, Plakaten, alternativen Kleinverlagen und Buchhandlungen sowie einer neuen typographischen und graphischen Ästhetik eine eigene Buchkultur, die sich von dem als bürgerlich gebrandmarkten Buchmarkt absetzte. Da in den späten sechziger Jahren eine Reihe von Büchern von Autoren wie Theodor W. Adorno, Max Horkheimer, Rosa Luxemburg oder Wilhelm Reich nicht lieferbar waren, lag es nahe, diese in subversiven Druckereien als Raubdrucke oder proletarische Reprints preiswert zu produzieren und in Kneipen, Universitäten sowie über andere alternative Kanäle zu verbreiten. Denn diese Schriften spielten für das Selbstverständnis und den politischen Ansatz der Neuen Linken eine entscheidende Rolle.

Die sogenannten bürgerlichen Verlage erkannten allerdings sehr schnell das Marktpotential dieser kritischen Gegenöffentlichkeit und reagierten mit entsprechenden Programmangeboten. Während Rowohlt noch 1966 die harmlose Taschenbuchreihe *Koche froh mit RoRoRo* startete, erschienen bald in der Reihe *Rowohlt Aktuell* Taschenbücher mit großer Breitenwirkung, die die gesellschaftlich-politischen Konflikte der Zeit thematisierten – so der 1968 von Rudi Dutschke mit herausgegebene Spitzentitel *Rebellion der Studenten oder Die neue Opposition.* Einen sensationellen Bestseller landete Rowohlt 1969 mit dem Buch *Theorie und Praxis der antiautoritären Erziehung – Das Beispiel Summerhill* von A. S. Neill, das in keinem linken Haushalt fehlen durfte. Aber auch der Suhrkamp Verlag stellte sich auf die neue Zielgruppe ein. Zwar wurde der Begriff der Suhrkamp-Kultur erst 1973 geprägt, doch sind die spektralfarbenen Bände der *edition suhrkamp,* in der die wichtigsten ästhetischen Texte der sechziger und siebziger Jahre erschienen, aus dieser Zeit nicht wegzudenken.

Nachdem in den großen Publikumsverlagen zahllose Titel zur Protest- und Frauenbewegung und sogar zur linken Sub- und Drogenkultur erschienen waren und sich Anfang der siebziger Jahre eine neue Innerlichkeit auszubreiten begann, setzte in der Raubdruckerszene, die inzwischen erhebliche Kapazitäten aufgebaut hatte, eine Produktionskrise ein. Das breite Angebot an linker Literatur bedrohte ihre Produktionsbasis. Deshalb kam sie auf die Idee, sich auf den Nachdruck von Bestsellern zu verlegen. Dabei wurde gern der in linken

Kreisen beliebte Philosoph Georg Wilhelm Friedrich Hegel bemüht. Hegel hatte zwar in seinen *Grundlinien der Philosophie des Rechts* von 1821 festgestellt, dass »durch den Verkauf eines Buches nur das einzelne Exemplar überlassen wird, nicht [aber] die Möglichkeit der Vervielfältigung desselben«. Er hat sich aber auch mit dem Prinzip der Verjährung beschäftigt und dazu ausgeführt, dass Bücher durch den Tod des Autors herrenlos werden könnten und man daher durch Verjährung ein Vertriebsrecht an geistigen Schöpfungen erwerben könne. Mit diesem völlig aus dem Zusammenhang gerissenen Gedanken und unter dem Deckmantel eines Kampfes gegen die kapitalistischen Buchkonzerne begann man mit dem völlig politikfernen Nachdruck von Michael Endes *Momo* und anderen Titeln der Sellerlisten – deren Autoren übrigens noch lebten. Der wirtschaftlich motivierte Paradigmenwechsel, der nur von Teilen der linken Szene mitgetragen wurde, brachte den Börsenverein des Deutschen Buchhandels dazu, dem Raubdruck den Kampf anzusagen und mit juristischen Mitteln die urheberrechtlichen Interessen seiner Mitglieder durchzusetzen. Nach zahlreichen Beschlagnahmeaktionen und Prozessen gelang es schließlich im Laufe der siebziger Jahre, dem Raubdruckerunwesen ein Ende zu bereiten.

VOM KULTURVERLEGER ZUM CONTENT PROVIDER, VON DER BÜCHERSTUBE ZUM BUCHKAUFHAUS

DER am Anfang des 20. Jahrhunderts in Erscheinung getretene Kulturverleger betrat nach dem Ende des Zweiten Weltkriegs noch einmal kurz die Bühne des Verlagswesens. Mit Peter Suhrkamp, Ernst Rowohlt und Heinrich Maria Ledig-Rowohlt, Kurt Desch, Reinhard Piper, Gottfried Bermann Fischer, Eugen Claassen und anderen erhielten solche Persönlichkeiten eine Verlagslizenz, denen es nach den Erfahrungen des Faschismus nicht nur darum ging, ihre Zukunft ökonomisch zu sichern, sondern auch darum, Autoren zu entdecken und Programme zu entwickeln, die eine neue kulturelle Vielfalt in Deutschland begründen konnten. Doch die Veränderung des Kaufverhaltens nach der Währungsreform, die rasante Entwicklung des deutschen Wirtschaftswunders und die wachsende Konkurrenz auf dem Buchmarkt führten neben vielen anderen Faktoren dazu, dass 1955 bereits ein Drittel der bis zur Währungsreform lizenzierten Verlage vom Markt verschwunden waren.

Zwischen 1951 und 1970 stieg die Anzahl der Neuerscheinungen von gut 14 000 auf jährlich über 45 000 Titel an, die Anzahl der Buchverlage auf fast 2000. Heute werden jährlich etwa 60 000 Neuerscheinungen verlegt, ein überwiegender Teil davon in den 1800 im Börsenverein organisierten Verlagen. In den größeren Verlagen haben inzwischen angestellte Manager auf den Chefsesseln Platz genommen; die Zeit der Verlagspatriarchen gehört der Vergangenheit an. Die berufliche Spezialisierung in den Verlagen ist in den letzten Jahrzehnten stark vorangeschritten. In den Abteilungen Lektorat, Vertrieb, Marketing, Presse, Veranstaltungen, Lizenzen, Herstellung, Finanzen, Personal und Verwaltung hat Fachpersonal die Verantwortung übernommen. Die Beziehung der Autoren zu ihren Verlagen verschob sich von der Verlagsleitung hin zum Lektorat.

Die letzten Jahrzehnte sind vor allem durch die Entwicklung der Massenmedien im Funk- und Printbereich, die Globalisierung der Verlagswirtschaft, die nationale und internationale Konzentration im Verlagswesen sowie durch die Digitalisierung zunächst der herstellerischen Prozesse und schließlich auch der Inhalte gekennzeichnet.

Die ständig wachsende Titelflut und die immer kürzere Verweildauer der Neuerscheinungen im Buchhandel und der Hype um die Massenmedien hat die Verlage dazu getrieben, ihre Werbeetats auf wenige Spitzentitel zu konzentrieren. Bei diesen Titeln geht es darum, die schon angesprochenen Verwertungsstufen möglichst vollständig zu durchlaufen, um den erwarteten Ertrag zu erwirtschaften. In Amerika redet man deshalb heute vom Verlagswesen als einer »Content industry«, deren Ziel ein »Full-line-publishing« ist. Darauf haben sich die globalisierten Verlagskonzerne auch strukturell eingestellt. Sie bestehen in der Regel nicht mehr nur aus einem klassischen Buchverlag, sondern zu ihnen gehören meist Taschenbuch-, Hörbuch-, Zeitschriften- und Zeitungsverlage, Buchhandelsketten, Buchclubs, Rundfunk- und Fernsehsender sowie Internetfirmen oder Musiklabel.

In Deutschland agieren hauptsächlich fünf Buch- und Medienkonzerne nach diesem Prinzip. Drei davon befinden sich in einheimischem Besitz. Deutschlands größter Buchverlag ist Springer Science + Business Media, ein Wissenschaftsverlag der sich seit 2003 im Besitz der britischen Finanzinvestoren Cinven und Candover befindet, und nicht zu verwechseln ist mit dem Axel Springer Zeitungsverlag. Bis auf Südamerika und Australien ist das Unternehmen auf allen übrigen Kontinenten mit eigenen Firmen und Beteiligungen vertreten. Dem schwedischen Medienkonzern Bonnier gehören in Deutschland unter anderem die Verlage Carlsen, Piper und die Ullstein-Buchverlage. Zur Bertelsmann AG zählen unter dem Firmendach Random House allein in Deutschland fast 40 Verlage. Mit insgesamt 190 Verlagen ist Random House die größte Verlagsgruppe von Publikumsverlagen weltweit. Die Bertelsmann AG ist ferner mit großer Mehrheit an der RTL-Gruppe und dem Verlagshaus Gruner + Jahr beteiligt. In der Holtzbrinck-Gruppe finden wir in Deutschland unter anderem die Verlage Rowohlt, S. Fischer und Kiepenheuer & Witsch. Ferner gehören zu ihr Zeitschriften und Zeitungen (*Die Zeit*, *Der Tagesspiegel*, die Verlagsgruppe *Handelsblatt*) sowie zahlreiche elektronische Medien- und Serviceunternehmen. Die Weltbild-Gruppe vereint schließlich neben dem gleichnamigen Versandhandel die Buchhandelsketten Jokers, Wohlthat und Weltbild Plus. Außerdem ist sie am Verlag Droemer Knaur und der Buchhandelskette Hugendubel beteiligt. An diesem kurzen Überblick wird deutlich, dass die großen Verlags- und Buchhandelskonzerne längst über ihren Ursprung hinausgewachsen sind und sich zu spartenübergreifenden Medienkonzernen entwickelt haben.

Dennoch kann in Deutschland von einer vielfältigen und lebendigen Verlagslandschaft gesprochen werden, denn neben den genannten Konzernverlagen existieren zahlreiche unabhängige Verlage von großer kultureller und wirtschaftlicher Bedeutung: Suhrkamp, Hanser, Berlin-Verlag, Aufbau, Reclam, Lübbe, Hoffman & Campe, Klett, Cornelsen, Beck, Deutscher Taschenbuch Verlag, um hier nur einige Namen aus dem Bereich der Publikums- und Schulbuchverlage zu nennen. Darüber hinaus wird die deutsche Verlagslandschaft von einer Vielzahl mittlerer und kleiner Verlage bestimmt, denen es manchmal sogar gelingt, die Großen (und sich selbst) durch Bestsellererfolge zu überraschen. Zu den Letzteren gehören beispielsweise die Hamburger Edition Nautilus (Anna Maria Schenkel: *Tannöd*), der Klaus Wagenbach Verlag (Alan Bennett: *Die souveräne Leserin*) und :Transit (Maria Barbal: *Wie ein Stein im Geröll*).

BESTSELLER und hohe Auflagen sind auf den ersten Blick für alle Beteiligten – Autoren, Verlage und Buchhändler – ein Segen. Im März 2004 erschreckte die *Süddeutsche Zeitung* jedoch den gesamten Buchmarkt mit der Edition *50 große Romane des 20. Jahrhunderts.* Die Bücher waren sorgfältig gedruckt, fest gebunden und kosteten weniger als die zum Teil noch lieferbaren Taschenbücher des gleichen Titels. Die Idee zu dieser überaus erfolgreichen Aktion stammte aus Italien, wo die römische Tageszeitung *La Repubblica* nach einem ähnlichen Strickmuster innerhalb eines Jahres 25 Millionen Bücher verkauft hatte. Zwar konnte die *Süddeutsche* diesen Verkaufserfolg nicht erzielen, doch ihre auch im Buchhandel erhältlichen Titel fanden so großen Zuspruch beim Publikum, dass eine inzwischen kaum noch überschaubare Anzahl von Büchern, CDs und DVDs in verschiedenen Reihen und von verschiedenen Tageszeitungen auf den Markt gebracht wurden. Die Buchverlage, also die Inhaber der Rechte, sehen diese Marktentwicklung mit einem lachenden und einem weinenden Auge. Einerseits schmälert sich durch solche Aktionen der Absatz ihrer lieferbaren Titel, andererseits aber werden auf diesem Weg Verkaufszahlen erreicht, die auf normalem Weg nicht erzielt worden wären – und am Vertriebsergebnis sind die Buchverlage als Lizenzgeber nicht unwesentlich beteiligt.

EINE WICHTIGE ENTWICKLUNG für Autoren und Verlage zeichnete sich 1995 ab, als die Übersetzerin Karin Graf in Berlin die literarische Agentur Graf & Graf gründete und damit ein Geschäftsmodell in Deutschland einführte, das im angloamerikanischen Buchmarkt auf eine lange Tradition zurückblicken kann. In England wurde bereits 1875 die erste Agentur für Autoren ins Leben gerufen. Agenturen handeln im Auftrag und im Interesse der Autoren mit den Verlagen die Vertragskonditionen aus und erhalten dafür von den Autoren eine Provision aus allen Umsätzen, die den Autoren aus dem Vertrag zufließen. Diese beträgt 15 Prozent des Autorenhonorars.

Während es in England und Amerika seit vielen Jahrzehnten üblich ist, sich als Autor durch eine Agentur vertreten zu lassen, handelten Agenturen im deutschsprachigen Raum bis 1995 fast ausschließlich mit Lizenzrechten ausländischer Autoren, deren Bücher sie an deutsche Verlage verkauften. Mit der Agentur Graf & Graf setzte eine Welle von Agenturgründungen in Deutschland ein, die nach englischem und amerikanischem Vorbild Autoren im eigenen Land verpflichteten, um deren Bücher deutschen Verlagen anzubieten. In dieser Zeit war der Buchmarkt sehr überheizt, eine Verlagsfusion folgte der anderen und man zahlte für erfolgversprechende Titel abnorm hohe Summen – es war also ein günstiger Moment. Inzwischen hat sich der Markt beruhigt und die meisten Verlage haben sich an die Zusammenarbeit mit literarischen Agenturen gewöhnt.

ÄHNLICH wie die Verlage hat sich der Buchhandel in den letzten Jahrzehnten grundsätzlich gewandelt. Auch hier heißt das Stichwort, das die Entwicklung charakterisiert: Marktkonzentration. Den entscheidenden Anstoß dafür gab Heinrich Hugendubel, der 1979 am Münchner Marienplatz das erste Buchkaufhaus in Deutschland eröffnete und in den folgenden Jahren zielstrebig die Expansion seines Unternehmens vorantrieb. Inzwischen wird die Buchhandelslandschaft in Deutschland von wenigen Filialunternehmen dominiert.

Im deutschen Sortimentsbuchhandel, Warenhäuser ausgenommen, wurde 2008 ein Umsatz von etwa 5,1 Milliarden Euro erwirtschaftet. Allein die zehn größten Buchhandelsunternehmen setzten in diesem Zeitraum zusammen etwa 2,2 Milliarden Euro um, davon entfielen auf die beiden Marktführer Thalia und DBH (Weltbild/ Hugendubel) etwa 1,6 Milliarden Euro. Bezieht man den Versandbuchhandel, den Internetbuchhandel und die Warenhäuser in die Statistik mit ein, so liegt der Gesamtumsatz dieser Marktbeteiligten bei etwa 6,8 Milliarden Euro. Davon entfallen auf die unabhängigen Sortimente insgesamt weniger als 3 Milliarden Euro – also nur noch gut 40 Prozent. Nimmt man den Gesamtumsatz buchhändlerischer Betriebe zum Maßstab, im Jahr 2008 also 9,6 Millionen Euro, dann erwirtschaftet der stationäre, kettenunabhängige Buchhandel (also ohne die zehn Größten der Branche) davon gerade noch 27,9 Prozent.

Dieser Prozess der Konzentration ist sicher noch nicht beendet, und deshalb werden sich viele unabhängige Buchhandlungen künftig spezialisieren, ihren Servicebereich weiter ausbauen und das persönliche Verhältnis zu ihren Kunden verstärken müssen. Aber auch für Großbuchhandlungen mit Tausenden von Quadratmetern Verkaufsfläche wird die Zukunft einige Veränderungen mit sich bringen.

EIN BLICK in die Länder, in denen es im Gegensatz zu Deutschland keine Preisbindung für Bücher (mehr) gibt, zeigt eindrücklich, wie wichtig sie für einen intakten Buchhandel, aber auch für den Endkunden ist. In England wurde 1997 die Buchpreisbindung offiziell abgeschafft. Zum Leidwesen des gesamten Buchhandels, also auch der Kettenläden, nahmen prompt Supermärkte, Discounter und Lebensmittelketten Bestseller ins Programm und verkauften sie fast zum Einkaufspreis, um die Kundenfrequenz zu erhöhen. Dieser scheinbare Vorteil für die Kunden verkehrte sich schnell ins Gegenteil, denn alle anderen Bücher verteuerten sich erheblich. Davon abgesehen hat sich die Situation des Buchhandels in England gerade durch die Abschaffung der Buchpreisbindung drastisch verschlechtert. Auch in den USA und in Schweden kann man ähnliche Entwicklungen sehen.

Dies war einer der Gründe, warum der Deutsche Bundestag im Jahr 2002 beschlossen hat, ein Buchpreisbindungsgesetz zu erlassen. Damit soll der Wettbewerb der Marktteilnehmer über den Ladenpreis verhindert werden, um die Struktur des Buchhandels langfristig zum Vorteil des Kunden zu erhalten. Das weltweit einmalige System des Zwischenbuchhandels sorgt in Deutschland dafür, dass der überwiegende Teil aller lieferbaren Bücher innerhalb von 24 Stunden in nahezu jedem Ort erhältlich ist. Nur Arzneimittel können noch schneller beschafft werden.

SCHÖNE NEUE WELT – DIE DIGITALE REVOLUTION

OBWOHL sich der Begriff »Medienrevolution« in der Wissenschaft und umgangssprachlich weitgehend durchgesetzt hat, trifft er den Vorgang nicht genau. Denn unter Revolution versteht man jedenfalls seit der Französischen Revolution einen plötzlichen Umsturz. Bei den Medienrevolutionen der Buchgeschichte handelt es sich dagegen eher um Prozesse, die sich teilweise über Jahrhunderte hingezogen haben. Auch die digitale Medienrevolution kam nicht von heute auf morgen, sie erreichte die Buchlandschaft vielmehr in vier großen Wellen.

Wenn man der digitalen Revolution ein Geburtsjahr zuschreiben will, wird man sich schnell auf 1971 verständigen können. In diesem Jahr startete der Amerikaner Michael Hart an der Universität Illinois mit dem nichtkommerziellen Project Gutenberg das erste kostenlose Downloadportal für digitalisierte Bücher, in dem derzeit 25 000 Werke der Literatur in verschiedenen Sprachen abrufbar sind. Alle Titel können dort vollständig und teils in verschiedenen Formaten heruntergeladen werden. Das Archiv speichert nicht nur urheberrechtsfreie Werke, sondern auch solche, für deren Download die Rechtsinhaber ihre Genehmigung erteilt haben. Neben schriftlichen Werken sind dort auch vorgelesene Bücher als Audio-Dateien auffindbar.

1994 schlug dann mit Zustimmung von Michael Hart die Geburtsstunde des Projektes Gutenberg-DE, das auf der Homepage von *SPIEGEL.ONLINE* betreut wird (www.gutenberg.org). Dort sind nach Angaben der Betreiber derzeit mehr als 5000 Bücher mit über 1,8 Millionen Buchseiten, 20 000 Gedichte und 6500 Märchen, Fabeln und Sagen abgespeichert. Das deutsche Gutenberg-Projekt veröffentlicht ausschließlich Bücher, deren Urheberrecht abgelaufen ist, deren Autoren also vor mindestens siebzig Jahren gestorben sind.

Zwar hat Google mit seiner digitalen Buchdatenbank diesen beiden unkommerziellen Projekten längst den Rang abgelaufen, doch erstens ist die Editionsqualität der eingestellten Titel bei Gutenberg wesentlich besser und zweitens gehört den Gutenberg-Projekten das Verdienst, mit der Digitalisierung von Büchern begonnen zu haben.

Ein halbes Jahrtausend nach Gutenbergs Erfindung des Buchdrucks mit beweglichen Lettern wurde 1946 mit dem ersten Gerät für »Photosatz«, der »Lumitype«, das Ende der Ära des Bleisatzes eingeläutet. Der Photosatz nutzte das Prinzip der Photographie. Auf einer Scheibe wurden alle Buchstaben und Sonderzeichen einer Schrift negativ dargestellt. Beim Setzen wurde Buchstabe nach Buchstabe belichtet und auf einen Film fixiert, der als Druckvorlage diente. Der in Deutschland 1967 eingeführte »Lichtsatz« war die digitale Weiterentwicklung dieses Verfahrens. Inzwischen war man in der Lage, Schriften zu digitalisieren, und benötigte keine materiellen Schriftbildträger mehr. Ungefähr zwanzig Jahre später begann Apple mit dem Macintosh die sogenannte Druckvorstufe, also den Satz, die Gestaltung und die Herstellung der Druckvorlage, zu revolutionieren. Heute lassen sich auf jedem Rechner Druckvorlagen als PDF-Dokumente herstellen. Es dauerte nur ein wenig mehr als 40 Jahre, bis eine 500-jährige Technologie für immer abgelöst wurde.

Jeff Bezos gründete 1994 das Versandunternehmen Amazon und

nahm 1995 seinen Betrieb in Amerika auf. Amazon war nicht der erste Internet-Buchhändler, aber das Unternehmen ist weltweit mit Abstand am erfolgreichsten und hat die Kultur des Buchverkaufs nachhaltig verändert. Im Gründungsjahr von Amazon betrug der Umsatz des Versandbuchhandels in Deutschland etwas mehr als 500 Millionen Euro und trug gut 8 Prozent zum Gesamtumsatz mit Büchern bei. 2007 erwirtschaftete er bereits über 1,3 Milliarden Euro und bestritt damit 14 Prozent des Buchumsatzes in Deutschland.

Diese rasante Entwicklung hat kaum jemand in der Branche vorausgesehen. Es herrschte nach Gründung von Amazon Deutschland 1998 vielmehr die Meinung, dass sich die amerikanische Erfolgsstory von Amazon in Deutschland nicht wiederholen würde, da die Buchhandelsstrukturen beider Länder nicht zu vergleichen sind. Während man in den Staaten oft Hunderte von Kilometern fahren muss, um einen Laden zu finden, der nur entfernt einer Buchhandlung gleicht, würde die nahezu flächendeckende Versorgung der deutschen Bevölkerung mit buchhändlerischen Verkaufsflächen den Erfolg eines Online-Buchversenders in engen Grenzen halten. Dies war der gängige Tenor hierzulande.

Wie wir heute sehen, war das eine grundlegende Fehleinschätzung. Den gleichen Fehler sollten wir nicht noch einmal machen. Denn mit dem Kindle, dem neuen Lesegerät für E-Books, hat Amazon im Oktober 2007 abermals den Startschuss für einen neuen weltweiten Trend gegeben – jedenfalls für das allgemeine Publikum. In der Welt der wissenschaftlichen Literatur ist der Handel mit elektronischen Inhalten längst üblich. Der wissenschaftliche Springer Verlag hält beispielsweise fast 32 000 Bücher und 2000 Zeitschriften sowie zahlreiche andere Datenbankdienste in digitaler Form vor.

Trotzdem hat Amazon mit dem Kindle dem Handel mit E-Books einen neuen Schub gegeben, weil nun auch die schöne Literatur, Sachbücher und Ratgeber, Wörterbücher, Reiseliteratur und bald vielleicht auch Schulbücher in großer Zahl digital vorliegen werden. Niemand kann genau vorhersehen, wie sich dieser Handel entwickeln wird, ob und wie sich durch ihn die Buchkultur weltweit verändern wird. Dennoch werde ich im letzten Kapitel dieses Buches, gestützt auf die Erfahrungen unserer buchkulturellen Vergangenheit, einen Blick in die Zukunft der Bücher und des Lesens wagen.

Das Plagiat (a. d. lat.) heißt der gelehrte Diebstahl, wenn nemlich ein Schriftsteller die Arbeiten Anderer, ohne diese zu nennen, ausschreibt, und dann für seine eigne ausgiebt. Ein solcher Ausschreiber, oder gelehrter Dieb, heißt *Plagiarius*.

Conversations-Lexikon oder *kurzgefaßtes Handwörterbuch* [1809–1811]

Wenn wir sehen, daß uns einer unsere Ideen stiehlt,

sollten wir, bevor wir schreien,

überprüfen, ob sie uns auch wirklich gehören.

ANATOLE FRANCE [1844–1924]

Vom Plagiat in der Literatur

EIN MEISTERPLAGIATOR DER ANTIKE

DIE Neigung zum Diebstahl geistigen Eigentums ist offenbar ein zuverlässiger Bestandteil der DNA des Homo sapiens. Während im Reich der Tiere das vordringlichste evolutionäre Anliegen dem Überleben der Spezies gewidmet ist, prescht das menschliche Individuum gerne rücksichtslos voran, um sich oder seiner Sippschaft persönliche Vorteile zu verschaffen. Es herrschte zwar vom Altertum bis in die Neuzeit weitgehend Konsens darüber, dass Plagiate moralisch verwerflich seien, doch das Fehlen einer juristischen Grundlage für die Ahndung geistigen Diebstahls verführte Menschen immer wieder dazu, sich am geistigen Eigentum anderer zu bereichern.

Ein besonders drastischer und folgenreicher Plagiatsfall hat sich vor fast zwei Jahrtausenden zugetragen. Im 2. Jahrhundert n. Chr. legte Claudius Ptolemäus einen umfangreichen Sternenatlas als Teil seiner heute *Almagest* genannten Abhandlung zur Mathematik und Astronomie vor. Ptolemäus verwarf die von vielen zeitgenössischen Astronomen vertretene heliozentrische Kosmologie und ersetzte sie durch ein geozentrisches Weltbild. Er ging davon aus, dass die Erde, und somit der Mensch, im Zentrum des Universums stünden und alle Sonnen- und Planetenbewegungen um die Erde perfekt seien, also auf Kreisbahnen liefen. Sein wichtigstes Argument dafür war die Schwerkraft. Er war der Meinung, dass jede Schwere ihrem natürlichen Zentrum, also dem Mittelpunkt der Erde, zustrebe. Mit dem besten Sternenatlas, den die Antike hervorgebracht hat, seinen Erkenntnissen und Schriften avancierte Ptolemäus zum akademischen Megastar – die wissenschaftliche Welt lag dem ägyptischen Denker zu Füßen. Seine Sicht des Kosmos prägte das Denken der Menschen als »ptolemäisches Weltbild« fast 1400 Jahre lang.

Die Hauptleistung des Ptolemäus lag allerdings in besonders eifriger Kopierarbeit. Die angeblich von ihm selbst vorgenommenen Beobachtungen und daraus entwickelten Theorien stammen maßgeblich von seinem Kollegen Hipparchos von Nicäa, dessen dreihundert Jahre zuvor erschienene Werke inzwischen in Vergessenheit geraten waren. Auch der hochgerühmte Sternenkatalog des Ptolemäus und sogar die Theorie des geozentrischen Weltbildes hatte Hipparchos bereits formuliert. Der Name Ptolemäus steht heute deshalb zu Recht für den nachhaltigsten Plagiatsfall der Geschichte.

VOM PLAGIAT ZUR FÄLSCHUNG

DOCH bevor weitere spektakuläre Plagiatsfälle zur Sprache kommen, ist es wichtig, erst den Begriff »Plagiat« zu definieren und ihn von anderen abzugrenzen: Man spricht von einem »Totalplagiat«, wenn ein komplettes Werk eines anderen Autors übernommen und als eigenes ausgegeben wird. Unter einem »Teilplagiat« versteht man demzufolge die Übernahme von Teilen eines fremden Werkes. Bei einem »Ideenplagiat« werden Gedanken eines Fremden stibitzt und lediglich neu formuliert. Davon abzugrenzen ist die – laut § 51 des Gesetzes über Urheberrecht und verwandte Schutzrechte – genehmigungs- und honorarfreie Nutzung eines fremden Textes als Zitat, das allerdings als solches kenntlich gemacht und nachgewiesen werden muss. Ferner hat dabei die Übernahme in ein »selbständiges Sprachwerk« zu erfolgen, das sich außerdem durch eine angemessene Schöpfungstiefe auszeichnen muss. Was man im Einzelnen darunter zu verstehen hat, ist – wie wir noch sehen werden – nicht selten Gegenstand juristischer Auseinandersetzungen.

Sonderformen des Plagiats sind schließlich das »Autoplagiat«, bei dem eigene Werkteile in anderen eigenen Schriften genutzt werden, und die »Kryptomnesie«, in der fremdes geistiges Eigentum unbewusst in das eigene Werk übernommen wird.

Weiter muss man das »Plagiat« von der »Fälschung« unterscheiden. Bei der »Fälschung« wird ein eigenes Werk unter fremdem, meist prominentem Namen vermarktet. Dies geschieht in unserer Zeit häufiger, als man gemeinhin annimmt. Vor allem in China ist diese Form der (Aus-) Nutzung bekannter Autorennamen für Texte, die nicht von den Autoren geschrieben wurden, weitverbreitet. So soll man in China schon über zehn Folgen der weltberühmten Harry-Potter-Serie kaufen können – *Harry Potter und der Leopardenpfad zum Drachen* heißt blumig eines dieser Machwerke aus Fälscherhand. Selbst chinesische Bestsellerautoren staunen immer wieder über Neuerscheinungen, die sie geschrieben haben sollen.

DÜRER ALS OPFER VON FÄLSCHUNG UND PLAGIAT

ALBRECHT Dürer (1471–1528) und seiner Witwe haben wir einige Urteile der Stadt Nürnberg zu verdanken, die in Bezug auf Plagiat und Fälschung hochinteressant sind. Am 2. Januar 1512 erwirkte Albrecht Dürer eine Bestimmung des Stadtrats, nach der es einem ortsfremden Kunsthändler untersagt wurde, eigene Kunstdrucke mit der gefälschten Signatur Dürers zu verkaufen. Dürer war zu diesem Zeitpunkt einundvierzig Jahre alt und längst eine europäische Berühmtheit. Vermutlich hat seine Prominenz den Rat bewogen, sich in diesem und anderen Fällen auf seine Seite zu schlagen.

Drei Monate nach seinem Tod wandte sich Dürers Witwe im Juli 1528 abermals an den Rat der Stadt. In diesem Jahr war posthum Dürers *Proportionslehre* in Nürnberg erschienen. Die Ratsherren verboten es dem Drucker Hieronymus Andreae, gemeinsam mit dem Maler Hans Sebald Beham ein eigenes Buch über Proportionen zu verlegen. Dürers Witwe hatte ihre Eingabe mit der Befürchtung begründet, dass mit der Neuerscheinung ein – modern gesprochen – Ideenplagiat entstehen könnte, das den Verkauf von Dürers Originalausgabe beeinträchtigen würde. Erst nach dem Abverkauf der *Proportionslehre* von Dürer wurde dem Drucker Andreae die Veröffentlichung eines eigenen Buches zum gleichen Thema gestattet.

Am 1. Oktober 1532 erließ der Stadtrat erneut einen Beschluss zugunsten der Witwe. Dieser Erlass verbot allen Buchhandlungen in Nürnberg, eine lateinische Übersetzung von Dürers *Unterweisung der Messung* zu verkaufen. Dürers Witwe hatte den Rat mit dem Hinweis darauf angerufen, dass sie am 14. August 1528 ein kaiserliches Privileg erwirkt hatte, wonach alle Rechte an diesem Werk bei ihr lägen. Da es sich bei der lateinischen Übersetzung um eine in Paris hergestellte unautorisierte Werknutzung handele, müsse deren Verkauf verboten werden.

Diese drei Beispiele aus den Bereichen Fälschung, Plagiat und unberechtigte Werknutzung belegen eine frühneuzeitliche Rechtspraxis, die den Urheber zu schützen imstande war – auch wenn das nur selten geschah.

MIGUEL DE CERVANTES UND SEIN DON QUIJOTE

EINEN bemerkenswerten Spürsinn für literarische Qualität und realistische Markteinschätzung bewies ein spanischer Schmarotzer, dessen Identität trotz detektivischer Bemühungen der Romanistik bis heute nicht aufgedeckt werden konnte. Die Geschichte seines frechen Coup d'État ist schnell erzählt.

1605 veröffentlichte Miguel de Cervantes (1547–1616) den ersten Teil seines parodistischen Ritterepos *Don Quijote*, mit dem er nicht nur den ersten Roman der abendländischen Literaturgeschichte geschrieben hat, sondern auch einen riesigen Verkaufserfolg erzielte. Als der zweite Teil des Romans lange auf sich warten ließ, publizierte ein bis heute Unbekannter unter dem Pseudonym Alonso Fernández de Avellaneda 1614 die lang erwartete Fortsetzung. Obwohl dem spanischen Publikum bewusst war, dass es sich bei dem Autor nicht um Cervantes handelte, verkaufte sich diese unautorisierte Fortsetzung ebenfalls blendend und wurde 1707 sogar ins Deutsche übertragen. Cervantes arbeitete zum Zeitpunkt des Erscheinens der Fälschung gerade am 59. Kapitel seiner Fortsetzung – hatte also gut zwei Drittel des Romans bereits geschrieben – und beeilte sich daraufhin mit der Fertigstellung des Werkes, das schließlich 1615 erschien und seinen Weltruhm begründete.

EIN SCHOTTISCHES NATIONALEPOS

DEN nächsten Fall gilt es ausführlicher vorzustellen, weil seine Rezeptionsgeschichte kuriose Folgen für die literarische Welt hatte. 1736 wurde in Edinburgh der Schotte James Macpherson geboren. Er begann schon in frühen Jahren zu dichten, doch Anerkennung oder gar Ruhm blieben ihm versagt. Niemand wollte seine Verse drucken und so ergriff er den Lehrerberuf und beschäftigte sich in seiner Freizeit mit dem Sammeln der dürftigen Reste gälischer Volkspoesie. Zu seiner eigenen Verwunderung erregte er damit die Aufmerksamkeit des einflussreichen Literaturkritikers Hugh Blair, der in Edinburgh einen literarischen Zirkel unterhielt und Macpherson ermunterte, die Suche zu intensivieren und das Ergebnis seiner Recherchen zu publizieren. 1760 erschien schließlich das Büchlein *Fragmente alter Poesie*, das beim Publikum begeisterte Aufnahme fand. In seiner Einleitung feierte Hugh Blair die Verse als volksliterarische Zeugnisse aus vorchristlicher Zeit, die sich im schottischen Hochland durch mündliche Überlieferungen erhalten hätten. Unter ihnen befänden sich Fragmente eines vergessenen Epos aus der Feder des legendären Ossian, das von der Vertreibung dänischer Invasoren durch den mythologischen Schottenkönig Fingal handelte.

Bei den kurz zuvor von den Engländern militärisch gedemütigten Schotten fiel die Aussicht auf eine mögliche Wiederentdeckung von Ossians Epos auf fruchtbaren Boden. Die Vorstellung einer rekonstruierten schottischen Heldendichtung, die auf eine Stufe mit den Epen Homers und anderen Frühwerken der abendländischen Kultur gestellt werden könnte, rief einen wahren Begeisterungssturm hervor. Auf einem Sponsorendinner waren schnell die erforderlichen Mittel gesammelt, um Macpherson eine mehrmonatige ethnoliterarische Spurensuche im schottischen Hochland zu ermöglichen. Von dieser Expedition kam Macpherson mit allerlei alten Liedern, Gedichten und Erzählungen zurück und komponierte daraus mit erheblichem Eigenanteil die Ossianischen Heldengesänge *Fingal* und *Temora*, die 1762 und 1763 gedruckt wurden.

Die Poeme trafen mit ihren düsteren Landschaften, melancholischen Stimmungen, nebligen Schlachtfeldern und tragischen Helden nicht nur in Schottland den Nerv der Zeit. Nachdem *Ossians Gedichte* 1768 ins Deutsche übersetzt waren, rühmte der Dichter und Philosoph der Weimarer Klassik Johann Gottfried Herder Ossian als »traurig-süße Harfe, die Stimme vergangener Zeiten« und veröffentlichte 1771 die Abhandlung *Auszug aus einem Briefwechsel über Ossian und die Lieder alter Völker*. 1774 huldigte Goethe dem gefälschten Werk in seinem Briefroman *Die Leiden des jungen Werthers*: »Ossian hat in meinem Herzen den Homer verdrängt. Welch eine Welt, in die der Herrliche mich führt!« Auch Klopstock, Schiller, Hölderlin, Novalis und Jean Paul stimmten in den Lobgesang ein.

In England war indes sehr schnell Zweifel an der Authentizität von Ossians Gedichten laut geworden. Allen voran meldete sich Samuel

Johnson zu Wort, der die angeblichen Epen als »nicht authentisch und dichterisch ohne Wert« bezeichnete. Als Johnson von Hugh Blair gefragt wurde, ob er sich denn vorstellen könne, dass ein zeitgenössischer Autor in der Lage wäre, solche Werke der Dichtkunst hervorzubringen, antwortete der englische Gelehrte kühl: »Yes, sir, many men, many women, and many children.« Doch unbeeindruckt davon tat Blair Johnsons Zweifel als antischottisches Ressentiment ab. In Deutschland äußerte sich Georg Christoph Lichtenberg skeptisch, und der Philosoph August Wilhelm Schlegel sah in dem Heldenepos ein »gestaltloses, zusammengeborgtes, modernes Machwerk«. Dennoch überwog in Deutschland bei Weitem eine positive Rezeption. *Ossians Gedichte* verliehen der Zeit des Sturm und Drang und der Romantik entscheidende Impulse.

Erst als nach Macphersons Tod 1796 dessen schriftliche Quellen veröffentlicht wurden, flog der Schwindel auf. Philologen konnten schnell nachweisen, dass er seine gälischen »Originaltexte« aus dem Englischen, eher schlecht als recht, ins Gälische rückübersetzt hatte. Die europaweite Begeisterung für das schottische Volksepos brach wie ein Kartenhaus in sich zusammen.

Ein wenig erinnert diese schottische Posse an den größten Fälschungsfall der deutschen Nachkriegsgeschichte. Im April 1983 verblüffte der *stern* die Welt mit der Behauptung, Hitlers Tagebücher gefunden zu haben. Danach müssten »große Teile der deutschen Geschichte umgeschrieben werden«, verkündete der Chefredakteur des Magazins damals vollmundig. Nur ein paar Wochen später kam die Wahrheit ans Licht, Hitlers Tagebücher waren als Fälschung entlarvt und der *stern* bis auf die Knochen blamiert.

LESSING UND SEIN GROSSINQUISITOR

ES ist heute kaum noch nachvollziehbar, dass viele Autoren des 18. und sogar des beginnenden 19. Jahrhunderts außerordentlich lässig mit dem Plagiat umgingen. Erstaunlich deshalb, weil ja in dieser Zeit der freie Autor überhaupt erst entstand und sich der Gedanke an ein materielles Recht des Schriftstellers an seinem immateriellen Werk immer schneller verbreitete. Man sollte doch annehmen, dass Autoren gerade in dieser Phase, in der sich ihre gesellschaftliche und rechtliche Position rasch entwickelte, jeglichen geistigen Diebstahl vehement und lauthals angeprangert hätten. Doch genau das Gegenteil war der Fall – nicht nur in der Literatur.

Auch die Komponisten des Barock schreckten nicht davor zurück, lange Passagen aus fremden Werken in das eigene zu übernehmen. Gerne verwendeten sie auch Teile aus eigenen, sogar bereits veröffentlichten Kompositionen für neue Werke. Der Händel-Biograph und Musikwissenschaftler Michael Heinemann weist solches Tun nicht nur im Werk Händels, sondern allgemein nach:»Die Praxis, einzelne Nummern auch von fremden Autoren zu immer neuen Werken zusammenzustellen, ferner als Szenen eigener Opern weiterzuverwenden, war verbreitet und wurde auch von Händel exzessiv betrieben. Was nach modernen Kategorien des Urheberrechts als Plagiat zu bezeichnen wäre, widersprach im frühen 18. Jahrhundert der Forderung nach künstlerischer Originalität allenfalls bedingt.«

Gotthold Ephraim Lessing gehörte zu den Autoren, die sich selbst öffentlich dazu äußerten. Am 19. April 1768 formulierte er in seiner *Hamburgischen Dramaturgie* den aus heutiger Sicht bedenklichen Satz:»Ich würde so arm, so kalt, so kurzsichtig sein, wenn ich nicht einigermaßen gelernt hätte, fremde Schätze bescheiden zu borgen, an fremdem Feuer mich zu wärmen und durch die Gläser der Kunst mein Auge zu stärken.«

Auch Lessings Zeitgenosse Christoph Martin Wieland nahm es mit dem geistigen Eigentum nicht so genau:»Ich habe nie etwas gedichtet, wozu ich nicht den Stoff außer mir gefunden habe. Man kann unmöglich von schriftstellerischem Eigentum laxere Begriffe haben, als Bodmer [Johann Jakob Bodmer (1698–1783), Schweizer Schriftsteller und Philologe] hatte, der die Sünde des Plagiats sein Gewissen wenig anfechten ließ. Soll ich recht aufrichtig und ehrlich reden, so muß ich sagen, daß der gute Alte als Dichter wie ein Nachtrabe stahl. Mein eigenes Talent zum Stehlen entwickelte sich denn auch bei ihm, und wenn ich's ihm nicht zuvortat, habe ich's ihm wenigstens gleichgetan.« An anderer Stelle ergänzte er diese provokativen Sätze und präzisierte damit seine Position zum Plagiat:»Das, was den wahren Meister macht, ist nicht die Erfindung eines unerhörten Sujets, unerhörter Sachen, Charaktere, Situationen usw., sondern der lebendige Odem und Geist, den er seinem Werke einzublasen vermag, und die Schönheit und Anmut, die er darüber auszugießen weiß.«

Zumeist sind es ja beraubte Autoren, die einen Plagiatsstreit beginnen, und oft stecken ökonomische Interessen hinter einer solchen Auseinandersetzung. In die Abteilung psychopathologischer Kuriositäten gehört dagegen wohl ein Plagiatsstreit, in dem ein Mediziner und Philosoph namens Paul Albrecht Lessing des Plagiats bezichtigte. »So lang du lebtest, stahlst du weit und breit; / Du stahlst dir schließlich die Unsterblichkeit«, lautet der Geleitspruch des sechsbändigen Machwerks *Leszings Plagiate*, das der selbsternannte Großinquisitor 1890 im Selbstverlag veröffentlichte. »Nach Albrecht hätte Lessing überhaupt keinen einzigen eigenen Gedanken gehabt«, resümierte Paul Englisch nach der Lektüre von Paul Albrechts Pamphlet in seinem Buch *Meister des Plagiats*.

In Lessings Zeit war es allerdings gang und gäbe, »fremde Schätze bescheiden zu borgen«. Namentlich Johann Wolfgang von Goethe war ein eifriger Befürworter des Plagiats und hat sich ausführlich mit dem geistigen Diebstahl beschäftigt. Deshalb wundert es nicht, dass Paul Albrecht sich nach dem Abschluss seiner Arbeit über Lessing zügig um Goethe kümmern wollte. Aber: »Paul Albrecht endete durch Selbstmord. Vermutlich hat sein vorzeitiger Tod uns vor einem weiteren schauerlichen Werk bewahrt. Sein angekündigtes Werk *Plagiate bei Goethe* blieb auf diese Weise ungeschrieben«, vermerkte Matthias Quercu ein wenig pietätlos in seinem Buch *Falsch aus der Feder geflossen*.

DIE VERTEIDIGUNG DES PLAGIATS: GOETHE, HEINE UND DUMAS

JOHANN Wolfgang von Goethe ist in Bezug auf das Thema »Plagiat« in der Tat eine ergiebige Quelle, vor allem aber eine überraschende. Ausgerechnet in seinem letzten Lebensjahrzehnt, während er an seiner Ausgabe letzter Hand arbeitete, äußerte sich Goethe häufig zum Plagiat; vorzugsweise geschah dies in den Gesprächen, die der jüngere Freund und Vertraute Johann Peter Eckermann in seinem umfangreichen Werk *Gespräche mit Goethe in den letzten Jahren seines Lebens* (1823–1832) festgehalten hat. Nachdem sich Goethe ein Privileg aller Staaten des Deutschen Bundes sichern konnte, um seine Werkausgabe vor Nachdruck zu schützen, sollte man in ihm eigentlich einen entschiedenen Gegner des Plagiats vermuten – doch dem war nicht so.

Zwar hat Goethe den nicht autorisierten Nachdruck auch in dieser Zeitspanne immer verurteilt; dabei ging es ihm allerdings vor allem um seine ökonomische Absicherung und die seines Verlegers. Im vierten Teil von *Dichtung und Wahrheit* ließ er seiner Wut über den unerlaubten Nachdruck seiner Werke freien Lauf: »Hierbei will ich eines Falles gedenken, der zwar später eintrat. Als nämlich meinen Arbeiten immer mehr nachgefragt, ja eine Sammlung derselben verlangt wurde, jene Gesinnungen aber mich abhielten, eine solche selbst zu veranstalten; so benutzte Himburg mein Zaudern, und ich erhielt unerwartet einige Exemplare meiner zusammengedruckten Werke. Mit großer Frechheit wußte sich dieser unberufene Verleger eines solchen dem Publikum erzeigten Dienstes gegen mich zu rühmen und erbot sich, mir dagegen, wenn ich es verlangte, etwas Berliner Porzellan zu senden ... Die Verachtung, welche daraus gegen den unverschämten Nachdrucker entstand, ließ mich den Verdruß übertragen, den ich bei diesem Raub empfinden mußte.« In diesem Zusammenhang steht auch Goethes Bemerkung, dass bei einer Legalisierung des Nachdrucks »das Eigentum des Genies dem Handwerker und Fabrikanten unbedingt preisgegeben seien«.

Goethe pochte auch immer auf das Recht des Schriftstellers an seinem geistigen Eigentum. »Wer keinen Geist hat, glaubt nicht an Geister und somit auch nicht an geistiges Eigenthum der Schriftsteller«, äußerte er bei einem Gespräch mit seinem Freund und Vertrauten Friedrich von Müller über den Nachdruck am 15. Mai 1823.

Der Geheimrat hat sich also immer und unbedingt gegen den Nachdruck und für das Recht des Schriftstellers an der Verwertung und Vermarktung seines geistigen Eigentums ausgesprochen. Jedoch unterschied er genau zwischen dem von ihm formulierten Werk und den Quellen, aus denen er schöpfte: »Überhaupt ist die Welt jetzt so alt, und es haben seit Jahrtausenden so viele bedeutende Menschen gelebt und gedacht, daß wenig Neues mehr zu finden und zu sagen ist«, erklärte Goethe am 16. Dezember 1828 und fuhr dann fort: »Wir bringen wohl Fähigkeiten mit, aber unsere Entwickelung verdanken wir tausend Einwirkungen einer großen Welt, aus der wir uns aneignen, was wir können und was uns gemäß ist. Ich verdanke den Griechen und Franzosen viel, ich bin Shakespeare, Sterne und Goldsmith

Unendliches schuldig geworden. Allein damit sind die Quellen meiner Cultur nicht nachgewiesen; es würde ins Grenzenlose gehen und wäre auch nicht nöthig. Die Hauptsache ist, daß man eine Seele habe, die das Wahre liebt und die es aufnimmt, wo sie es findet.«

Am 16. Dezember 1828 beschwerte sich Goethe bei Eckermann darüber, dass eine Diskussion über die wahre Urheberschaft einiger Gedichte losgetreten worden war – eine aus seiner Sicht völlig überflüssige Frage: »Die Deutschen können die Philisterei nicht los werden. Da quengeln und streiten sie jetzt über verschiedene Distichen, die sich bei Schiller gedruckt finden und auch bei mir, und sie meinen, es wäre von Wichtigkeit, entschieden herauszubringen, welche denn wirklich Schillern gehören und welche mir. Als ob etwas darauf ankäme, als ob etwas damit gewonnen würde, und als ob es nicht genug wäre, daß die Sachen da sind!«

Bei einer anderen Gelegenheit hat sich Goethe sogar darüber lustig gemacht, wie viel Aufwand sein Freund Schiller mit Recherchen betrieben hatte: »Wenn ich bedenke, wie Schiller die Überlieferung studirte, was er sich für Mühe mit der Schweiz gab, als er seinen Tell schrieb, und wie Shakespeare die Chroniken benutzte und ganze Stellen daraus wörtlich in seine Stücke aufgenommen hat, so könnte man einem jetzigen jungen Dichter auch wohl dergleichen zumuthen. In meinem Clavigo habe ich aus den Memoiren des Beaumarchais ganze Stellen.«

Als Goethe im Gespräch mit Eckermann am 18. Januar 1825 darauf aufmerksam gemacht wurde, dass Lord Byron in England wegen großzügiger Nutzung fremder Werke ins Gerede gekommen war, kritisierte er dessen defensiven Umgang mit den gegen ihn erhobenen Vorwürfen: »Was da ist, das ist mein – hätte er sagen sollen, und ob ich es aus dem Leben oder aus dem Buche genommen, das ist gleichviel; es kam blos darauf an, daß ich es recht gebrauchte! Walter Scott benutzte eine Szene meines Egmonts und er hatte ein Recht dazu, und weil es mit Verstand geschah, so ist er zu loben ... So singt mein Mephistopheles ein Lied von Shakespeare, und warum sollte er das nicht? Warum sollte ich mir die Mühe geben, ein eigenes zu erfinden, wenn das von Shakespeare eben recht war und eben das sagte, was es sollte? Hat daher auch die Exposition meines Faust mit der des Hiob einige Ähnlichkeit, so ist das wiederum ganz recht und ich bin deswegen eher zu loben als zu tadeln.«

Wenige Wochen vor seinem Tod, am 17 Februar 1832, griff Goethe die Frage nach den Quellen seiner Dichtung noch einmal auf: »Selbst das größte Genie würde nicht weit kommen, wenn es alles seinem eigenen Innern verdanken wollte. Das begreifen aber viele sehr gute Menschen nicht und tappen mit ihren Träumen von Originalität ein halbes Leben im Dunkeln ... Was hatte ich aber, wenn wir ehrlich sein wollen, das eigentlich mein war, als die Fähigkeit und Neigung, zu sehen und zu hören, zu unterscheiden und zu wählen, und das Gesehene und Gehörte mit einigem Geist zu beleben und mit einiger Geschicklichkeit wiederzugeben. Ich verdanke meine Werke keineswegs meiner eigenen Weisheit allein, sondern tausenden von Dingen und Personen außer mir, die mir dazu das Material boten ... und ich hatte weiter nichts zu tun, als zuzugreifen und das zu ernten, was andere für mich gesäet hatten.«

Eine ganz ähnliche Position wie Goethe vertrat Heinrich Heine (1797–1856), der der Meinung war, nichts wäre »lächerlicher als das reklamierte Eigentumsrecht an Ideen«. Als sein zeitgenössischer Kollege Alexandre Dumas der Ältere (1802–1870) in einem Pariser Journal des Plagiats bezichtigt wurde, sprang Heine ihm zur Seite und veröffentlichte in seinem 6. Brief *Über die französische Bühne* diese Verteidigungsadresse: »Er ist ein geborener Bühnendichter, und von Rechts wegen gehören ihm alle dramatischen Stoffe, er finde sie in der Natur oder in Schiller, Shakespeare und Calderon. Er entlockt ihnen neue Effekte, er schmilzt die alten Münzen um, damit sie wieder eine freudige Tagesgeltung gewinnen, und wir sollten ihm sogar danken für seine Diebstähle an der Vergangenheit, denn er bereichert damit die Gegenwart ... nichts ist törichter als dieser Vorwurf des Plagiats, es gibt in der Kunst kein sechstes Gebot [gemeint ist selbstverständlich das siebente: »Du sollst nicht stehlen.«], der Dichter darf überall zugreifen, wo er Material zu seinen Werken findet, und selbst ganze Säulen mit ausgemeißelten Kapitälern darf er sich zueignen, wenn nur der Tempel herrlich ist, den er damit stützt. Dieses hat Goethe sehr gut verstanden, und vor ihm sogar Shakespeare. Nichts ist törichter als das Begehrnis, ein Dichter solle alle seine Stoffe aus sich selber heraus schaffen; das sei Originalität.«

Dumas stritt den Plagiatsvorwurf übrigens gar nicht ab, er konterte ihn vielmehr mit den Worten: »Ein Mann von Genie stiehlt nicht, er erobert. Die eingenommene Provinz macht er zu einem neuen Teil seines bisherigen Reiches. Er bevölkert sie mit den Geschöpfen seiner Einbildungskraft und herrscht über alle mit goldenem Zepter!«

E S G A B für die hier genannten Autoren verschiedene Gründe, sich positiv über das Plagiat zu äußern, auch wenn uns diese Position heute kaum noch einleuchten, uns sogar verwundern mag.

Erstens galt damals noch die Auffassung, dass es eine Ehre sei, von anderen plagiiert zu werden. Zweitens herrschte allgemein und besonders in der Kunst die schon vom Prediger Salomo geäußerte Meinung, dass nichts Neues unter der Sonne geschähe. Drittens war in der rechtlichen Entwicklung der Schritt vom Verbot des Nachdrucks hin zur Gleichsetzung des Rechts von materiellen Gütern mit immateriellen, also geistigen Gütern oder Inhalten noch nicht vollzogen. Das Hauptaugenmerk der Schriftsteller lag also zu diesem Zeitpunkt eher darauf, ihre vermögensrechtlichen Honorarinteressen zu sichern. Die grundsätzliche Ausdehnung des römischen Eigentumsrechts auf das materielle Recht am geistigen Eigentum wurde, wie schon ausgeführt, in letzter Konsequenz erst 1901 mit dem *Gesetz betreffend das Urheberrecht an Werken der Literatur und Tonkunst* erreicht.

Die Einstellung von Lessing, Goethe & Co. zum Plagiat ist also nicht wirklich erstaunlich, sie spiegelt lediglich die damalige geistes- und rechtsgeschichtliche Situation wider.

WILHELM HAUFF: DURCH FÄLSCHUNG ZU WELTRUHM

I M August 1826 erschien im Verlag von Friedrich Franckh in Stuttgart ein Roman mit dem Titel *Der Mann im Mond oder Der Zug des Herzens ist des Schicksals Stimme* von Heinrich Clauren (1771–1854). Clauren zählte zu den erfolgreichsten Unterhaltungsschriftstellern seiner Zeit, und die Kritiker nahmen sein neues Buch wohlwollend auf. Einige Rezensenten sprachen sogar vom »besten Clauren, den es je gab«. Clauren jedoch war alles andere als erfreut über den Erfolg des Buches. Er spuckte Gift und Galle und verklagte den Verleger Friedrich Franckh – denn Heinrich Clauren hatte den Roman überhaupt nicht geschrieben.

Hinter dem Machwerk steckte der literarisch völlig unbekannte, knapp 24 Jahre alte Hauslehrer Wilhelm Hauff, der die rührselig-schlüpfrigen Geschichten des Modeschriftstellers satirisch überdehnen und bloßstellen wollte:»Aus denselben Stoffen, sprach ich zu mir, mußt Du einen Teig kneten, mußt ihn würzen mit derselben Würze, nur reichlicher überall, nur noch pikanter; an diesem Backwerk sollen sie mir kauen, und wenn es ihnen auch dann nicht widersteht ... so sind sie nicht mehr zu kurieren.«

Clauren reichte Klage gegen den Verlag wegen Missbrauchs seines Namens, Betruges und Fälschung ein und obsiegte auf ganzer Linie. Friedrich Franckh wurde zur Zahlung von 50 Talern an den Kläger und zur Übernahme der Prozesskosten verurteilt. Wilhelm Hauff wurde durch den Prozess schlagartig berühmt und beliebt, denn die Strenge des Urteils und die Humorlosigkeit des Klägers nahm das Publikum für den Unbekannten ein. Unterm Strich konnte sich auch Friedrich Franckh freuen, denn den nun einsetzenden literarischen Erfolg verdankte sein Autor nicht zuletzt dem verlorenen Prozess.

Mit *Lichtenstein* publizierte Hauff im selben Jahr den ersten deutschen historischen Roman und außerdem seinen *Märchenalmanach auf das Jahr 1826*. In der kurzen Zeitspanne von lediglich fünfzehn Monaten, die ihm ab der Veröffentlichung seiner Fälschung bis zu seinem Tod im November 1827 blieb, begründete er vor allem mit seinen Kunstmärchen, *Vom kleinen Muck, Vom Kalif Storch, Zwerg Nase* und vielen anderen mehr, seinen Ruhm. Ferner beendete er in dieser Zeit weitere Romane, Erzählungen und Märchensammlungen, bereiste Frankreich und Norddeutschland, übernahm eine Stelle als Redakteur beim Cottaschen *Morgenblatt für gebildete Stände* und heiratete eine Cousine.

»*MEINE GRUNDSÄTZLICHE LAXHEIT IN FRAGEN GEISTIGEN EIGENTUMS!*«
– *ANTON KUH UND BERTOLT BRECHT*

IM einleitenden Kapitel seiner *Kulturgeschichte der Neuzeit* hat sich der Wiener Kulturwissenschaftler Egon Friedell ausführlich mit dem Plagiat beschäftigt und klargestellt, dass sich jedes Plagiat gegen sich selbst richte:»Auf ihm ruht der Fluch, der jedes gestohlene Gut zu einem freudlosen Besitz macht.« Genau darauf machte Friedell 1931 den ebenfalls aus Wien und aus einem jüdischen Elternhaus stammenden Zeitgenossen und Kollegen Anton Kuh mit hintersinnigem Humor aufmerksam:»Sehr geehrter Herr! – Überrascht stelle ich fest, daß Sie meine bescheidene Erzählung ›Kaiser Joseph und die Prostituierte‹ unverändert, nur mit Hinzufügung der drei Worte ›Von Anton Kuh‹, im ›Querschnitt‹ veröffentlicht haben. Es ehrt mich selbstverständlich, daß Ihre Wahl auf meine kleine launige Geschichte gefallen ist, da Ihnen doch die gesamte Weltliteratur seit Homer zur Verfügung gestanden hat. Ich hätte mich deshalb auch gern revanchiert, aber nach Durchsicht Ihres ganzen Oeuvres fand ich nichts, worunter ich meinen Namen setzen möchte. – Egon Friedell«

Auch Bertolt Brecht wurde mehrfach öffentlich des Plagiats bezichtigt. So warf ihm der avantgardistische Schriftsteller, Verleger und Galerist Herwarth Walden im Oktober 1924 in der Zeitschrift *Die Republik* vor, in seinem Drama *Im Dickicht der Städte* Passagen aus Arthur Rimbauds Prosadichtung *Eine Zeit in der Hölle* verwendet zu haben. Brecht antwortete darauf im *Berliner Börsen-Courier* etwas ruppig:»Eine Figur meines Dramas *Dickicht* zitiert an einigen Stellen Verse von Rimbaud und Verlaine. Im Buch sind diese Stellen durch Anführungszeichen als Zitate kenntlich gemacht. Die Bühne besitzt anscheinend keine Technik, Anführungszeichen auszudrücken. Besäße sie eine, so würde sie eine große Anzahl anderer beliebter Werke für Philologen vielleicht schmackhafter, für das Publikum aber ziemlich unleidlich machen.«

Schwerer wog der Plagiatsvorwurf, den der Theaterkritiker Alfred Kerr 1928 gegen Brecht erhob. Für mehrere Songs seiner *Dreigroschenoper* hatte sich Brecht bei François Villon bedient, ohne dabei den Namen des Wiener Übersetzers K. L. Ammer zu nennen, dessen Übertragungen Brecht selbst als »ausgezeichnet« lobte. Brecht reagierte auf die Vorwürfe mit den Sätzen:»Es wird eine Erklärung verlangt. Ich erkläre also wahrheitsgemäß, daß ich die Erwähnung des Namens Ammer leider vergessen habe. Dies wiederum erkläre ich mit meiner grundsätzlichen Laxheit in Fragen geistigen Eigentums.«

Im Unterschied zu vielen anderen Plagiatsfällen gab es zwischen Brecht und K. L. Ammer keinerlei Verstimmung über das Plagiat. Nach einem finanziellen Arrangement konnte Brecht sogar öffentlich erklären, es hätte nie Streit zwischen ihnen gegeben. In Ammers *Er-*

innerungen erfahren wir den Grund für die beiderseitige Harmonie trotz des Plagiats:»Die vereinbarten Tantièmen bescherten mir einen derart hohen Betrag, daß ich mir davon einen Weinberg in Grinzing kaufen konnte. Seine goldflüssige Lese taufte ich pietätvoll ›Dreigroschentropfen‹. Wenn ich auch schon früher keine geradezu schlechten Honorare verdient hatte, mein Anteil an den Erträgnissen der *Dreigroschenoper* stellte alles in den Schatten.«

»DER VERSUCH, MICH UND MEINE GEDICHTE ZU ZERSTÖREN.« – EIN UNHALTBARER PLAGIATSVORWURF GEGEN PAUL CELAN

IM November 1949 knüpfte der deutsch-rumänische Lyriker Paul Celan literarische und persönliche Bande mit dem Dichter Yvan Goll und dessen Frau Claire, die er später bitter bereuen sollte. Celan besuchte seinen unheilbar an Leukämie erkrankten Kollegen Goll im Amerikanischen Hospital von Paris und erhielt von ihm den Auftrag, einige seiner Gedichte aus dem Französischen ins Deutsche zu übersetzen. Nach dem Tod ihres Mannes am 27. Februar 1950 verhinderte die Witwe Claire Goll die Veröffentlichung der von Paul Celan übertragenen Gedichte, da diese für ihr Empfinden zu sehr die »Handschrift« Celans trugen. Diese Ablehnung markierte den Beginn eines Zerwürfnisses, das 1953 eskalierte und sieben Jahre später schließlich seinen Höhepunkt fand. Im Frühjahr 1960 erschien in der Literaturzeitschrift *Baubudenpoet* ein Brief Claire Golls unter dem Titel *Unbekanntes über Paul Celan*. Darin behauptete sie, Celan hätte die Gedichte ihres Mannes »flüchtig und ungekonnt« ins Deutsche übersetzt und dabei einen so »brennenden Ehrgeiz« entwickelt, dass er es nicht verwinden könne, dass sie seine Übersetzungen abgelehnt hätte. Ferner habe Paul Celan das in ihn gesetzte Vertrauen missbraucht und zahlreiche lyrische Metaphern aus Yvan Golls Gedichten übernommen. Insbesondere habe der »Meisterplagiator« die Metapher »Schwarze Milch der Frühe« in seiner berühmten *Todesfuge* von Yvan Goll entlehnt. Den Vorwurf des Vertrauensmissbrauchs unterstrich Claire Goll mit der persönlichen Erinnerung, wonach sie und ihr Mann bei der ersten Begegnung mit dem dreißig Jahre jüngeren Paul Celan sehr bewegt gewesen seien, als sie die »traurige Legende« von der Ermordung seiner Eltern durch die Nationalsozialisten gehört hatten, eine Legende, »die er so tragisch zu schildern wußte«.

Abgesehen davon, dass die Charakterisierung der Ermordung seiner Eltern als »traurige Legende« Paul Celan in seinem Innersten treffen musste, verletzte ihn das Aufkochen des Plagiatsvorwurfes von 1953, den er überwunden wähnte, tief. In diesem Jahr hatte der junge deutsche Germanist Richard Exner Claire Goll mitgeteilt, dass er erstaunliche Parallelen zwischen Yvan Golls 1951 aus dem Nachlass veröffentlichten Gedichten und Paul Celans 1952 in *Mohn und Gedächtnis* erschienenen Gedichten sähe. Claire Goll torpedierte daraufhin Redaktionen, Verlage und Kritiker mit Briefen, in denen sie Paul Celan des Plagiats bezichtigte. Bereits eine flüchtige Analyse ergab indes, dass die betreffenden Gedichte Celans bereits in seinem ersten Gedichtband *Sand aus den Urnen* von 1948 abgedruckt waren – also zu einem Zeitpunkt, als Celan die Nachlassgedichte von Yvan Goll überhaupt nicht gekannt haben konnte.

1960 erhob Claire Goll die im Kern bereits widerlegten Vorwürfe jedoch erneut und belegte sie mit falschen Zitaten und trügerischen Zeitangaben. Erstaunlich war, dass einige renommierte Feuilletons diese ehrverletzenden Vorwürfe ungeprüft übernahmen und Paul Celan völlig zu Unrecht des Plagiats beschuldigten. Einige wenige Artikel erschütterten die literarische Reputation des in Rumänien geborenen und in Paris lebenden Lyrikers, der längst zu den bedeutendsten Dichtern der deutschen Gegenwartsliteratur zählte.

Paul Celan erklärte sich die überraschende Bereitschaft der Feuilletons, an dem Kesseltreiben gegen ihn mitzuwirken, mit dem Aufkeimen eines neuen Antisemitismus und den neonazistischen Aktivitäten in der Bundesrepublik. »Im deutlichen Zusammenhang mit diesen Umtrieben erfolgt nun auch seit längerem der Versuch, mich und meine Gedichte zu zerstören«, schrieb Celan an seinen alten Mentor und Freund Alfred Margul-Sperber.

Doch die deutschen Schriftsteller und ihre Institutionen stellten sich hinter Celan. Ingeborg Bachmann, Marie Luise Kaschnitz, Peter Szondi, Walter Jens, Hans Magnus Enzensberger und viele andere verteidigten ihn ohne Wenn und Aber. Ein von der *Deutschen Akademie für Sprache und Dichtung* in Auftrag gegebenes Gutachten kam zu dem Ergebnis, dass man »die Vorwürfe Frau Golls entschieden zurückweisen« müsse. Die Büchner-Preisträger und die österreichische

Schriftstellervereinigung P.E.N. ergriffen in einer gemeinsamen Erklärung Partei für Celan. Unter diesem Druck widerriefen einige Feuilletonisten ihre Vorwürfe und entschuldigten sich bei Paul Celan. Schließlich wurde er 1960 mit dem bedeutendsten deutschen Literaturpreis, dem Georg-Büchner-Preis, ausgezeichnet.

Doch Paul Celan ging nicht unbeschädigt aus dieser Affäre hervor. »Eine so schwere Beschimpfung hatte zu viele Ängste in Celan freigesetzt – Ängste über die Kriegsjahre, sein Exil, die Bundesrepublik Deutschland, die Dichtung selbst. Er kam über die Sache niemals hinweg«, schrieb John Felstiner in seiner Biographie über den Dichter. Am 20. April 1970 nahm sich Paul Celan in Paris im Alter von fünfzig Jahren das Leben.

DAS SAKRILEG DES PARFÜMIERTEN SCHWARMS IN TANNÖD

IN den letzten Jahren kam es gehäuft zu Plagiatsstreitigkeiten, die teilweise vor einer internationalen Öffentlichkeit ausgetragen wurden. Vier spektakuläre Fälle der letzten Zeit fanden in den Medien starke Beachtung. Die Rede ist von Patrick Süskinds *Das Parfum* (1985), Dan Browns Thriller *Sakrileg* (2003), Frank Schätzings Bestseller *Der Schwarm* (2004) und Andrea Maria Schenkels Krimi *Tannöd* (2006). An ihnen wird deutlich, worum es bei einem Plagiatsstreit im Kern zumeist geht – nämlich ums Geld.

Kommen wir zum ersten der vier Fälle. Zweiundzwanzig Jahre nach dem Erscheinen des in über 50 Sprachen übersetzten Weltbestsellers *Das Parfüm* von Patrick Süskind machte die nicht besonders auflagenverwöhnte Zeitschrift *Fliege* – ein Monatsblatt des gleichnamigen und ehemaligen Fernsehpfarrers – im August 2007 mit einer sensationsheischenden Exklusivgeschichte auf: »Gestohlenes Parfum? Warum versteckt sich Patrick Süskind?« Darin behauptet die Heilpraktikerin Selma Grönbeck, Süskind hätte zentrale Ideen und Kernsätze seines Werkes dem Hauptwerk ihres Ururgroßvaters Gustav Jaeger (1832–1917) entnommen, das 1884 in dritter Auflage unter dem Titel *Die Entdeckung der Seele* erschienen war. Der Zoologe und Mediziner Gustav Jaeger hatte sich unter anderem mit der Auswirkung menschlicher Gerüche auf die Gesundheit beschäftigt.

Der ganze Artikel in *Fliege* wimmelt nur so von Unterstellungen und waghalsigen Vermutungen. »Selma Grönbeck geht es nicht um Millionen, ihr geht es um die Gerechtigkeit«, heißt es zwar an einer Stelle, doch schon in der nächsten Spalte beziffert Selma Grönbeck sehr genau den Wert, den Gerechtigkeit in diesem konkreten Fall für sie bedeutet: nämlich sieben Millionen Euro.

Ein Kommentar im *Hamburger Abendblatt* glossierte das Anliegen von Selma Grönbeck am 21. Juli 2007 süffisant: »Ach, liebe Frau Grönbeck, wenn es nur so einfach wäre, aus Ideen anderer einen eigenen Weltbestseller zu schreiben! Ideen wurden schon immer geklaut – von Goethe, von Thomas Mann und vielleicht eben auch von Süskind. In Wahrheit kann man sich aber selbst für die beste Idee nichts kaufen, es kommt vielmehr darauf an, was man aus ihr zu machen versteht.«

Inzwischen hat sich der angebliche und eigentlich kaum ernstzunehmende Plagiatsfall Süskind offensichtlich erledigt. Jedenfalls wurde bis heute keine Klage eingereicht. Vermutlich aus gutem Grund.

⌐⌐

WESENTLICH HÖHERE mediale und juristische Wellen schlug im März und April 2006 der Prozess zweier Sachbuchautoren aus Amerika und Neuseeland gegen den amerikanischen Schriftsteller Dan Brown.

1982 veröffentlichte das Autorentrio Michael Baigent, Richard Leigh und Henry Lincoln das Sachbuch *Der heilige Gral und seine Erben*. Darin werden die Thesen vertreten, Jesus wäre nicht am Kreuz gestorben, er hätte vielmehr mit Maria ein Kind gezeugt, dessen Nachkommen in das französische Königshaus eingeheiratet hätten und deren Blutlinie bis heute bestehe. Ferner hätten die Tempelritter zu den Bewahrern dieses Geheimnisses gehört, dessen Aufdeckung die Grundlagen des Christentums zerstören würde. Genau auf diesem spekulativen Gemisch basiert Dan Browns 2003 in Amerika erschienenes Buch *The Da Vinci Code*, das 2004 in Deutschland unter dem Titel *Sakrileg* veröffentlicht wurde. Zwei Mitglieder des dreiköpfigen Autorenkollektivs, der Amerikaner Richard Leigh und der Neuseeländer Michael Baigent, reichten deshalb bei einem Londoner Gericht Klage gegen Dan Brown ein. Der Vorwurf lautete, Dan Browns *Sakrileg* sei ein Plagiat ihres Sachbuches.

Nun hat Dan Brown nie einen Hehl daraus gemacht, dass er das

Buch der Kläger kennt. Es wird sogar im *Sakrileg* erwähnt und eine der Figuren des Romans heißt Sir Leigh Teabing, ein Anagramm aus den Namen der Autoren von *Der heilige Gral und seine Erben*. Die Verteidigung führte jedoch ins Feld, dass Dan Brown in weiteren 38 Büchern und Hunderten von Dokumenten recherchiert habe und dass die dem Roman zugrunde liegende Theorie schon lange unter Verschwörungstheoretikern kursiere. Außerdem seien Ideen über das Leben von Jesus Christus so allgemein verbreitet, dass sie gesetzlich nicht geschützt werden können.

Das *Sakrileg* ist bisher weltweit über 40 Millionen Mal verkauft worden und hat seinen Autor zum vielfachen Millionär gemacht. Deshalb war die Forderung der Kläger auch nicht gerade bescheiden: 15 Millionen Euro wollten sie sich erstreiten. Doch das Gericht wies die Klage ab und folgte den Argumenten der Verteidigung in allen Punkten. Statt 15 Millionen Euro Einnahmen entstanden den Klägern 1,5 Millionen Euro Ausgaben für Gerichts- und Anwaltskosten. Letztlich war der Prozess jedoch ein PR-Erfolg für alle Beteiligen. Dan Brown konnte den besorgten Autor geben, der für die Freiheit der Kunst stritt, und auch seine Kontrahenten sind unterm Strich gut weggekommen: Ihr Sachbuch landete durch den Prozess wieder auf den Bestsellerlisten und der Marktwert ihrer Namen dürfte sich beträchtlich erhöht haben.

Die satirische Zeitschrift *Private Eye* kommentierte den Prozess auf ihre Weise. Vermutlich würde bald ein Buch über den Prozess erscheinen, *Der Da Vinci Fall*, in dem ein finsterer Geheimbund die entscheidende Rolle spiele und zum Schluss den ganzen Schatz einstreichen könne: die Bruderschaft der Anwälte mit ihrem jahrhundertealten Geheimnis – sie sind immer die Gewinner.

UM WESENTLICH kleinere Münze ging es bei einem Plagiatsvorwurf gegen Frank Schätzings Bestseller *Der Schwarm*. Der Hamburger Meeresbiologe und Wissenschaftsjournalist Thomas Orthmann warf dem Schriftsteller vor, neben wissenschaftlichen Fakten auch Formulierungen von seiner Internet-Seite *Ozeane.de* in das Buch übernommen zu haben. Ferner sei »die fachliche Ausstattung einer zentralen Romanfigur des Buches« seinen Recherchen entnommen, die auf der Homepage zu finden seien.

Zunächst forderten Orthmanns Anwälte Frank Schätzing zur Zahlung von 15 000 Euro auf. Nachdem Schätzing die Forderung abgelehnt hatte, zeigte Orthmann den Autor im Frühjahr 2005 bei der Kölner Staatsanwaltschaft an. Der Verlag Kiepenheuer & Witsch teilte daraufhin mit, Frank Schätzing habe naturwissenschaftliche Fakten in urheberrechtlich zulässiger Weise verwendet. Im Rahmen seiner umfangreichen meeresbiologischen Recherchen habe der Autor öffentlich zugängliche wissenschaftliche Tatsachen gesammelt und verwendet. Dies stehe jedem Autor frei und sei vom Urheberrecht ausdrücklich abgedeckt. Ferner stammen die auf Orthmanns Homepage einsehbaren wissenschaftlichen Fakten und Daten im Wesentlichen von anderen Wissenschaftlern. Und schließlich habe Frank Schätzing in einem Nachwort die Fülle seiner schriftlichen und lebenden Quellen benannt. Insofern entbehre der Vorwurf des Plagiats jeglicher Grundlage.

Interessant ist in diesem Zusammenhang die juristische Einschätzung des Falles durch Thomas Orthmann. Auf seiner Homepage begründet er seinen Vorwurf des Plagiats gegen Frank Schätzing wie folgt:»Der News-Bereich von Ozeane.de ist eine in Form und Umfang einzigartige Sammlung redaktioneller Texte, die gemäß § 4 UrhG eine persönliche, geistige Schöpfung darstellt und als Sammelwerk wie selbständige Werke geschützt ist. Hier hat sich der Autor zahlloser Fakten und wissenschaftlicher Hintergrundgeschichten bedient. So finden sich bei der erzählerischen Ausarbeitung des Romanprotagonisten Leon Anawak keine wissenschaftlichen Hintergrundthemen, die nicht gleichzeitig auch auf Ozeane.de zu finden sind.« Dies würde im Umkehrschluss bedeuten, dass kein Autor ein Romanthema aufgreifen darf, sofern zu diesem Komplex eine umfangreiche Datenbank existiert – eine völlig absurde Vorstellung, die vom Urheberrecht nicht gedeckt wird.

Am 23. Januar 2009 gab der Kölner Oberstaatsanwalt Günther Feld bekannt, dass die Ermittlungen gegen Frank Schätzing eingestellt wurden.»Wir konnten keinen Hinweis auf ein strafrechtlich relevantes Fehlverhalten finden.« Sollte der Plagiatsvorwurf mit der Verfahrenseinstellung nicht geklärt sein, hieß es weiter, bleibe der zivilrechtliche Klageweg offen.

IM JANUAR 2006 erschien der Kriminalroman *Tannöd* von Andrea Maria Schenkel in der kleinen Edition Nautilus. Die Erstauflage betrug 3000 Exemplare. Der Roman basiert auf einem bis heute unaufgeklärten sechsfachen Mord, der sich 1922 auf dem oberbayerischen Einödhof Hinterkaifeck zugetragen hat. Im März und April belegte *Tannöd* den ersten Platz der KrimiWelt-Bestenliste. Am 2. April 2006 besuchte Andrea Maria Schenkel den bayerischen Autor Peter Leuschner, der 1978 und 1997 zwei Sachbücher über den historischen Mord auf Hinterkaifeck veröffentlicht hatte. Sie unterhielt sich mit ihm über ihr Buch und überließ ihm ein Exemplar als Geschenk.

Zu diesem Zeitpunkt war zwar die zweite Auflage von *Tannöd* bereits in Arbeit, doch an einen Bestseller dachte noch niemand. Der Durchbruch für das Buch und seine Autorin kam im Januar 2007. In diesem Monat wurde Andrea Maria Schenkel mit dem Deutschen Krimipreis ausgezeichnet, Elke Heidenreich stellte *Tannöd* in ihrer Fernsehsendung *Lesen!* vor und *Der Spiegel* brachte eine Homestory über die Autorin. *Tannöd* schaffte damit den Sprung auf den ersten Platz der Spiegel-Bestsellerliste.

Im April 2007 ließ Peter Leuschner dann die Bombe platzen, an der er bereits einige Zeit gebastelt hatte: Am 12. April erschienen in der Münchner *tz* und im Ingolstädter *Donaukurier* große Artikel, in denen Leuschner über seinen Anwalt Andrea Maria Schenkel des Plagiats bezichtigte. Seitdem stand die Debütautorin öffentlich am Pranger, sämtliche Medien der Republik nahmen sich der Sache an. Das *Börsenblatt des Deutschen Buchhandels* veröffentlichte am 27. April eine Stellungnahme des Münchner Autors Robert Hültner. Darin heißt es: »Die textlichen Übereinstimmungen zwischen seinem [Peter Leuschners] Buch und Tannöd sind dermaßen minimal, dass der Vorwurf des Plagiats geradezu lächerlich ist.« Die Edition Nautilus schloss dann auch am 23. April eine außergerichtliche Einigung aus.

Im August 2007 reichte Peter Leuschner beim Landgericht München eine Klage gegen Andrea Maria Schenkel ein. Er forderte wegen Verletzung des Urheberrechts den weiteren Vertrieb des Romans zu untersagen. Außerdem verlangte er Schadensersatz und die Makulierung aller noch verfügbaren Exemplare des Romans.

Es drängt sich der Verdacht auf, Peter Leuschner sei erst nach dem ersichtlichen Erfolg von *Tannöd* auf den Gedanken gekommen, Andrea Maria Schenkel zu verklagen. So sah es jedenfalls die *Literarische*

Welt vom 25. August 2007: »Das ist dem Journalisten und Sachbuch-
autor Peter Leuschner auch erst dann auf den Nerv gegangen, als
Tannöd nach ersten Meriten auf der KrimiWelt-Bestenliste wie ein
Komet am sonst eher umwölkten deutschen Krimihimmel aufging
und zum Bestseller wurde. Da kam Peter Leuschner auf die Idee,
Andrea Maria Schenkel des Plagiats zu beschuldigen.« Fast ein Jahr,
nachdem er von der Autorin das Buch erhalten hatte, möchte man
hinzufügen.

   In diesem Sinn hat sich auch Andrea Maria Schenkel am 13. April
2007, einen Tag nach der Veröffentlichung des Plagiatsvorwurfs, in
einem Interview mit der *FAZ.NET* geäußert: »Ich denke, Herrn
Leuschner geht es nur um das Geld. Er kannte ›Tannöd‹ bereits, bevor
der Roman so oft verkauft wurde. Damals, als dieser Erfolg noch keineswegs abzusehen war, hatte er nichts gegen meine Darstellung der
Geschichte einzuwenden. Und jetzt fordert er einen großen Teil der
Bucherlöse für sich.«

   Im Mai 2008 kam das Landgericht München schließlich zu dem
Schluss, *Tannöd* sei kein Plagiat und »trotz bestehender Parallelen«
zu dem Sachbuch *Der Mordfall Hinterkaifeck* wegen seines eigen-
schöpferischen Gehalts als »urheberrechtlich unbedenklich« anzusehen. Die Klage wurde abgewiesen.

   Kurz nachdem Peter Leuschner seinen Plagiatsvorwurf gegen Andrea Maria Schenkel veröffentlicht hatte, wurde er übrigens selbst des
Plagiats beschuldigt. Pünktlich zur Verjährung der grausigen Straftat hatte der Journalist Josef Ludwig Hecker 1951 für den *Donaukurier*
eine vielbeachtete Artikelserie über den sechsfachen Mord geschrieben. Dessen Neffe Heinz Leitner verglich die Aufzeichnungen seines
inzwischen verstorbenen Onkels mit Leuschners beiden Büchern und
Tannöd. Im *Donaukurier* gab er am 25. April 2007 dazu folgende Erklärung ab: »In ›Tannöd‹ habe ich eigentlich wenig Übereinstimmungen
gefunden, aber Leuschners Bücher waren an einigen Stellen fast iden-
tisch mit den Erzählungen meines Onkels.« Weiter heißt es in dieser
Zeitung: »Schon mein Onkel hat mir erzählt, dass Leuschner bei ihm
abgeschrieben hat.« Hecker sei darüber verärgert gewesen. Nach einem Besuch Leuschners habe es dann eine Absprache zwischen den
beiden Autoren gegeben: Leuschner könne Textstellen aus den Fort-
setzungsgeschichten übernehmen, jedoch unter der Bedingung, dass
er Hecker in seinem Buch erwähne. »Als mein Onkel dann das Buch

gelesen hat und nicht einmal seinen Namen als Quelle gefunden hat, hat er sich geärgert.« Im Anschluss daran sei das Verhältnis der beiden gestört gewesen.»Der Kontakt ist abgebrochen.«

Peter Leuschner hat dieser Darstellung selbstverständlich widersprochen. Doch er braucht sich in der Angelegenheit auch wohl keine großen Sorgen zu machen. Heinz Leitner hat bis jetzt von rechtlichen Schritten abgesehen. Es bleibt zu hoffen, dass damit der Vorhang in diesem bayerischen Komödienstadl endgültig gefallen ist.

DIESE VIER BÜCHER und die mit ihnen verbundenen Plagiatsstreitigkeiten haben einige interessante Gemeinsamkeiten: Erstens handelt es sich bei allen Werken um Nummer-eins-Bestseller, also Bücher mit Millionen-Auflagen, die lange Zeit den Spitzenplatz der Sellerlisten angeführt und ihren Autoren und Verlagen erhebliche Einnahmen beschert haben. Zweitens sind alle vier Autoren mit diesen Büchern berühmt geworden. Zwar haben sie – bis auf Andrea Maria Schenkel, die mit *Tannöd* ihr Debüt gab – schon vorher Bücher veröffentlicht, aber die vorgenannten Titel haben ihren internationalen Erfolg begründet. Drittens handelt es sich bei allen vier Werken um Romane. Viertens sind alle Kläger Sachbuchautoren oder Wissenschaftler beziehungsweise Rechtsnachfolger von Wissenschaftlern. Und fünftens sind alle Klagen inzwischen abgewiesen worden oder haben sich erledigt. Und das ist auch gut so.

Nun soll hier nicht der Eindruck entstehen, ich wäre grundsätzlich gegen die Austragung von Plagiatsstreitigkeiten vor Gericht – im Gegenteil. Das deutsche Urheberrecht gewährt Autoren großartige Freiräume bei der Bearbeitung ihrer Stoffe, setzt ihnen aber auch Grenzen zum Schutz geistiger Leistungen anderer.

Die hier dargestellten Fälle zeugen allerdings von einer sich scheinbar immer stärker ausbreitenden Klägermentalität, die nicht erkennbar urheberrechtlich motiviert ist, sondern vage Parallelen zwischen einem früheren eigenen und einem späteren fremden Werk gern zum Anlass nimmt, sich von der geistigen Leistung des Erfolgreicheren beziehungsweise von deren materiellen Erträgen eine ordentliche Scheibe abschneiden zu wollen. Insofern sind die vorgenannten Gerichtsentscheidungen im Interesse der Kunstfreiheit nur zu begrüßen.

Aber alles deutet darauf hin, dass ein gewaltiger Wandel stattfindet. Womit er historisch zu vergleichen wäre? Es ist denkbar, daß Gutenbergs Erfindung der beweglichen Lettern nicht sehr viel bedeutender ist als das, was wir gerade erleben.

ROBERT DARNTON [*1939]

Das Buch ist das einzige Objekt unserer Zivilisation,
auf das wir wirklich stolz sein können.

MICHAEL KRÜGER [*1943]

Über Eigentum, Diebstahl und die Zukunft
der Buchkultur

IM Jahr 1808 erwarb Friedrich Arnold Brockhaus auf der Leipziger Herbstmesse die Rechte an einem bereits begonnenen Lexikon, dessen Fortführung und Vollendung seinen Weltruhm begründen sollte. Fast genau zweihundert Jahre später veröffentlichte der Verlag Mitte Februar 2008 eine kurze Mitteilung, die für Furore sorgte:»Der Brockhaus-Verlag wird zum 15. April 2008 mit einem umfangreichen kostenlosen Lexikonportal online gehen.«

Unmittelbar nach dieser Meldung überschlugen sich die Berichte und Kommentare in den Medien. Der Direktor der Leipziger Universitätsbibliothek und Buchwissenschaftler Ulrich Johannes Schneider sprach in einem Interview mit der *FAZ* von einer »historischen Zäsur« und äußerte die Vision, dass man sich »die Buchwände der Zukunft, privat ebenso wie in den Bibliotheken, ohnehin eher wie Bildschirme vorstellen [müsse]. Die Inhalte werden aber nicht gesendet – wie es jetzt zunehmend auch im Fernsehen geschieht –, sondern gezielt heruntergeladen.« In der *Frankfurter Rundschau* merkte der Journalist Manfred Schneider an, dass »hier nicht nur ein verlegerischer Strategiewechsel erfolgt, sondern dass sich eine Epoche schließt. Das Buch ... tritt in den Schatten der neuen Götter, die Schnelligkeit, Aktualität und Multimedia heißen.« Er verband damit die Hoffnung, »dass sich auch im neuen Medium nicht nur eine ständig aktuelle, reich verzweigte, auf Seiten in aller Welt verweisende Enzyklopädie anbietet, sondern dass auch wieder Zuverlässigkeit in den Datenstrom einkehrt«. Sein Fazit: »Die Wikipedia-Anarchie hat endlich ausgedient.« Schließlich sei hier noch Joachim Güntner zitiert, der in der *Neuen Zürcher Zeitung* davon sprach, »dass Buchbesitz als solcher an Distinktionswert verloren hat: Repräsentative Bücherwände im Wohnzimmer machen nicht mehr so viel her wie noch vor zehn, fünfzehn Jahren.« Und sein Blick in die Zukunft der Buchkultur ist für die Branche nicht gerade hoffnungsstiftend:»Der Triumphzug des Digitalen hat auch eine ästhetische Seite: Digitalisierung bedeutet ja, was die Gestalt des Mediums betrifft, Miniaturisierung. Volumen wird als Ballast empfunden und wenn der Eindruck nicht täuscht, dann wächst im Umgang mit Büchern das Bedürfnis, Ballast abzuwerfen.« Bei aller Unterschiedlichkeit der Positionen und Perspektiven dominierte in den Feuilletons die Meinung, die Entscheidung von Brockhaus hätte einen Eintrag ins Logbuch der Geschichte der über dreitausendjährigen Buchkultur mehr als verdient.

In der Branche selbst kristallisierte sich noch eine andere Einschätzung heraus, jedenfalls in den Gesprächen, die ich geführt habe. »Zu spät«, hieß es da zumeist hinter vorgehaltener Hand. Die globale Marktmacht der Internet-Enzyklopädie Wikipedia könne auch von Brockhaus, einem der wenigen Markenprodukte unserer Branche, nicht mehr gebrochen werden. Nach eigenen Angaben gibt es Wikipedia heute in etwa 260 Sprachversionen, allein die englische Ausgabe soll über 2,5 Millionen Artikel beinhalten. Zum Vergleich: Die letzte Ausgabe des gedruckten Brockhaus umfasst etwas mehr als 300 000 Stichwörter. Weltweit seien es über zehn Millionen Artikel, so heißt es bei Wikipedia im April 2009, jeden Monat werde das Online-Lexikon mehr als 300 Millionen Mal angeklickt.

Der offenbar vorschnell angekündigte Online-Auftritt der Brockhaus Enzyklopädie wurde im April 2008 auf unbestimmte Zeit verschoben und im Dezember 2008 gab der Verlag den Verkauf der Traditionsmarke an Wissenmedia, ein Unternehmen der Bertelsmann-Gruppe, bekannt.

DAS DESASTER DER MUSIKINDUSTRIE
– UND WAS DARAUS ZU LERNEN IST

KURZ vor der Ankündigung des kostenlosen Brockhaus-Online-Lexikons hatte das Internet-Verkaufsportal *Amazon* im Oktober 2007 erfolgreich den ersten ernstzunehmenden E-Book-Reader auf den amerikanischen Markt gebracht, den Kindle. Diese beiden Nachrichten haben in der Buchbranche heftige und nachhaltige Diskussionen über die Zukunft gedruckter und digitalisierter Bücher ausgelöst. Viele mahnten (und mahnen immer noch), dass wir keinesfalls die Fehler der Musikindustrie wiederholen dürften. Diese hatte noch am Format der CD festgehalten, als längst deutlich geworden war, dass die Zukunft im digitalen Vertrieb liegt. Inzwischen haben sich auch zahlreiche Stimmen aus der Musikindustrie selbst zu Wort gemeldet, die entsprechende Warnungen an die Verlagswelt richten. Beispielsweise Bernd Dopp von Warner Music, der sich Ende Februar 2009 im *KulturSpiegel* zu diesem Thema äußerte:»Die Musikwirtschaft war, als Speerspitze der gesamten Kreativwirtschaft, nur als erste Branche von dem Problem der Raub- und Privatkopie betroffen. Nach der Filmwirtschaft werden es Buch- und Zeitschriftenverlage und damit Schriftsteller, Autoren und viele mehr sein. Das Internet hat die Nutzung von urheberrechtlich geschützten Inhalten völlig verändert und wird es weiter tun.«

Auch Tim Renner, ehemals Chef von Universal Music Deutschland – also jemand, der es ebenfalls aus eigener Erfahrung wissen muss – warnt die Buchbranche in zahlreichen Vorträgen und in seinem Buch *Kinder, der Tod ist gar nicht so schlimm* immer wieder davor, die Digitalisierung aus falscher Selbstsicherheit und Ignoranz zu bagatellisieren. Ich möchte dem überhaupt nicht widersprechen – ganz im Gegenteil –, ich möchte nur in Erinnerung rufen, dass unsere Branche über eine ungleich längere Geschichte verfügt. Während die Schallplatte als erstes Massenprodukt der Musikindustrie ein Kind des späten 19. Jahrhunderts ist, kann die Buchkultur inzwischen auf eine mehr als 3500-jährige Geschichte zurückblicken und versuchen, aus dieser Geschichte zu lernen. Wir sind hoffentlich klug genug, den gröbsten Fehler der Musikwirtschaft zu vermeiden, nämlich den, die eigene Geschichte zu ignorieren.

Tim Renner erzählt immer wieder gern von dieser Begebenheit: »Ich war 1994 auf einer Konferenz in Vancouver, damals stellte ein gewisser Nicholas Negroponte, Mitbegründer des Media Lab am Massachusetts Institute of Technology, die Idee eines digitalen Musikvertriebs vor. Die Musikmanager schliefen reihenweise ein. Nach dem Vortrag ging Alain Levy, Chef des damaligen Marktführers Polygram, auf die Bühne und entschuldigte sich für den Vortrag. Ein digitaler Vertrieb sei natürlich völliger Blödsinn, weil Musik zwangsläufig an einen haptischen Träger, die CD, gebunden sei. Wir wissen, wie es gekommen ist. Und so wird es auch im Buchbereich kommen.«

Die mächtigsten Manager der Musikwirtschaft haben also einen entscheidenden Hinweis auf den Wandel ihrer Branche buchstäblich verschlafen. Vor allem aber haben sie es versäumt, zur rechten Zeit einen Blick auf die Geschichte ihres Metiers zu werfen. Sie hätten dann nämlich begriffen, dass bereits in den sechziger Jahren des 20. Jahrhunderts eine technologische Kulturrevolution weitreichende Folgen für die Plattenindustrie hatte: das Auftauchen der englischen Piratensender.

Zu Beginn der 1960er Jahre war der englische Rundfunk – wie in vielen anderen Ländern – staatlich monopolisiert. Die British Broadcastig Corporation (BBC) fühlte sich in dieser Zeit einem Bildungsauftrag verpflichtet, der die sogenannte Massenkultur zugunsten der gesellschaftlich akzeptierten Hochkultur weitgehend aus dem Programm ausgrenzte. Gerade eine Stunde pro Woche konnten junge Menschen die Musik ihrer Generation hören. Das Swinging London fand in der ehrwürdigen BBC nicht statt. Wen wundert es da, dass sich Akteure fanden, die gewillt waren, hier Abhilfe zu schaffen.

Ronan O'Rahilly war 1963 gerade 23 Jahre alt und Plattenproduzent, da die großen Labels sich weigerten, die von ihm favorisierten Musiker in ihr Programm zu nehmen. Als sich die BBC und Radio Luxemburg weigerten, seine Platten zu spielen, beschloss O'Rahilly, einen eigenen Sender aufzubauen – einen illegalen Sender, einen Piratensender. Am 28. März 1964 nahm sein Radio Caroline um zwölf Uhr den illegalen Sendebetrieb auf – vor der englischen Küste, aber außerhalb des nationalen Hoheitsgebietes. Am 19. Dezember des gleichen Jahres ging mit Big L ein weiterer Piratensender on Air. Allein diese beiden – von insgesamt etwa zehn Piratensendern – brachten es auf fast 17 Millionen Hörer. Sie spielten die Rolling Stones, The Who und andere Gruppen, die noch nicht gesellschaftsfähig waren.

Hinter den so romantisch als Piratensender bezeichneten Unternehmen standen übrigens fast ausnahmslos amerikanische Geldgeber, für die privater Rundfunk das Selbstverständlichste von der Welt war, und die an die Illegalität des Sendebetriebs im fernen Europa entweder nicht glaubten oder diese Rechtsordnung einfach nicht akzeptierten.

Am 14. August 1967 endete mit dem Inkrafttreten des »Marine

Broadcasting Offences Act« die kurze, aber wirkungsmächtige Ära der Piratensender. Als sie ihren Betrieb einstellen mussten, flogen in ganz England Transistorradios aus dem Fenster oder wurden im Meer, in Seen und Flüssen versenkt.

Damals hat die Plattenindustrie von einer technologischen Innovation profitiert. Die Musikprogramme der Piratensender haben das Hörverhalten, den Hardwareabsatz mobiler Transistorradios, die Plattenverkäufe und letztlich die gesamte Musikkultur nachhaltig verändert. Rockmusik war populär geworden, und der Umsatz der Musikindustrie sowie die Einnahmen der Musiker wuchsen beträchtlich – obwohl die Piraten nicht immer Lizenzgebühren an die Urheber abführten. Vielleicht hat die Musikindustrie auch deshalb vergessen, dass eine neue Technologie zwischen 1964 und 1967 den Markt vollständig auf den Kopf gestellt hat, und nicht bedacht, dass die Digitalisierung ab Mitte der neunziger Jahre genau diese Wirkung entfalten könnte – nur diesmal zum Nachteil der Musikindustrie.

Dies sollte die Verlagsbranche bedenken, wenn sie über die Digitalisierung von Büchern nachdenkt. Auch wenn das Dilemma der Musikwirtschaft nicht eins zu eins auf die Buchwirtschaft übertragen werden kann, wird sich Letztere durch die Digitalisierung in den nächsten Jahren vermutlich radikaler verändern, als wir uns das heute vorstellen können oder wollen. »In der Geschichtsschreibung kommender Generationen wird die globale Geldkrise des frühen 21. Jahrhunderts dann nur noch als Fußnote am Beginn des postgutenbergschen Zeitalters erscheinen«, mahnte der Autor und Publizist Jürgen Neffe in seinem vielbeachteten Artikel *Es war einmal* am 23.4.2009 in der *Zeit*. Die Wahrscheinlichkeit dieser Einschätzung wird von Tag zu Tag größer.

ES IST auf den letzten Seiten wohl deutlich geworden: In diesem Kapitel tritt der Autor dieses Buches nun deutlich in Erscheinung. Nach unserem Gang durch die Geschichte der Buchkultur verlasse ich hier die Position des Chronisten und nehme die Rolle dessen ein, der versucht, aus ihr nützliche Erkenntnisse für die Gegenwart und die Zukunft zu gewinnen. Als Buchhändler, Verlagsangestellter, Verleger, Vertreter, Verbandsgeschäftsführer, Herausgeber und Autor gehöre ich nun schon über dreißig Jahre zur Branche und möchte in den folgenden Unterkapiteln eine Reihe von Analysen und Prognosen über die Gegenwart und die Zukunft meiner Zunft wagen.

Einige Voraussagen werden aus der Geschichte der Buchkultur abgeleitet, andere sind spekulativ oder gründen sich auf historische Erfahrungen aus anderen Branchen. Sie sind weniger Prophetie denn Provokation. Ich kann und will auch kein in sich schlüssiges Szenario entwerfen; ich betrachte verschiedene Phänomene vielmehr aus unterschiedlichen Perspektiven und komme durchaus auf voneinander abweichende Ergebnisse. Diese sollen zur Diskussion über die Strategien beitragen, die heute entwickelt werden müssen, damit die Buchbranche auch in Zukunft kulturell innovativ und ökonomisch überlebensfähig bleiben kann.

⊷

DOCH BEVOR wir uns auf die Suche nach der Zukunft begeben, möchte ich noch kurz darauf hinweisen, dass ein Teil der Verlagswelt dort schon längst angekommen ist. Für die Wissenschaftsverlage sind Digitalisierung, globales Content-Providing und das Verkaufen von Inhalten in unterschiedlichen Medienformaten bereits Gegenwart. So bietet der umsatzstärkste deutsche Verlag, Springer Science + Business Media, heute über 32 000 Buchtitel, fast 2000 Zeitschriften und zahlreiche Datenbankdienste in digitaler Form an. Bei Walter de Gruyter hat der Umsatz elektronischer Produkte bereits knapp 20 Prozent erreicht. Allein diese beiden Beispiele aus Berlin zeigen, dass sich der moderne Wissenschaftler längst als Homo digitalis versteht. Dieser Prozess der Digitalisierung wissenschaftlicher Inhalte wurde allerdings von einer breiten Öffentlichkeit bisher kaum wahrgenommen. Erst die Einführung des Kindle und die angekündigte Online-Ausgabe des Brockhaus haben das Thema popularisiert. Da der Verkauf wissenschaftlicher Literatur eigenen Gesetzen folgt, ist momentan noch nicht überschaubar, ob sich die Verkaufsstrategien der Wissenschaftsverlage auf den Markt für populäre Bücher übertragen lassen. Hier soll deshalb der Hinweis genügen, dass wesentliche Teile der Buchbranche bereits hochprofessionell mit digitalen Produkten handeln.

DIE DIGITALISIERUNG IST EIN FASZINOSUM,
DAS UNSERE WELT SO RASCH UND RADIKAL VERÄNDERT,
DASS WIR KAUM EINE CHANCE HABEN, MIT GEBOTENER
GRÜNDLICHKEIT ÜBER DIE ENTSTEHENDEN RISIKEN
UND NEBENWIRKUNGEN NACHZUDENKEN

B EGINNEN wir mit einer Kleinigkeit: Als der aus Ungarn stammen-
de Amerikaner Charles Simonyi am 26. März 2009 zu seinem
zweiten Raumflug aufbrach, der eine Woche dauerte und ihn rund 35
Millionen Dollar kostete, war in den deutschen Medien lediglich von
einem reichen, etwas spleenigen Weltraumtouristen die Rede. Erst ge-
nauere Recherchen ergaben, womit Simonyi sein Geld verdient hatte.
Der Sohn eines Physikers war im Alter von zwanzig Jahren fast mittel-
los nach Amerika ausgewandert, hatte dort Informatik studiert und
heuerte 1981 bei dem noch jungen Softwareunternehmen Microsoft
an. Unter seiner Leitung entstanden dort die Programme Word und
Excel. Als er zwanzig Jahre später den Konzern verließ, gehörte er
zum überschaubaren Club der Milliardäre.

Keine Kleinigkeit ist dagegen das Ergebnis der jährlichen Studie
des amerikanischen Marktforschungsinstituts Millward Brown, das
2009 bereits zum dritten Mal den Wert der teuersten Marken der Welt
ermittelt hat. Mit einem geschätzten Wert von 100 Milliarden Dollar
führt Google diese Hitliste an. Doch nicht allein diese Information
lässt uns aufhorchen. Vielmehr befinden sich auf den zehn ersten
Plätzen sechs Marken, deren Geschäftsfelder Internet, Computer,
Software und Telekommunikation sind, also Unternehmen, die am
und im Internet und mit der Digitalisierung offenbar ordentlich Geld
verdienen: Google, Microsoft, I B M, Apple, China Mobile und Vodafone. Der Wert dieser sechs Unternehmen beträgt insgesamt 421 Milliarden Dollar. Bei einem Ranking nach überproportionalen Wertzu-
wächsen fällt zudem auf, dass die ersten vier Plätze einzig und allein
von Firmen belegt werden, die in den oben genannten Geschäfts-
feldern tätig sind: Blackberry (+ 100 Prozent), Amazon (+ 85 Prozent),
at & t (+ 67 Prozent) und Vodafone (+ 45 Prozent).

Diese Fakten aus der Welt der Hochfinanz zeigen uns, dass im
Bereich der neuen Technologien sowohl Personen als auch Firmen
enorme Vermögenswerte erwirtschaften können. Die Digitalisierung

und das Internet gehören zu einem Markt, der in Bezug auf die Werthaltigkeit und die Zuwachsraten seiner Teilnehmer offenbar die meisten anderen Teilmärkte der Weltwirtschaft weit hinter sich gelassen hat.

Angesichts der mächtigen ökonomischen und wirtschaftspolitischen Interessen dieser Unternehmen und der sie führenden Personen wird sich jeder nur einigermaßen kritische Beobachter der globalen Wirtschaft darüber wundern müssen, welche Hoffnungen die Apologeten des technischen Fortschritts in das Internet setzen, also in das gegenwärtig und vermutlich auch zukünftig lukrativste Geschäftsmodell der Welt. Der Juraprofessor Yochai Benkler aus Yale hofft beispielsweise, dass das Netz »dem Individuum größere Autonomie, politischen Gemeinschaften mehr Demokratie und Gesellschaften mehr Möglichkeiten zur Selbstreflexion und zu menschlichen Verbindungen« schaffe. Der texanische Architekturprofessor Michael Benedikt spricht gar von einer »himmlischen Stadt« im Cyberspace, einem Ort für die »kollektive Genesung der Menschheit«. Und der ehemalige Songwriter der Grateful Dead, John Perry Barlow, verkündete am 8. Februar 1996 auf dem Weltwirtschaftsforum in Davos, dass das Internet »die neue Heimat des Geistes« sei: »Wir werden im Cyberspace eine Zivilisation des Geistes erschaffen. Möge sie humaner und gerechter sein als die Welt, die Eure Regierungen bislang errichteten.«

Nun, die Realität im Netz sieht bekanntlich etwas anders aus. Den größten Traffic erzielen Seiten mit pornographischen Inhalten und die Tauschbörsen der Internetpiraten, auf denen illegal getauscht wird, ohne dass die Rechtsinhaber davon profitieren.

Und spätestens seit den Olympischen Spielen in Peking, bei denen sich Google den Zensurbestimmungen beugte, sollte jedem klar sein, dass die Architekten globaler Datenbahnen sich primär an ihren wirtschaftlichen Interessen orientieren. Eine digitale demokratische Öffentlichkeit wird schnell vernachlässigt, wenn es um einträgliche Geschäfte geht. Die vielbeschworene Freiheit des Netzes realisiert sich eben nicht allein durch ihre technische Machbarkeit, sondern durch den Zivilisationsstand ihres politischen Umfeldes.

Das Internet und die moderne Mediennutzung werfen darüber hinaus eine Reihe weiterer gesellschaftlicher Probleme auf, die hier wenigstens angedeutet werden sollen. Im Sommer 2008 veröffentlichte der Technologiekritiker Nicholas Carr seinen vielbeachteten

Essay *Is Google Making Us Stupid? What the Internet is doing to our brains.* Darin beklagt er das Ablenkungspotential des Netzes und seine Folgen auf die menschliche Konzentrationsfähigkeit. »Das konzentrierte Lesen«, heißt es darin, »das mir früher leicht fiel, wurde zu einem anstrengenden Akt. Früher war ich ein Taucher im Ozean der Worte. Heute rausche ich auf der Oberfläche entlang wie ein Wasserskifahrer.« Diesen subjektiven Befund bestätigten einige Wissenschaftler inzwischen empirisch. So erklärte der Neurobiologe Gerald Hüther im April 2009 in der *Süddeutschen Zeitung,* dass sich das Gehirn so entwickele, wie es genutzt werde, vor allem dann, wenn man sich für das begeistere, was man gerade tue. »Wenn Jugendliche den ganzen Tag voller Eifer s m s -Botschaften verschicken, führt das dazu, dass im Gehirn aus den kleinen Wegen und Nervenverbindungen Straßen werden, auf denen genau dieser Prozess immer flüssiger abläuft. Wir wissen, dass die Hirnregion, die den Daumen steuert, bei Jugendlichen in den vergangenen zehn Jahren viel größer geworden ist.«

Nach Erkenntnissen des amerikanischen Politikwissenschaftlers Benjamin Barber bevorzugt der globalisierte Kapitalismus drei Rezeptionsmodelle gegenüber anderen: »leicht vor schwer, einfach vor komplex und schnell vor langsam«. Diese Lern- und Verhaltensweisen würden durch die modernen Mechanismen der Kommunikation tiefgreifend unterstützt. Deshalb forderte der Computerwissenschaftler im *Spiegel* vom 11. August 2008 analog zum Naturschutz »Denkschutzgebiete« des Geistes, in die wir uns vor der Informationsflut zurückziehen können. Dagegen konterte das Fachblatt *Wired*: »Wer braucht noch ein Gedächtnis, wo es doch Google gibt?«

Der Kulturkampf um Nutzen und Schaden der neuen Technologien ist also voll entbrannt. Gegenüber stehen sich die »Digital Immigrants«, also jene Menschen, die sich laut eines Artikels in der *F.A.S.* »noch daran erinnern, wie das Lösen anspruchsvoller Schulaufgaben mit einem Gang in die Bibliothek und nicht mit einem Mausklick auf Wikipedia begann«, und die »Digital Natives«, die mit der Medienvielfalt aufgewachsen sind. Auf die Gewohnheiten der Letzteren spielt der amerikanische Literaturkritiker Sven Birkerts an, wenn er in seinem Buch *Die Gutenberg Elegien* resigniert feststellt: »Eine elektronische Gardine hat sich zwischen uns und die sogenannte ›Außenwelt‹ geschoben. Die Vorstellung, auch nur einen Tag (ganz zu schweigen von einer Woche) abgeschnitten vom Zugriff auf unseren kompletten Gerätepark verbringen zu müssen, hat für uns etwas Unerhörtes, ja Unheimliches.«

Weil die gigantischen Rechnerkapazitäten von Google, Amazon & Co. sowie die Abermillionen Computer in Privatbesitz enorme Mengen an Kühlwasser beziehungsweise Strom benötigen, werfen Ökologen dem Web vor, dass es längst mehr CO_2 als die gesamte Luftfahrtindustrie produziere. Archivare prophezeien ein digitales Daten-Desaster und befürchten aufgrund fehlender Strategien zur Langzeitarchivierung die Möglichkeit eines gigantischen Wissensverlustes. »Wir haben mehr Informationen denn je, und wir verlieren mehr Informationen denn je«, sagte Robert Darnton, Buchwissenschaftler und Direktor der Universitätsbibliothek von Harvard. Journalisten konstatieren eine Flut von Falschmeldungen, die sich blitzschnell über das Netz verbreiten und kaum zu korrigieren sind. Und Datenschützern verschlägt es die Sprache, wenn sie nur daran denken, welche individuellen und dokumentierbaren Spuren Surfer im Netz hinterlassen.

Wer auf diese und andere Probleme hinweist, die die wachsende Nutzung des World Wide Web mit sich bringt, wird gern als hoffnungsloser und fortschrittsfeindlicher Kulturpessimist an den Pranger gestellt. »Das Internet, vertreten durch die, die dort anzutreffen sind, mag es nicht, wenn man es nicht mag«, bemerkte Peter Richter in der *FAZ.NET* vom 27. April 2009. »Es ist dann schnell beleidigt, denn es ist noch jung und nicht besonders souverän.«

An dieser Stelle muss allerdings darauf hingewiesen werden, dass die aktuelle Mediendiskussion oft an die Gutenbergzeit erinnert. Auch dem Buchdruck wurde von seinen konservativen Kritikern vorgeworfen, er gefährde die Überlieferung, weil Papier unbeständiger sei als Pergament. Er mache ganze Berufsgruppen arbeitslos und bringe eine Massenkultur hervor, die notwendigerweise oberflächlicher sei als die herkömmliche Schreib- und Lesekultur. Weitere Vorwürfe bezogen sich auf die negativen Auswirkungen des Gedruckten auf die Gedächtnisleistung der Menschen sowie die Demokratisierung des Wissens und den damit verbundenen Machtverlust der tradierten Eliten.

Heute muss man wohl zwischen denen unterscheiden, die sich dem amerikanischen Soziologen Richard Sennett verbunden fühlen, der darin geübt ist, »die Realität ständig mit einer Art passivem

Argwohn zu betrachten«, und denen, die mit inbrünstiger Affirmation dem Neuen anhängen, nur weil es neu und faszinierend ist. In seinem Buch *Wir amüsieren uns zu Tode* merkte Neil Postman 1985 bereits an: »Wer verkennt, daß eine neue Technik ein ganzes Programm des sozialen Wandels in sich birgt, wer behauptet, Technik sei ›neutral‹, wer annimmt, Technik sei stets ein Freund der Kultur, der ist zu dieser vorgerückten Stunde nichts als töricht.«

Es ist zwar richtig, dass das Internet ein gewaltiger Informationsspeicher ist, ohne den wir uns das Leben kaum noch vorstellen können; wahr ist jedoch vor allem, dass Information nicht gleich Wissen ist. Erst wenn ein Mensch sorgfältig und kritisch nachdenkt und unterschiedlichste Fäden zusammenknüpft, um zu einer Bewertung von Informationen zu gelangen, erst dann entsteht die wichtigste Ressource unserer Gesellschaft – Wissen. Der Reiz des Netzes besteht hauptsächlich in seiner schier unendlichen Informationsfülle, weniger in der Produktion von Wissen. Es ist lediglich ein Steinbruch, kein fertiges Haus, ein Werkzeug, nicht das Produkt, ein Schritt auf dem Weg, nie sein Ziel. Gegen diese Bewertung des Netzes wehren sich diejenigen vehement, die es als Wert an sich betrachten. Es ersetzt ihnen das Gedächtnis und den Weg in die Bibliothek, beliefert sie (oft kostenlos) mit Musik und Filmen, stellt Foren zur Kommunikation bereit und versorgt sie mit zahllosen nützlichen und nutzlosen Informationen. Für die große Mehrheit der Digital Natives ist das Netz die »neue Heimat des Geistes«, falls in diesem Zusammenhang der Begriff »Geist« überhaupt angemessen verwendet werden kann.

Noch deutlicher wird der Clash von analoger und digitaler Zivilisation bei der Frage, ob und inwieweit gültiges Recht auf das Internet Anwendung finden kann. Ist der Download von Kinderpornographie im Netz genauso strafbar wie der Erwerb einer entsprechenden DVD? Ist das illegale Kopieren von Musik im Internet mit dem Diebstahl im Laden vergleichbar? Begeht der Holocaustleugner eine Straftat, unabhängig davon, ob er seine Verachtung analog oder digital verbreitet? Die juristische Antwort auf diese Fragen ist eindeutig. Kinderpornographie, Diebstahl und Rassismus sind auch im Netz strafbar. Bei der Durchsetzung geltender Rechtsordnungen im Netz treten allerdings einige Probleme auf: Das Internet ist rasant, die Strafverfolgung zeitraubend, der geschickte Surfer navigiert anonym, das Recht kann nur gegen benennbare Personen oder Firmen durchgesetzt werden, das Netz verändert sich täglich durch technologische Innovationen der Privatwirtschaft und ist eine globale Institution, das Recht hingegen endet an den jeweiligen Landesgrenzen und unterliegt komplizierten Gesetzgebungsverfahren. Diese Anpassungsprobleme des Rechts an die Kulturtechnologie des Netzes hat das World Wide Web zu einem nahezu rechtsfreien Raum gemacht. Während vor allem die Schöpfer urheberrechtlich geschützter Werke fordern, diese Lücke zwischen gesetzlichen Regelungen und der Rechtswirklichkeit im Netz wieder zu schließen, wehren sich die Cyberpropheten gegen jegliche Kontrolle oder Regulierung. Die Piraterie sei kein Diebstahl, sondern die Vergesellschaftung individueller Kreativität, die schließlich allen Menschen gehöre. Diese Verbindung von neoliberaler Ideologie und antikapitalistischem Furor ist neu. Sie fordert keine Exklusivität, keine Ausnahme von der Regel, sondern die Exekution des normativen Rechts im Namen der Freiheit. Dies impliziert jedoch auch ein Grundrecht auf Kinderpornographie, Kunstraub, Terrorvideos und Nazipropaganda. Dabei gilt doch nach wie vor, dass wir im wirklichen Leben Einschränkungen unserer persönlichen Freiheit in Kauf nehmen müssen, wenn wir gemeinsam mit allen Mitbürgern in Frieden leben wollen. Genauso muss es für das Netz Rechtsordnungen geben, die das Miteinander regeln.

Damit sind wir beim entscheidenden Problem der gegenwärtigen Diskussion angelangt, nämlich bei der Frage, ob im Netz Demokratie oder Willkür herrschen sollen. Die Digital Natives reden zwar viel über Demokratie im Netz, doch ihre Vorstellung von dem, was Demokratie im Kern meint, scheint mir einer Anpassung an moderne Demokratievorstellungen bedürftig. Jens Jessen hat in der ZEIT vom 4. Juni 2009 darauf hingewiesen, dass im Demokratieverständnis antiker Staaten der Schutz von Minderheiten sehr unterentwickelt war: »In Athen war es möglich, missliebige Bürger per Mehrheitsentscheidung in die Verbannung zu treiben. Dieser Ostrazismus, auch Scherbengericht genannt, erlaubte die anonyme Abstimmung von Bürgern über Bürger – ohne Frage ein demokratisches Verfahren, wenn Demokratie ausschließlich das Prinzip der Mehrheitsentscheidung meinen soll.« In unseren modernen Demokratien gewährleisten dagegen gesetzliche Schutzmechanismen die Rechte der Minderheiten. Vornehmlich das Grundgesetz setzt der regierenden Mehrheit Schranken. Doch in der Theoriebildung der Netzenthusiasten, schreibt Jessen weiter, »scheint sich das Ideal der Ladenkasse festgesetzt zu haben: Die Güte eines Produktes [oder eines Gedankens, eines Werkes] erkennt man nicht an seinen Eigenschaften, sondern an der Zahl der Käufer [oder Diebe].« Deshalb darf nicht zugelassen werden, dass sich im Netz eine Kultur des Stärkeren austoben kann. Eine Netzkultur, die das Recht qua Masse und Macht außer Kraft setzt, verletzt beispielsweise das Recht der Urheber, die um ihr Eigentum keinen Zaun bauen können, weil es geistiger Natur ist. Die Freiheit ist zweifellos ein hohes, schützenswertes Gut. Freiheit ohne Recht ist aber nicht Demokratie, sondern Willkür.

AUF DEN ERSTEN BLICK GLEICHT DIE
GEGENWÄRTIGE MEDIENREVOLUTION IHREN
VORGÄNGERN, DOCH IN WIRKLICHKEIT UNTERSCHEIDET
SIE SICH GRUNDSÄTZLICH VON IHNEN

FÜNFHUNDERT Jahre nach Erfindung des Buchdrucks stehen wir wieder vor einer ähnlichen Revolution.« Mit diesem markanten Satz wurde der Verleger Helge Malchow im August 2008 in der Fachzeitschrift *Buchmarkt* zitiert. Diese Aussage bezweifelt heute wohl niemand mehr, vielmehr stecken wir schon mitten *in* einer neuen Medienrevolution.

Unter einer Medienrevolution verstehen wir die Einführung eines neuen Speichermediums und die Transformation der Inhalte von einem traditionellen in ein neues, medientechnisch verändertes Format. Die mündliche Überlieferung in der griechischen Antike durch fahrende Sänger oder Älteste und die mit Keilschrift beschriebenen Tontafeln Mesopotamiens wurden durch die handbeschriebene Papyrusrolle ersetzt. Die Papyrusrolle wurde vom Kodex abgelöst. Und der handgeschriebene Kodex wich schließlich dem gedruckten Buch.

Aus diesen historischen Erfahrungen wird deutlich, dass in der Vergangenheit das neue Medium aufgrund seiner verbesserten Funktionalitäten das alte Medium immer restlos verdrängt hat. Dieser Substitutionsprozess hat in der Vergangenheit immer mehrere Jahrhunderte gedauert. Ob das digitale Buch seinen gedruckten Vorgänger irgendwann ebenfalls einmal verschwinden lässt, bleibt aus vielerlei

Gründen zweifelhaft – man sollte die Ergebnisse früherer Medienrevolutionen trotzdem nicht aus den Augen verlieren.

Die gegenwärtige Medienrevolution ähnelt ihren Vorgängern vor allem in einem Punkt: Die Inhalte des neuen Mediums gleichen denen des alten. Dies war schon bei Gutenberg so, der die einzelnen Buchstaben einer Handschrift auf bewegliche Lettern übertrug und so das Schreiben von Büchern durch das Drucken ersetzte. Nichts anderes geschieht momentan: Die aktuellen E-Books zeigen nichts grundsätzlich anderes als die Einzelseiten des gedruckten Buches.

Doch damit sind im Wesentlichen die Gemeinsamkeiten schon erschöpft. Viel bedeutsamer als diese sind allerdings die Unterschiede. Denn erst die Besonderheiten der heutigen Medienrevolution machen die Tragweite deutlich, die sie in sich birgt und die sie womöglich explosiver macht als die Erfindung des Buchdrucks.

Erstmals können sich Inhalte von ihrem bisher primären Träger, dem Papier, lösen. Wir kennen zwar seit der Entstehung des Buches Mehrfachverwertungen von Inhalten. Bücher wurden nach ihrer Erstveröffentlichung in verschiedenen Formaten abgeschrieben beziehungsweise nachgedruckt, durch Bibliotheken verliehen, für Rundfunk und Film adaptiert und so weiter. Doch die Digitalisierung hat bewirkt, dass sich Inhalte gleichsam entkörperlichen. Aus Inhalten werden Daten, die in unterschiedlichen Medien Form annehmen können: in Büchern, auf Computern, Smartphones – mobile Telefone mit Internetverbindung, G P S und vielen anderen Funktionen –, E-Book-Readern und anderen Datenträgern. Damit einher geht ihre räumliche und zeitliche Globalisierung. Daten können jederzeit und an nahezu jedem Ort der Welt im Nu lesbar gemacht werden.

Weiter besteht wie nie zuvor in der Mediengeschichte die Gefahr der Monopolisierung oder mindestens Oligarchisierung von Inhalten und Werkzeugen zur Mediennutzung. Microsoft beherrscht die Welt der Computersoftware, Google organisiert fast im Alleingang das Weltwissen, YouTube ist die mit riesigem Abstand größte Plattform für Filme im Netz und Wikipedia die unangefochtene Weltenzyklopädie. The Pirate Bay kanalisiert mit seinen 25 Millionen registrierten Nutzern weltweit den Diebstahl urheberrechtlich geschützter Werke aus den Bereichen Musik, Film, Bücher, Hörbücher, Spiele und Software.

Die Digitalisierung und das Internet haben ferner das Bewusstsein vieler Menschen fundamental verändert. Das Urheberrecht, eine der wichtigsten Errungenschaften der Aufklärung, droht durch die Digitalisierung aus den Fugen zu geraten. »Tatsächlich ist etwas Grundlegendes passiert«, schrieb Bernd Graff am 14. Mai 2009 in der *Süddeutschen Zeitung* anlässlich der Verurteilung von The Pirate Bay durch ein schwedisches Gericht. »Die Welt dieser Digital-Piraten ist eine andere, und sie kommt aus einem nicht freundlich gesinnten Paralleluniversum. Man kann nicht mehr sagen, dass ein Graben die Weltwahrnehmungen der Urheberrechtsvertreter und der Rechtsprechung auf der einen Seite und die der anarchischen Gesetzesbrecher auf der anderen Seite trennt. Nein, man muss inzwischen von zwei kulturellen Hemisphären ausgehen, die völlig unterschiedliche Werte und Ordnungen vertreten – und die sich nichts mehr zu sagen haben.« Dieser Einschätzung möchte ich jetzt etwas genauer nachgehen, denn die Erosion des Urheberrechtsbewusstseins ist wohl die signifikanteste Begleiterscheinung der gegenwärtigen Medienrevolution.

Die Digitalisierung und der illegale Musik-Download haben herkömmliche Geschäftsmodelle der Musikindustrie in ein Trümmerfeld verwandelt. Das harmlos-freundliche »globale Dorf« mutierte ziemlich schnell zum »globalen Wilden Westen«, in dem ein rechtliches und wirtschaftliches Vakuum entstanden ist, das traditionelle Vorstellungen vom Recht am geistigen Eigentum auf den Kopf zu stellen droht. Die Digital Natives, die vermeintlich »edlen Wilden«, die für so rückschrittliche Ideen wie die des geistigen Eigentums kein Verständnis mehr haben, reklamieren für sich die Deutungshoheit über das Recht im Netz. Online-Piraterie ist für sie die digitale Signatur des 21. Jahrhunderts, Verteidiger des Rechts am geistigen Eigentum zählen sie zu Vertretern des Ancien Régime. Dabei greifen sie auf ein ideologisches Konzept des 19. Jahrhunderts zurück, nämlich auf das Diktum des französischen Anarchisten Pierre-Joseph Proudhon, wonach Eigentum Diebstahl sei. Nicht der sei ein Dieb, der gegen geltendes Recht das geistige Eigentum anderer raube, sondern derjenige, der darauf bestünde, dass ihm seine geistige Schöpfung gehöre, an deren gesellschaftlicher Nutzung er deshalb auch angemessen beteiligt werden möchte. Mit diesem Konzept im Gepäck ist die Gemeinschaft der Digital Natives dabei, durch Downloads in Tauschbörsen ganze Bereiche der Kreativwirtschaft faktisch zu enteignen. Die illegale Nutzung von Inhalten war jedoch auch eine permanente Begleiterscheinung des Buches. Nachdruck, Raubdruck und Plagiat gehörten schon immer zum Subtext der Buchkultur, und die Urheber hatten sich in jeder Zeit mit der unerlaubten Nutzung ihrer Werke auseinanderzusetzen. Die Digitalisierung hat den Diebstahl geistigen Eigentums allerdings auf eine neue Stufe gestellt. Der räumlich, zeitlich, qualitativ und quantitativ unbegrenzte Zugriff auf geistige Werke fremden Eigentums hat der Piraterie eine neue Dimension eröffnet.

Von den digitalen Kaperfahrten der Jetztzeit ist vor allem die Musikwirtschaft betroffen. In Zahlen ausgedrückt, liest sich das Desaster der Musikindustrie so: Ende der neunziger Jahre setzte der Tonträgermarkt in Deutschland 2,5 Milliarden Euro um. 2008 war man bei einem Umsatz von knapp 1,6 Milliarden angelangt. Im Jahr 2008 wurden knapp 50 Millionen Stücke und Alben legal als Digitalisate verkauft. Im gleichen Zeitraum sind über 300 Millionen Songs illegal von Tauschbörsen heruntergeladen worden. Der englische Musikproduzent Cliff Jones berichtete unlängst in der *Sunday Times* von seinem Nachbarn, einem seriösen Familienvater, der ihm stolz erzählte, dass sich 80 000 Stücke klassischer Musik auf seiner Festplatte befänden, die ihm ein Freund kostenlos überspielt habe. Cliff Jones errechnete den Wert dieses musikalischen Schatzes: Er kam auf 75 000 Euro, die der Nachbar bei einem regulären Einkauf hätte zahlen müssen.

Hinter den meisten Tauschbörsen stecken übrigens keineswegs harmlose Freaks oder von der Idee der Abschaffung des geistigen Eigentums überzeugte Digitalisten. Die schwedische Tauschbörse The Pirate Bay, deren Betreiber im April dieses Jahres angeklagt und verurteilt worden sind, stellt eine Ausnahme dar. Die Betreiber der meisten Tauschbörsen bleiben unerkannt und verschwinden in der Anonymität des Netzes. Ihre Server stehen in Teheran oder Moskau und sie werden von ermittelnden Behörden unter dem Stichwort »organisierte Kriminalität« gefasst und unter die Lupe genommen. Aus Sicht des Kriminalhauptkommissars Werner Dohr vom Landeskriminalamt Nordrhein-Westfalen handelt es sich bei ihnen um eine international organisierte Internetmafia, eine organisierte Schattenwirtschaft, die mit dem geistigen Eigentum von Autoren, Musikern, Regisseuren und anderen Künstlern eine sehr beträchtliche Summe verdient. Genauer gesagt wird der Profit nicht durch die Urheber, sondern durch Werbeeinnahmen erwirtschaftet. Zwischen monatlich 25 000 und 100 000 Euro schätzt Dohr diese Einnahmen pro Tauschbörse.

Nach einem Bericht der *Süddeutschen Zeitung* vom 20. Juni 2009 finanziert sich auch der Terrorismus durch Raubkopien. Schon in den neunziger Jahren des letzten Jahrhunderts kontrollierte die IRA in Irland 80 Prozent des Handels mit illegal hergestellten Videos und DVDs. In Pakistan wird mit Raubkopien heute die Kriegskasse der Taliban und von al-Qaida gefüllt.

Aber auch gewöhnliche Kriminelle setzen mit illegal hergestellten DVDs und CDs viel Geld um. Der Grund dafür liegt auf der Hand. Im Gegensatz zum Drogenhandel drohen nur geringe Strafen: »Die Gefahr, länger dafür ins Gefängnis zu wandern, ist gering. In den USA gibt es Bewährungsstrafen. In Ländern wie Brasilien, China, Pakistan und Russland, die das Gros der Raubkopien herstellen, gilt das Vergehen als Kavaliersdelikt«, heißt es in dem Artikel.

Auseinandersetzen müssen sich die Verfechter des Urheberrechts aber vor allem mit denen, die die ideologische Voraussetzung für die Enteignung von Künstlern geschaffen haben, also mit den Digital Natives und ihren Argumenten. Da ist zum Beispiel Lawrence Lessig zu nennen. Der Juraprofessor an der Stanford University gilt als einer der entschiedensten Gegner des Urheberrechts. Lessig verweist gern darauf, dass das klassische Urheberrecht die Herstellung und Ausstrahlung sogenannter Remix-Videos verbiete. Darunter versteht man private Videos, die mit Songs bekannter Musiker unterlegt werden und so ein neues, eigenes Werk begründen. »Alle Remix-Kreationen auf YouTube zum Beispiel ...: Das ist Kreativität von Amateuren, von unseren Kindern, die Inhalte aus dem Netz nutzen, um etwas Neues auszusagen.« Diese Kreativität würde durch die Restriktionen des Urheberrechts behindert, so Lessig. Dies soll und kann hier gar nicht bestritten werden. Es stellt sich jedoch die Frage, ob die kreative Freiheit von künstlerischen Amateuren, zum Beispiel Kindern, wirklich so hoch bewertet werden kann, wie Lessig das annimmt. Eine Abschaffung des Urheberrechts würde jedem Künstler die materielle Basis seines Schaffens rauben. Sie würde ihn in eine Zeit zurückkatapultieren, in der er auf die geringen Einkünfte aus der Verwertung seines Werkes angewiesen war oder auf die Brosamen, die ihm Fürsten und Mäzene zukommen ließen. Wie kann man ernsthaft erwägen, das Recht des Urhebers an seinen Werken dem Gestaltungsbedürfnis eines Kindes oder Amateurs zu opfern?

»Sehr mächtige Branchen versuchen, ihre alten Geschäftsmodelle

gegen eine neue Form der Verbreitung kultureller Werke zu schützen.« Mit dieser populistischen Behauptung wurde Lawrence Lessig
am 15. Mai 2009 im *Hamburger Abendblatt* zitiert. Zu diesen »mächtigen Branchen« zählt Lessig die Film-, Musik- und Verlagswirtschaft.
Aber wie mächtig, einflussreich und wirkungsvoll sind diese Branchen der Kreativwirtschaft wirklich? Auf der bereits erwähnten Liste
der 100 wertvollsten Marken der Welt findet sich nur ein Unternehmen der von Lessig gemeinten Branchen, nämlich die Disney-Film-
studios. Sie rangieren dort mit einem Wert von 23,7 Milliarden Dollar
auf Platz 23. Dagegen tummeln sich auf den vorderen Plätzen zahlreiche Unternehmen der Software-, Computer- und Telekommuni-
kationsindustrie, die mit und im Internet, also perspektivisch auch
mit rechtsfreien Inhalten, enorme Umsätze erwirtschaften. Der Wert
dieser Firmen beläuft sich auf mehr als eine Billion, also 1000 Milliarden Dollar. Die globale Entwicklung wird also von Unternehmen
bestimmt, die der Software-, Computer- und Telekommunikations-
industrie angehören. Sie gestalten die Zukunft unseres Planeten, und
ihre Interessen und Geschäftsmodelle geben den Takt der Entwicklung an.

Der habilitierte Jurist Urs Gasser von der Universität St. Gallen hat
sich am 23. März 2009 in der *Süddeutschen Zeitung* zur Nutzung ille-
galer Kopien im Internet geäußert: »Dabei handelt es sich um ein soziales Phänomen: Das Internet hat in der Art, wie es genutzt wird,
eine Form des Teilens entfacht, die gesellschaftlich auch sanktioniert
ist. Wir lehren unsere Kinder ja auch, dass sie teilen sollen. Denn das
Teilen gilt als etwas Gutes.« Hinter dieser Argumentation steckt eine
merkwürdige Auffassung vom Teilen. Darunter versteht man eigentlich das Abgeben eines bestimmten Teils einer begrenzten Ressource,
also mithin einen persönlichen Verzicht auf einen Teil seines Eigentums. Gassers Aussage impliziert die Identität der Begriffe Teilen und
Kopieren. Damit wird jedoch ein grundsätzlicher Mentalitätswandel
vollzogen. Kopieren ist ein grundsätzlich unbegrenzter Vorgang, teilen kann ich nur begrenzt. Sicherlich hat Gasser mit seiner Beobachtung recht, dass sich im Internet eine Kultur des illegalen Kopierens
entwickelt hat. Seine Behauptung, dass diese Form des Diebstahls als
Teilen »gesellschaftlich auch sanktioniert ist«, kann jedoch nicht hin-
genommen werden. Im Gegenteil ist das illegale Teilen – oder besser
Verteilen – von urheberrechtlich geschützten Inhalten nach wie vor

und glücklicherweise verboten, also das Gegenteil von gesellschaftlich akzeptiert.

Es ist zweifellos sehr populär, sich urheberrechtlich geschützte Filme, Musik, Hörbücher und E-Books kostenlos auf den eigenen Rechner zu laden. Deshalb braucht es auch populistische Argumente, um die Rechtswidrigkeit dieser alltäglichen Praxis zu relativieren. Dr. Till Kreutzer, Fachanwalt für urheberrechtliche Fragen, liefert diese Argumente in der *Süddeutschen Zeitung* vom 10. Dezember 2008: »Die meisten, die sich Daten von Tauschbörsen herunterladen, statt im Laden ›Originale‹ zu kaufen oder bei einem Online-Händler für den Download zu bezahlen, haben wenig kriminelle Energie. Sie sehen sich nicht als Verbrecher und Piraten, sondern als Musik-, Film- und Literaturliebhaber.« Diesem diebischen Personenkreis wird also nur eine geringe kriminelle Energie bescheinigt. Da können sich die Künstler wohl glücklich schätzen, wenn sie im Internet pausenlos bestohlen werden. Schließlich sind es ja Liebhaber ihrer Werke, die ihnen ihre Schöpfungen rauben. Kann man dann nicht auch im Laden klauen, wenn man beispielsweise über keinen Internet-Anschluss verfügt? Darauf antwortet die Berliner Kuratorin Henriette Huldisch in der *FAZ* vom 11. Mai 2009: »Aber einen Film zu downloaden, ist einfach nicht das Gleiche, wie eine DVD zu stehlen. Da gibt es ein ganz unterschiedliches Gerechtigkeitsempfinden.« An diesen Äußerungen kann man ermessen, wie weit sich das öffentliche Bewusstsein vom geltenden Recht entfernt hat. Der Medienwissenschaftler Volker Grassmuck forderte deshalb ganz im Sinne dessen im Berliner *Tagesspiegel* vom 17. April 2009: »Nach zehn Jahren Erfahrung muss man sagen: Das [Raubkopieren] ist eine eingeführte Kulturtechnik. Also muss man es legalisieren.«

Es ist schon ein wenig erstaunlich, den weit verbreiteten Diebstahl von Werken der Kunst als »Kulturtechnik« zu bezeichnen. Doch hinter dieser Position steckt ein viel grundsätzlicheres Problem, nämlich die Argumentation, dass man gegen das Raubkopieren aufgrund seiner eingeführten und massenhaften Anwendung nichts mehr unternehmen kann. Diese Anschauung ist nichts anderes als eine Verabschiedung vom politischen Denken und Handeln. Auch die fortschreitende Verschmutzung unseres Planeten und die damit einhergehende Klimaerwärmung sind Phänomene, die aufgrund einzelstaatlicher Interessen und Egoismen als kaum lösbar erscheinen. Geben wir die politische

Idee der Rettung der Erde auf, nur weil ihre Realisierung so schwierig ist? Kapitulieren wir vor dem Phänomen der Selbstmordattentate, nur weil diese moderne Form des Amoklaufs so weit verbreitet ist? Nehmen wir den weltweiten Drogenhandel mit dem Hinweis darauf hin, dass die internationale Mafia kaum in den Griff zu bekommen ist? Geben wir unsere Rechtsposition und unsere politischen Ideen auf, wenn ihre Umsetzung größte Schwierigkeiten bereitet? Wollen wir also vor dem permaneneten Rechtsbruch im Netz resignieren und ihn legalisieren, nur weil eine kleine aber lautstarke Gruppierung unserer Gesellschaft jauchzend geklaute Filme, Songs und Bücher aus dem Netz lädt, bis die Festplatte glüht?

Es mag vielleicht altmodisch sein, aber ich bin immer noch der Meinung, dass Rechtsbrüche, auch wenn sie durch technische Entwicklungen leicht gemacht werden und schwer zu verhindern und zu ahnden sind, noch lange kein Grund sind, diese Rechte preiszugeben.

Von den Argumenten zur Relativierung des Urheberrechts profitieren in erster Linie die sogenannten Tauschbörsen. Sie sind genauer gesagt Suchmaschinen, die in umfangreichen Verzeichnissen darüber Auskunft geben, welche privaten Rechner weltweit gerade Filme, Musikstücke, Hörbücher oder E-Books zum Kopieren anbieten. Der Programmierer Bram Cohen entwickelte 2002 die dazu notwendige Software und nannte sie »BitTorrent«, was übersetzt etwa »Sturzflut der Daten« bedeutet. Dass es sich bei dieser Technologie tatsächlich um eine Sturzflut handelt, belegen die statistischen Dimensionen des illegalen Datenverkehrs: Wenn man der auf http://geo.keff.org/ einsehbaren Weltkarte von Google Glauben schenkt, laden sich täglich etwa 3,3 Millionen Chinesen illegale Kopien über den BitTorrent-Tracker The Pirate Bay herunter. Mit einem Marktanteil von 22,3 Prozent ist China Weltmeister im Raubkopieren. Weltweit seien gut 15 Millionen User pro Tag auf digitaler Kaperfahrt. Im Jahr summiert sich diese Zahl auf fünfeinhalb Milliarden Menschen. Niemand kann den Schaden genau ermessen, der den Urhebern und der Industrie entsteht – es handelt sich jedenfalls um viele Milliarden Euro.

Vor diesem Hintergrund wird es verständlich, dass der Prozess gegen The Pirate Bay im Frühjahr 2009 weltweites Aufsehen erregte. Die vier Betreiber der in Schweden beheimateten Tauschbörse wurden wegen »Beihilfe zur Bereitstellung urheberrechtlich geschützter Produkte« erstinstanzlich zu einem Jahr Gefängnis und einer Strafzahlung von gut drei Millionen Euro verurteilt. Ihre Verteidigung war juristisch unterlegen. Sie hatte argumentiert, dass sich die Betreiber von The Pirate Bay zum illegalen Download ungefähr so verhielten wie der Hersteller eines Küchenmessers zu einem Mord. Mit einem Küchenmesser könnte man man schließlich auch einen Mord begehen, weshalb man die Fabrikanten von Messern aber nicht verurteilen würde. Dagegen war das Gericht der Auffassung, The Pirate Bay sei einzig und allein zu dem Zweck gegründet worden, illegales Kopieren zu ermöglichen, weshalb der Vergleich mit dem Küchenmesser nicht zuträfe.

Seit diesem Urteil ist Schweden in der Frage des Urheberrechts tief gespalten. Während prominente Autoren wie Per Olov Enquist und Henning Mankell mit Strafanzeigen gegen Raubkopierer ihrer Hörbücher vorgingen, schickten die Wähler eine schwedische Piraten-Partei ins Europäische Parlament. Der Rechtsstreit um The Pirate Bay wird bis zu seiner letztinstanzlichen Entscheidung noch einige Jahre dauern. Bis dahin wird The Pirate Bay nicht abgeschaltet. So sah es jedenfalls bis zum 1. Juli 2009 aus. An diesem Tag wurde die Öffentlichkeit mit der Meldung überrascht, dass The Pirate Bay von seinen vier Betreibern für umgerechnet knapp sechs Millonen Euro an das schwedische Internet-Unternehmen Global Gaming Factory verkauft wird. Die neuen Inhaber wollen die Piratenbucht in ein Unternehmen mit legalen Angeboten umwandeln. Mit diesem Schritt hat The Pirate Bay seine Unschuld verloren. Das Unternehmen, das als David gegen die scheinbar übermächtige Industrie angetreten ist, um als gemeinnützige Plattform Liebhabern den Austausch von Musikdateien zu ermöglichen, hat seinen durch den Prozess noch gesteigerten Bekanntheitsgrad genutzt, um einen optimalen Verkaufspreis zu erzielen. Bereits die schwedischen Richter hatten erkannt, dass es den vier Inhabern nur um das gehe, was sie der Industrie vorwerfen, nämlich mit Werbung Geld zu verdienen. Die Netz-Community sieht das ähnlich. »Für dreißig Millionen Kronen würde ich meine Prinzipien auch über Bord werfen«, zitiert die *FAZ* vom 2. Juli einen Blogger. Ein anderer höhnte: »Alles ist käuflich, auch eure Pseudointegrität.«

Erstaunlicherweise ist eine Entscheidung des Bundesverwaltungsgerichts Bern vom 27. Mai 2009 in den Medien nahezu unbeachtet geblieben. Dort musste die strittige Frage geklärt werden, ob es datenschutzrechtlich zulässig ist, IP-Adressen von Tauschbörsennutzern mit einer eigens dafür entwickelten Software zu speichern, um sie anschließend an die Inhaber verletzter Urheberrechte weiterzugeben. Das Gericht befand, dass mit dieser Datenerhebung das Persönlichkeitsrecht der Betroffenen verletzt wird; dennoch wollte es darin aber keine Widerrechtlichkeit erkennen, da »überwiegende private wie auch öffentliche Interessen die Verletzung rechtfertigen«. Die Durchsetzung des Urheberrechts liege nämlich im öffentlichen Interesse, und es sei »weder missbräuchlich noch unverhältnismäßig«, technische Daten zu sammeln, um damit Urheberrechtspiraten zu identifizieren.

An dieser Stelle möchte ich noch eine grundsätzliche Überlegung zum Urheberrecht anstellen. Rechtssystematisch ist es ein Teil des Immaterialgüterrechts, also des absoluten Rechts an immateriellen Gütern. Zu diesen Rechten gehören neben dem Urheberrecht auch das Patentrecht, das Markenrecht, das Sortenschutzrecht (bei Pflanzenzüchtungen), das Geschmacksmusterrecht, das Recht am eigenen Bild, das Namensrecht und viele andere mehr. Mich erstaunt immer wieder, dass kaum einer das Recht eines Pharmaunternehmens an dem von ihm mit großem finanziellem Aufwand entwickelten Medikament in Frage stellt. Oder das Recht eines Architekten an seinem Bauwerk, das Recht von Coca Cola an seinem Rezept und seiner Wortbildmarke, das Recht von Google an seinem Algorithmus, das Recht von Mercedes Benz an seinen Karosserien, das Recht von Microsoft an seinen Programmen. Diese Beispiele ließen sich ad infinitum fortsetzen. Allein bei geistigen Schöpfungen aus dem Bereich der Kultur wird derzeit der Rechtsschutz öffentlich hinterfragt.

DAS LESEVERHALTEN WIRD SICH SCHNELLER UND GRUNDLEGENDER ÄNDERN ALS BISHER ANGENOMMEN, UND DAS GEDRUCKTE BUCH IST NICHT VOM AUSSTERBEN BEDROHT, SONDERN VON SEINER MARGINALISIERUNG

WIR sind nicht nur, *was* wir lesen, wir sind, *wie* wir lesen.« So lautet die Grundthese von Maryanne Wolf, Direktorin des Center for Reading and Language Research in Medford (USA). Die intensive Nutzung moderner Formen der Kommunikation und Informationsvermittlung verändert nach Ansicht vieler Forscher die Arbeitsweise unseres Gehirns und unser Leseverhalten. Insbesondere die Dekodierung kurzer Informations- und Unterhaltungshappen verdrängt schleichend das sogenannte »deep reading«, die Rezeption linearer Texte. Friedrich Nietzsche wechselte 1882 für kurze Zeit sein Schreibwerkzeug und verfasste eine Reihe von Briefen, Gedichten und Sprüchen auf der Frühform der Schreibmaschine, der »Schreibkugel« des dänischen Pastors Hans Rasmus Hansen. Seinem Sekretär Heinrich Köselitz übermittelte Nietzsche folgenden Satz: »Sie haben recht – unser Schreibzeug arbeitet mit an unseren Gedanken.« Wenn diese Beobachtung zutrifft, dann beeinflussen auch die Medien die Art und Weise unserer Lektüre.

Die Veränderung unserer traditionellen Lesekultur durch die Nutzung digitaler Medien lässt sich bereits vielerorts beobachten. Am deutlichsten ist dieses Phänomen bisher in Japan hervorgetreten. Dort veröffentlichte ein junger Tokioter im Jahr 2000 einen der ersten Handy-Romane mit dem Titel *Deep Love*, der ein sensationeller Erfolg wurde. Das erst anschließend gedruckte Buch verkaufte sich in einer Auflage von 2,7 Millionen Exemplaren und wurde mehrfach verfilmt. *Deep Love* wurde in der auf japanischen Handys gängigen Leserichtung von links nach rechts gedruckt, also in einer radikalen Abkehr von der in Japan üblichen Leserichtung von oben nach unten. Diese horizontale Schrift wurde zum Standard der Handy-Romane und inzwischen werden auch Klassiker der japanischen Literatur wie Natsume Sōseki im Handy-Roman-Format gedruckt.

Doch zumeist sind Handy-Romane triviale Liebesgeschichten ohne nennenswerten literarischen Anspruch. Bedingt durch die Größe der Displays werden kurze Sätze und Dialoge bevorzugt. Junge Mädchen sind die Hauptabnehmer dieser modernen Romane, die nach ihrer digitalen Veröffentlichung oft auch im Printformat angeboten werden. Die japanische Jahresbestsellerliste gedruckter Bücher aus dem Jahr 2007 führt unter den Top Ten fünf Handy-Romane, drei belegen die ersten Plätze. Von den gedruckten Versionen der Handy-Romane werden durchschnittlich 400 000 Exemplare verkauft. Insgesamt setzt die Branche derzeit etwa 60 Millionen Euro pro Jahr mit Handy-Romanen und ihren Lizenzprodukten um. Für die nächsten Jahre wird ein Umsatz von 100 Millionen Euro prognostiziert. Längst werden Literaturpreise für Handy-Romane verliehen, um aus der Unzahl der Autorinnen und Autoren vielversprechende Nachwuchstalente zu filtern. Inzwischen schreiben auch renommierte japanische Autoren Handy-Romane, beispielsweise die 1922 geborene buddhistische Nonne Setouchi Jakucho.

Auch in Deutschland wurden bereits einige Handy-Romane veröffentlicht Die Breitenwirkung, die sie in Japan erreicht haben, ist bei uns jedoch kaum zu erwarten. Trotzdem ist ihr Erfolg ein Beleg dafür, wie ein neues Buchformat in kürzester Zeit traditionelle Lesegewohnheiten revolutionieren kann. Eine große Zukunft könnten Handy-Romane und andere digitale Rezeptionsformen vor allem in den Ländern der Dritten Welt haben, in denen sich bis heute keine nennenswerte analoge Buchkultur entwickelt hat.

DAS KLASSISCHE, also gedruckte Buch hat so viele Nutzervorteile, »dass es mindestens so überlebensfähig ist wie das Fahrrad seiner motorisierten Konkurrenz gegenüber«. Mit diesen Worten bemühte sich ein Verleger aus München unlängst, die Unersetzbarkeit des Buches zu begründen. Vergleiche dieser Art haben derzeit Konjunktur. Gern verweist man in der Branche auch darauf, dass das Radio schließlich sogar die Konkurrenz der visuellen Medien, also Fernsehen und Film, überlebt habe. Jeff Bezos, der Gründer von Amazon, äußerte sich ähnlich: »Physische Bücher werden nicht völlig verschwinden, so wie Pferde nicht völlig verschwunden sind.«

Spätestens an dieser Stelle wird deutlich, was diese Vergleiche aussagen. Das Fahrrad mag ja in der Freizeit vieler Menschen eine bedeutende Rolle spielen, für den Transport von Menschen und Gütern ist es in einer globalisierten Welt jedoch nur von marginaler Bedeutung. Und welchen Einfluss auf die kulturelle Entwicklung der Menschheit hat das Radio angesichts der Übermacht der Bilder, die täglich von Fernsehanstalten, Hollywood und YouTube ausgestrahlt werden? Ähnliches gilt für das scheinbar wohlmeinende Bild, das Jeff Bezos für die Chancen des gedruckten Buches gezeichnet hat: In unserer Zeit der Auto- und Datenbahnen erscheint das Pferd nur noch als liebenswertes Überbleibsel einer längst verschwundenen Welt.

Es hat niemanden ernstlich überrascht, als Jeff Bezos bei der Vorstellung seines E-Book-Readers Kindle das Buch als »letzte Bastion des Analogen« bezeichnete und dann ausführte, dass »mit der Zeit

Bücher auf elektronischen Geräten gelesen werden«. Erstaunlich ist allerdings, dass die Traditionalisten in unserer Branche heute bei dieser Zukunftsvision immer noch ungläubig mit dem Kopf schütteln. Das Buch sei schließlich unersetzbar, niemand werde *Krieg und Frieden* auf einem Bildschirm oder Handy lesen wollen. So ähnlich haben die Musiker und Photographen auch reagiert, als die Zukunft digitaler Trägermedien in ihrer Branche diskutiert wurde. Dann brachte Apple den iPod auf den Markt. Und kennt jemand noch einen Menschen, der analog photographiert? Nicht vergessen werden sollte auch, dass es die Buchbranche selbst war, die ihr wichtigstes Arbeitsmittel, das *Verzeichnis lieferbarer Bücher*, von der gedruckten Ausgabe erst auf C D gebracht und schließlich online gestellt hat.

»Natürlich wird das gedruckte Buch nicht völlig verschwinden«, prophezeit uns Tim Renner. »Aber die Umsätze der Musikindustrie haben sich in den letzten zehn Jahren fast halbiert, und sie werden sich noch weiter reduzieren.« Ich glaube auch, dass das gedruckte Buch überleben wird, als prachtvoller Bildband über Kunst, Architektur oder Photographie, als liebevoll gestaltetes Kinder- und Jugendbuch, literarische Belletristik und als qualitativ hochwertiges Sachbuch. Aber wie sieht die Zukunft von Ratgebern und Wörterbüchern, von Literatur für Hobby und Freizeit, von Schulbüchern und Unterhaltungsliteratur aus – von der wissenschaftlichen Literatur ganz zu schweigen? Glauben wir ernsthaft, mit gedruckten Ausgaben dieser Warengruppen in fünf oder acht Jahren noch nennenswerte Umsätze erzielen zu können?

Auf Reisen brauche ich keine Landkarte, keinen Stadtplan, keinen Reiseführer und kein Wörterbuch mehr. Wie beschneide ich Rosen, wann setze ich Tulpenzwiebeln? Morgen Appetit auf Saltimbocca alla romana? Museen für Kinder in Düsseldorf? Ein Blick ins Internet genügt. Ob uns das gefällt, ist eine so müßige Frage wie die, ob uns ein Erdbeben oder die Globalisierung gefällt. »Ist der Geist aus der Flasche«, schrieb Jürgen Neffe in der *Zeit* vom 23. April 2009, »kehrt er nicht mehr dorthin zurück. Kommende Generationen werden kaum glauben, dass er je hineingepasst hat.«

Der Geschäftsführer der Osianderschen Buchhandlung in Tübingen, Heinrich Riethmüller, hat 2008 im *Börsenblatt* die Vermutung geäußert, dass »das Buch als Leitmedium abgelöst wird«. Angesichts der Vielfalt der Medien und ihrer Nutzung befürchte ich, dass das gedruckte Buch seine Funktion als Leitmedium schon längst eingebüßt hat. Durch die fortschreitende Digitalisierung wird die Bedeutung gedruckter Bücher, und damit der Umsatz mit ihnen, weiter schwinden. Deshalb bin ich der Meinung, dass das gedruckte Buch nicht vom Aussterben, wohl aber von seiner Marginalisierung bedroht ist.

DAS E-BOOK WIRD DEN MARKT UND SICH SELBST SCHNELLER VERÄNDERN ALS JEDES ANDERE NEUE MEDIENFORMAT IN DER GESCHICHTE DER BUCHKULTUR

ALS Amazon im November 2007 mit seinem Kindle den ersten zukunftsträchtigen E-Book-Reader auf den Markt brachte, konnte das Unternehmen seinen Kunden 90 000 E-Books zum Kauf anbieten. Knapp anderthalb Jahre später, im März 2009, hatte sich die Zahl der lieferbaren E-Books auf 280 000 erhöht, also mehr als verdreifacht.

Ein vergleichbares Wachstum ist beim Verkauf von E-Books in den USA zu beobachten. Im Jahr 2007 wurde mit E-Books ein Umsatz von 67 Millionen US-Dollar erwirtschaftet. Diese Summe entsprach lediglich 0,27 Prozent vom Gesamtumsatz mit Büchern. 2008 stieg der Umsatz mit E-Books auf 113 Millionen Dollar. Damit hatte sich sein Anteil am Gesamtumsatz mit 0,47 Prozent immerhin knapp verdoppelt. Für den Januar 2009 meldete die Association of American Publishers einen Umsatz von 8,8 Millionen Dollar. Das entspricht einer Umsatzsteigerung von 174 Prozent und einem Anteil von 1,1 Prozent am Gesamtumsatz. Bemerkenswert ist auch, dass die Umsätze mit E-Books im Januar 2009 erstmals die mit Hörbüchern übertreffen konnten.

Eine Studie über den deutschen E-Book-Markt kommt zu dem Ergebnis, dass bis 2015 zwischen 15 und 60 Millionen E-Books verkauft werden könnten. Diese Studie hat allerdings nur den Verkauf von E-Books für E-Book-Reader untersucht, nicht den für Smartphones wie das iPhone, dem viele Marktteilnehmer ein großes Potential zutrauen. Insofern halte ich es für realistisch, dass das prognostizierte Verkaufsergebnis noch übertroffen werden kann. Über den potentiellen Marktanteil der E-Books am Gesamtbuchmarkt in Deutschland kann man nur spekulieren. Die Schätzungen liegen derzeit zwischen 5 und

25 Prozent für die Jahre 2012 bis 2025. Es würde mich nicht wundern, wenn die Prognosen, die am weitesten gehen, relativ bald zuträfen. Doch diese prognostizierten 25 Prozent Marktanteil von Digitalisaten beschreiben nur die eine Seite des Buchmarktes. In bestimmten Teilmärkten könnte ein digitales Format schon in absehbarer Zeit das gedruckte Buch vollständig ersetzen, statt sich einfach neben das Buch zu gesellen. Der legendäre Gründer und Herausgeber des Journals *New York Review of Books*, Robert Silvers, ist der Überzeugung, »dass Bücher in Zukunft größtenteils auf dem Bildschirm gelesen werden. Ich habe einen Kindle, wir verwenden ihn ständig zur Recherche. Im Moment kostet das Gerät noch 400 Dollar. Ich denke, es wird bald vier Dollar kosten.« Auf die Frage des *Standard* im Frühjahr 2009, in wie vielen Jahren sich dieser mediale Wandel abspielen wird, antwortete Silvers: »Ich habe keine Ahnung. Ein Buch in der Hand zu halten, ist so charmant, so angenehm. Aber die nach uns kommen, werden dieses Gefühl nicht vermissen.« Und die nach uns kommen, muss man wohl ergänzen, die sind bereits da.

Es wachsen nämlich Menschen heran, für die »Buch« eine ähnliche Metapher sein könnte wie für uns die »Feder« der Autoren. In absehbarer Zeit werden manche Titel nur noch digital erscheinen. Ein Höhepunkt der Medienrevolution wird schließlich erreicht, wenn die ersten E-Books in den Bestsellerlisten auftauchen. Doch bis dahin wird noch allerhand geschehen. Beispielsweise wird sich das E-Book recht schnell von seinem gedruckten Vorbild emanzipieren. Die Drucker der Gutenbergzeit haben Jahrzehnte gebraucht, bis sie die technischen Möglichkeiten des neuen Mediums erkannten und nutzten. Erst dann führten sie das Titelblatt, die Seitenzählung, den einfachen und den Farbholzschnitt in die Drucktechnik ein. Dieser Prozess wird sich beim E-Book blitzschnell vollziehen. Mit weiterführenden Text- und Bilddokumenten, Weblinks, Videosequenzen und Audiopassagen werden alle denkbaren technischen Möglichkeiten eines elektronischen Buches ausgeschöpft werden. Und diese konventionellen Tools sind erst der Anfang. Das E-Book wird sich zu einem Produkt mit viel umfangreicherer Komplexität, Kapazität und Funktionalität entwickeln. Internetgestützte E-Books werden zu Blogs, man wird in Anmerkungen anderer Leser blättern können. Vielleicht werden auch statistische Informationen zur Verfügung gestellt: Wie oft angeklickt? Wie oft gekauft? Wie oft von einer Online-Bibliothek ausgeliehen? Wir werden bald sehen, wie sich das E-Book von seiner heutigen Gestalt entfernen wird und neue technische Möglichkeiten ausgeschöpft werden.

NACH EINER KURZEN ÜBERGANGSZEIT
MONOFUNKTIONALER E-BOOK-READER WERDEN SICH
SMARTPHONES ZUM STANDARD FÜR E-BOOKS ENTWICKELN

M IT ihren Stärken – gedruckt scharfen Bildschirmen und langen Laufzeiten – lenken sie nur von ihrer größten Schwäche ab: Sie bieten alten Wein in neuen Schläuchen.« Jürgen Neffe meinte mit seiner Einschätzung in der ZEIT vom 23. April 2009 die E-Book-Reader, die in diesem Frühjahr auf dem deutschen Markt erschienen sind und einen regelrechten Medienhype ausgelöst haben. Die Kunden reagierten auf die E-Book-Reader jedoch eher zurückhaltend. Das Interesse der Branche scheint ungleich höher zu sein als das der Leser.»Wir lesen einen Großteil unserer Manuskripte jetzt auf diesem Sony-Reader; die meisten Manuskripte bekommen wir mittlerweile sowieso elektronisch zugesandt. Früher haben wir kiloweise Manuskripte ausgedruckt und dann in unseren dicken Taschen durch die Gegend geschleppt. Das war aus heutiger Sicht unklug, für unseren Rücken und für den Regenwald. Die neue Technologie ist perfekt für uns als Lektoren und für alle, die beruflich mit Texten zu tun zu haben.« Dies erklärte der Verleger Helge Malchow in der Fachzeitschrift Buchmarkt bereits im Juni 2008, also zu einer Zeit, als die Sony-Reader in Deutschland noch gar nicht erhältlich waren. Und er sprach damit vielen Kolleginnen und Kollegen aus der Seele. In zahlreichen Verlagen waren E-Book-Reader längst vor ihrer deutschen Markteinführung in Gebrauch, nicht nur, aber vor allem in den Lektoraten.

Deshalb hört man in der Branche immer mehr Stimmen, die den E-Book-Reader als zuverlässiges und perfektes Gerät für diejenigen empfinden, die professionell mit Texten zu tun haben. Die derzeit lieferbaren Geräte sind kräftige Arbeitspferde mit hohen Speicherkapazitäten und langen Akkulaufzeiten. Sie sind die deutschen Pendants zum Kindle von Amazon, der im November 2007 in Amerika erschien, dort bemerkenswerte Erfolge gefeiert und einen wahren E-Book-Boom ausgelöst hat. Während wir über den E-Book-Verkauf in Amerika sehr gut unterrichtet sind, hüllt sich Amazon über die Zahl seiner verkauften Kindles in tiefes Schweigen. Die Schätzungen schwanken deshalb erheblich. Zwischen 240 000 und 750 000 Geräte sollen bis heute in Amerika verkauft worden sein. Das ist nicht wenig, klingt aber noch nicht nach einem wirklichen Massenmarkt. Der Sony-Reader hat sich nach Firmenangaben von seiner Markteinführung im Oktober 2006 bis Juni 2009 weltweit über 300 000 Mal verkauft.

Nach einer Prognose der Unternehmensberater Kirchner + Robrecht werden bis Mitte 2010 ungefähr 80 000 Deutsche einen E-Book-Reader erwerben. Etwa Ende 2013 rechnen Kirchner + Robrecht mit einer Million verkaufter Exemplare und Mitte 2015 sollen drei Millionen Deutsche ein Lesegerät besitzen. Doch diese Zahlen sind mit großer Vorsicht zu genießen, denn Smartphones sind als E-Book-Reader nicht einbezogen. Und deren Verkaufszahlen und Prognosen hören sich völlig anders an.

Apple hat seit der Markteinführung seines iPhones im Juni 2007 weltweit über 37 Millionen iPhones und iPod-touch-Geräte verkauft. Allein im Jahr 2008 gingen weltweit 162 Millionen Smartphones über die Ladentische. Und bis 2013 sollen Smartphones am Handymarkt einen Marktanteil von 38 Prozent erreichen. Wir reden hier also über mehrere hundert Millionen Geräte, auf denen E-Books gespeichert und gelesen werden können. Diese Zahlen sollte man im Hinterkopf behalten, wenn über den Verkauf von E-Books und deren Hardwarebasis gesprochen wird.

Das iPhone bietet gegenüber den E-Book-Readern diverse Vorteile, die es als Lesegerät durchaus konkurrenzfähig machen. So ermöglicht der relativ schnelle Internetzugang des iPhones beim Lesen eines E-Books zum Beispiel den sofortigen Zugriff auf weiterführende und tagesaktuelle Informationen, auf Wörterbücher beim Lesen fremdsprachiger Texte, auf Wort- und Sacherklärungen, geographische Informationen und so weiter. Ferner bietet das iPhone den Zugang in eine riesige Bibliothek urheberrechtsfreier Bücher. Abertausende Titel können über die exklusive Software Stanza von verschiedenen Plattformen, wie zum Beispiel dem Project Gutenberg, angezeigt und heruntergeladen werden.

Vielen Besitzern eines iPhones stellt sich da sicherlich die Frage, wozu sie drei- bis fünfhundert Euro für einen E-Book-Reader bezahlen sollen, wenn sie mit dem iPhone bereits einen besitzen? Im Ergebnis verzichten wohl die meisten Nutzer eines iPhones auf das größere Display und nehmen die relativ kurze Laufzeit des Akkus in Kauf. Dies wird in der Branche nicht anders gesehen. Die Mehrheit der von mir Befragten war einhellig der Meinung, dass ein E-Book-Reader haupt-sächlich für professionelle Leser interessant ist, der Massenmarkt für E-Books hingegen über Smartphones laufen wird.

DER BUCHHANDEL HAT SICH MIT DEM GRÖSSTEN STRUKTURWANDEL SEINER GESCHICHTE AUSEINANDERZUSETZEN

BUCH *und Buchhandel in Zahlen* ist der Titel des statistischen Jahr-buchs der Branche, das jährlich vom Börsenverein des Deutschen Buchhandels herausgegeben wird. Wenn man die letzten zehn Jahr-gänge durchblättert, bekommt man einen Eindruck davon, wie sich die Branche gewandelt hat. Und man muss kein Prophet sein, um zu sehen, dass sich dieser Wandel in den nächsten Jahren beschleunigt fortsetzen wird – mit einschneidenden Folgen für den stationären Buchhandel.

Von den Umwälzungen der letzten Jahre profitierte eindeutig der Versandbuchhandel, der sein Wachstum so gut wie ausschließlich dem Handel im Internet verdankt. 1998 setzte der Versandbuchhandel dort noch bescheidene 30 Millionen Euro um. Im vergangenen Jahr durchbrach dann der Internet-Handel mit Büchern erstmals eine vor Jahren noch undenkbare Schallmauer: Über eine Milliarde Euro gaben die Kunden für ihre Bucheinkäufe im Netz aus. Während der Versandbuchhandel 2003 noch einen Anteil von 9,4 Prozent vom Gesamtumsatz des Buchhandels erwirtschaftete, konnte er sich fünf Jahre später bereits 14 Prozent sichern. Es ist vor allem das sich rasch verändernde Einkaufsverhalten, das dieses Wachstum ermöglicht hat. Im Jahr 2005 haben 26,9 Prozent aller Deutschen zwischen 14 und 69 Jahren im Internet eingekauft, 2008 waren es bereits 46 Prozent. Und Bücher stehen mit Abstand ganz oben auf der Einkaufsliste. In den letzten vier Jahren ist der Handel mit Büchern im Internet um durch-schnittlich knapp 20 Prozent pro Jahr gewachsen. Wenn man dieses Wachstum auch für die kommenden vier Jahre annimmt, wird der

Internethandel mit Büchern im Jahr 2013 etwa 2,5 Milliarden Euro umsetzen und dem Versandbuchhandel einen Anteil von 25 Prozent vom gesamten Umsatz mit Büchern bescheren.

Der Verlierer dieses Prozesses lässt sich deutlich benennen: Es ist der klassische, stationäre Sortimentsbuchhandel, der von 2003 bis 2007 2,9 Prozent seines Anteils am Umsatz mit Büchern in Deutschland an den Internethandel verloren hat. Das ist eine durchschnittliche Verlustbilanz von etwa 75 Millionen Euro pro Jahr.

Da der Sortimentsbuchhandel selbst keine homogene Größe ist, sondern von sehr unterschiedlich großen Einzelunternehmen sowie regional und national agierenden Filialisten geprägt wird, stellt sich die Frage, welche Bereiche des Sortimentsbuchhandels hauptsächlich von den weiter zu erwartenden Umsatzrückgängen betroffen sein werden. Aktuelle Entwicklungen deuten darauf hin, dass nach der Expansion die überregionalen Buchhandelsketten den größeren Teil der Einbußen verkraften müssen. Im Sommer 2009 schockierten die Filialunternehmen Weltbild plus und Hugendubel nacheinander die Branche mit der Nachricht, dass sie aufgrund der wirtschaftlichen Situation bis zu einem Drittel ihrer Mitarbeiterinnen und Mitarbeiter entlassen müssten. Beide Unternehmen begründeten ihre Entscheidung vor allem mit dem Hinweis auf die Abwanderung vieler Kundenbestellungen ins Internet.

Ganz unabhängig von dieser Entwicklung stellt sich aufgrund der hier skizzierten Tendenzen die grundsätzliche Frage, ob man im Zeitalter des Internets noch 7000-Quadratmeter-Flächen braucht. Es sieht derzeit so aus, als müssten sich die Buchhandelsfilialisten für ihre innerstädtischen Großflächen recht schnell neue Geschäftsmodelle überlegen. Man wird sicher die innerstädtischen 1 A-Lagen aus verständlichen Gründen nicht aufgeben wollen. Also muss man entweder verstärkt ein Non-Book-Sortiment aufbauen oder Shop-in-Shop-Modelle installieren – wie das bei Dussman in Berlin schon Praxis ist – oder einen Mix aus beiden Modellen einführen. Mit Büchern allein wird man die Großflächen künftig nicht mehr wirtschaftlich betreiben können.

Auf die Zuwächse der Internet-Umsätze reagierten die Großbuchhandlungen, so Andreas Bernard in der *Süddeutschen Zeitung* vom 13. März 2009, mit einer Abkehr von der traditionellen Buchpräsentation hin zu einer Inszenierung von Erlebniswelten: »Das deutlichste

Zeichen dieser Bemühung ist der Wechsel vom Regal zum Tisch als Hauptschauplatz des Sortiments. Die alphabetische Ordnung von ›rückenpräsentierten‹ Büchern ... ist von einer thematischen Ordnung ›frontalpräsentierter‹ Bücher abgelöst worden. Betont wird der ›Erlebnischarakter‹ auch durch die unregelmäßige, pyramidenartige Verteilung der Bücher auf den Tischen, die den Eindruck eines dynamischen, in ständiger Bewegung befindlichen Sortiments vermitteln soll.« Längst werden in diesen Buchhandlungen nicht nur Neuerscheinungen auf den genannten Tischen ausgelegt, sondern Themen gebildet, die gerade im Gespräch sind. Um diese Themen komplett präsentieren zu können, wird die traditionelle Strukturierung eines Sortiments in Belletristik, Sachbuch, Biographie, Taschenbuch, Reise oder Film aufgegeben. Auch die schon länger raumbestimmende Präsentation von Bestsellern wurde neu bedacht. Man findet sie heute nicht nur an einem Ort versammelt, sondern vereinzelt auch an ganz unterschiedlichen, scheinbar zufällig ausgewählten Plätzen ausgelegt. Diese und weitere Formen der Buchpräsentation nehmen nicht nur aktuelle Trends und Themen auf, wollen nicht nur die Orientierung erleichtern, durch sie versucht man vor allem eine dem Netz vergleichbare Erlebniswelt zu modellieren.»Kunden, die diesen Artikel gekauft haben, kauften auch ...« Diese schon fast sprichwörtliche Suggestion von Amazon wird in diesen Buchhandlungen nachgebildet. Dabei spiegelt sich das Prinzip der digitalen Beliebigkeit in der disparaten Anordnung der Bücher wider.

Angesichts der anfangs dargestellten Entwicklung der Umsätze scheint es fraglich, ob diese Strategie der Nachahmung ausreichen wird, um den Durchmarsch des Internet-Buchhandels zu stoppen. Zumal in diesem Jahr weitere Herausforderungen – neue Produkte, Geschäftsmodelle und Konkurrenten – dazukommen, die zusammengenommen womöglich noch weitreichendere Folgen für den stationären Buchhandel haben werden.

Mit den neuen Produkten sind die im Frühjahr 2009 in Deutschland eingeführten E-Book-Reader und die E-Books selbst gemeint. Wenn sich meine bereits geäußerten Vermutungen bewahrheiten, wird deren Verkauf kein nennenswertes Geschäft für den Buchhandel. Und falls sich Smartphones gegenüber den E-Book-Readern durchsetzen, wird auch der Verkauf von E-Books weitgehend am Buchhandel vorbeigehen und über das Internet getätigt werden. Kein Mensch kann heute sagen, wie sich der deutsche E-Book-Markt in den nächsten Jahren entwickeln wird. Es ist aber davon auszugehen, dass dieser Markt dem Sortimentsbuchhandel weitere Umsätze entziehen wird.

»Digitaler Content werde in Zukunft nicht mehr buchbezogen vertrieben, sondern in Bundles oder individuellen Kompilationen. Für die Verleger und Buchhändler komme es darauf an, Geschäftsmodelle zu entwickeln, die mit den bisherigen, auf Einzeltitel bezogenen Vorstellungen nicht mehr viel zu tun hätten.« Diese perspektivische Einschätzung des Londoner Sony-BMG-Managers Gerhard Blum war bereits im Winter 2008 paraphrasiert im *Börsenblatt* nachzulesen. Schon heute findet diese neue Form des Content-Erwerbs täglich millionenfach statt, und zwar kostenlos im Internet. Kochrezepte, Gartentipps und Reiseziele – das Internet substituiert inzwischen einen erheblichen Teil der klassischen Hobby-, Freizeit- und Reiseliteratur. Auch die Inhalte geistes- und naturwissenschaftlicher Fachbücher werden nur noch partiell erworben. Schon in diesem Jahr wird man sie in digitalen Copyshops seitenweise erwerben können. Damit setzt sich eine Tendenz fort, die mit der Digitalisierung begonnen hat: Der Buchmarkt wird zum Markt für Texte.

In jüngster Zeit haben Mediamärkte Interesse nicht nur am Verkauf von E-Book-Readern gezeigt. »Unser Interesse ist es, auch den Content mit anzubieten«, teilte Eva Simmelbauer, Pressesprecherin von Media Markt, im Frühjahr 2009 im *Börsenblatt* mit. Dennoch droht von diesen Vertriebskanälen nicht die größte Gefahr für das stationäre Sortiment. Stattdessen ist wohl Google ernsthaft zu fürchten. Das Unternehmen hatte im Sommer 2009 bekanntgegeben, in den Handel mit lieferbaren Büchern einsteigen zu wollen. Das würde zwar in erster Linie Amazon und andere Online-Buchhändler treffen, mittel- und langfristig aber auch den stationären Buchhandel.

Im Januar 2009 zählte der Börsenverein 3953 Mitglieder aus dem Sortiment. Genau zehn Jahre früher waren es noch 4847. Der Verein hat also in dieser Zeit 18,5 Prozent seiner Mitglieder im Buchhandelsbereich verloren; dies geschah nicht aus Unzufriedenheit, sondern aufgrund der Aufgabe vieler Läden. Die Expansion der Filialisten, die nun vermutlich an ihre Grenzen gestoßen ist, und das Wachstum des Internet-Buchhandels haben in zehn Jahren fast 900 buchhändlerische Unternehmen vom Markt verdrängt.

Angesichts dieser Zahlen und Entwicklungen wird derzeit gern und häufig vom Tod des gedruckten Buches und vom Sterben der Buchhandlungen und Verlage geredet. In diesem Zusammenhang möchte ich trotz aller Entwicklungen der letzten Jahre anmerken, dass unsere Branche älter ist als die katholische Kirche und in ihrer über 2500-jährigen Geschichte in Europa schon andere Wandlungsprozesse erlebt und bewältigt hat. Sie wird sich auf die digitale Revolution einstellen, sich dadurch aber verändern. Dieser Strukturwandel wird nicht allen gefallen und mancher Marktteilnehmer wird ihm zum Opfer fallen. Aber dafür werden neue Unternehmen, neue Formate, Produktions- und Betriebsformen entstehen.

Es wird daher viel Phantasie und Tatkraft aufgebracht werden müssen, um den Strukturwandel zu bewältigen, in dem sich der stationäre Buchhandel befindet.

»*MAN ENTDECKT KEINE NEUEN ERDTEILE, OHNE DEN MUT ZU HABEN, ALTE KÜSTEN AUS DEN AUGEN ZU VERLIEREN*«

DIESES starke Diktum des französischen Nobelpreisträgers für Literatur André Gide ist ein geeigneter Ausgangspunkt für einige Mutmaßungen über die Entwicklung der Verlagslandschaft im digitalen Zeitalter, denn es fordert zu neuen Denkansätzen geradezu heraus.

Vor wenigen Wochen bin ich in meiner Bibliothek eher zufällig auf einige Tonkassetten aus meiner Zeit als Verlagsvertreter für Klett-Cotta gestoßen. Unter dem Reihentitel *Cottas Hörbühne* startete der Verlag 1986, angeregt durch erste Erfolge des Hörbuchs in Amerika, die Produktion von Hörkassetten. Klett-Cotta war damit der erste deutsche Publikumsverlag mit einer eigenen Hörbuchreihe. Das bunt gemischte Programm mit Titeln von Woody Allen, Gottfried Benn, B. Traven, Goethe, Karl Valentin und vielen anderen Autoren sowie hervorragenden Sprechern und Regisseuren hatte leider keinen Erfolg. Ab 1990 erschienen nur noch vereinzelte Titel, 1993 wurde die Reihe ganz eingestellt. Im selben Jahr gründete Klett-Cotta gemeinsam mit den Verlagen Hanser, Suhrkamp, Kiepenheuer & Witsch und anderen den ersten Verlag, der ausschließlich Hörbücher herausgab, den Hörverlag, der 1995 bereits mit seinem ersten Programm reüssierte und heute das größte Unternehmen seiner Art in Deutschland ist. Zu dieser Zeit boomte der Hörbuchmarkt in Amerika, so wie heute der für E-Books. Insofern liegt die Vermutung nahe, dass der Zeitpunkt für die Markteinführung der E-Books und E-Book-Reader in Deutschland nicht besser hätte gewählt werden können. Zwar lassen die ersten Verkaufserfahrungen auf diesem jungen Markt keine große Euphorie aufkommen, derzeit ist aber auch das Angebot noch sehr beschränkt. Das wird sich mit Sicherheit schnell ändern.

Die Zukunft könnte so aussehen, dass sich in absehbarer Zeit einige große Publikumsverlage zusammenschließen werden, um einen gemeinsamen Verlag zu gründen, der, wie damals beim Hörbuch, einzig und allein E-Books auf den Markt bringt. Für eine solche Verlagsgründung sprechen mehrere Gründe. Dieser Verlag würde, finanziell entsprechend ausgestattet und mit medientechnisch kompetentem Personal versehen, vermutlich aus dem Stand die Marktführung übernehmen. Außerdem hätte er einen direkten Zugriff auf viele attraktive Titel. Vor allem aber würden sich in einem so aufgestellten Unternehmen von Beginn an völlig neue Produktions- und Distributionsstrukturen entwickeln, die dem E-Book angemessen sind und die in den traditionellen Buchverlagen noch nicht in ausreichender Professionalität vorhanden sind.

Auch wenn es nicht zu einer derartigen Verlagsgründung kommt, werden mit großer Wahrscheinlichkeit Unternehmen entstehen, die nur E-Books verlegen und deren Rechte dann an traditionelle Buchverlage verkaufen. Dies ist – wie wir gesehen haben – in Japan bereits der Fall. Handy-Romane werden zu gedruckten Büchern, wenn sie ihre digitale Vermarktungsstufe erfolgreich durchlaufen haben.

Aus der Marktentwicklung des Hörbuches kann in diesem Zusammenhang noch eine andere Schlussfolgerung gezogen werden. Die Geschichte dieses Mediums begann in den zwanziger Jahren des letzten Jahrhunderts mit der Verbreitung der Schallplatte. In dieser Zeit wurden neben Musik auch viele Dichterlesungen auf Schallplatten produziert. Thomas Mann, Erich Kästner und viele andere Autoren waren damit zu jeder Zeit und an jedem Ort zu hören. Bis zur Markteinführung von Klett-Cottas *Hörbühne* war das Hörbuch also eine Domäne der Plattenindustrie. Erst mit der Gründung des Hörverlags wechselte das Hörbuch endgültig von der Musik- in die Verlagswirtschaft, wo dann auch seine Erfolgsgeschichte begann. Analog zu dieser Entwicklung könnten sich gänzlich branchenfremde Unternehmen des E-Books annehmen, Unternehmen aus dem weiten Feld der IT-Industrie, die über die entsprechende technologische und distributive Kompetenz verfügen. Dies wären Firmen, die den Buchhandel nicht bräuchten, weil ihr Kunde vermutlich einzig und allein der Endverbraucher wäre.

Der traditionelle Buchverlag hat schon heute mehrere Möglichkeiten, eine Erstveröffentlichung auf den Markt zu bringen, beispielsweise als Hardcover, Paperback oder Taschenbuch. »Vielleicht wird es schon in wenigen Jahren Titel geben, die nur als E-Book erscheinen, andere werden in digitaler *und* gedruckter Form angeboten werden, und die dritte Gruppe könnte aus besonders schön gestalteten Büchern bestehen, die den Reiz der Exklusivität nicht zuletzt daraus ableiten, dass sie eben nicht im Netz verfügbar sind. Dann würde das E-Book das Buch entzaubern und gleichzeitig zu seiner Reauratisierung beitragen.« Dieser Vermutung, die Hubert Spiegel bereits am 29. August 2008 in der *FAZ* geäußert hat, kann ich mich nur anschließen. Das E-Book eröffnet den Verlagen die Möglichkeit, den Inhalt in einer neuen Form auf den Markt zu bringen. Wenn in den Verlagen die Produktions- und Vertriebskompetenz für E-Books vorhanden und eine solide Kundschaft dafür entstanden ist, liegt es nahe, wie in Japan bestimmte Inhalte für spezielle Zielgruppen zunächst als E-Book zu produzieren. Über eine weitere Vermarktung entscheidet dann – wie heute beim Hardcover – der Erfolg oder Misserfolg des Titels.

In seinem Beitrag zur Zukunft der Verlage im *KulturSPIEGEL* aus dem Oktober 2008 begründete Helge Malchow, der Verleger von Kiepenheuer & Witsch, seine Überzeugung von der Überlebensfähigkeit der Verlage im digitalen Zeitalter so: »Es gibt unzählige Manuskripte, im Vergleich dazu schaffen es sehr wenige, gedruckt zu werden. Um diese Auswahl zu treffen, braucht es die Arbeit der Verlage. Daran wird die Form der Veröffentlichung nichts ändern.« Tatsächlich kennt die Geschichte der Buchkultur so gut wie keine Beispiele einer erfolgreichen Vermarktung von Werken durch ihre Autoren. Die Autorenverlage von Lessing und Klopstock in der zweiten Hälfte des 18. Jahrhunderts sind kläglich gescheitert und haben kaum Nachahmer gefunden. Allein Stephen King konnte im Jahr 2000 mit seiner Kurzgeschichte *Riding the Bullet*, die er zum Herunterladen ins Internet gestellt hatte, einen Erfolg verbuchen. Mehr als 700 000 Leser nutzten sein Angebot. Dennoch blieb dieses Beispiel eine Ausnahmeerscheinung. Das könnte sich selbstverständlich ändern, wenn ein Käufermarkt für E-Books entstanden ist. Gerade junge Autoren, die im Zeitalter der Digitalisierung aufgewachsen sind, könnten ohne großen finanziellen Aufwand ihre Werke ins Netz stellen und auf medialen und ökonomischen Erfolg hoffen. Auch Autoren, die mit der Betreuung ihrer Werke durch Verlage nicht zufrieden sind, könnten auf die Idee der Selbstvermarktung im Netz kommen. Dennoch folge ich Helge Malchows optimistischer Prognose, denn ein gedrucktes Buch ist ein allemal stärkerer Ausweis für die Werthaltigkeit eines Inhaltes als ein instanzloses Digitalprodukt. Hier spielt mit Sicherheit auch der hohe Qualitätsstandard eine Rolle, der in Deutschland traditionell für das gedruckte Buch gilt. In Druck, Papier, Einband und Design gehören Bücher aus Deutschland weltweit zu den Spitzenprodukten. Möglicherweise hängt das ja damit zusammen, dass die Schwarze Kunst in Deutschland erfunden wurde.

Im Schuljahr 2008/2009 hat der Direktor der Berliner Grundschule an der Bäke, Jens Haase, »das Ende der Kreidezeit« ausgerufen. Seine Schule ist seitdem komplett mit sogenannten Whiteboards ausgestattet. Das sind weiße, interaktive Schultafeln, auf denen nicht mehr mit Kreide, sondern mit einem elektronischen Stift geschrieben wird. Whiteboards erlauben alle Funktionen eines Computers, sie können also auch als riesige Bildschirme genutzt werden. Und selbstverständlich kann man mit ihnen im Internet surfen. Die meisten Whiteboards verfügen außerdem über eine Touch-Screen-Funktion.

Auf meine Frage, ob nun auch das Ende der Schulbuch-Zeit vor der Klassentür stünde, haben mir mehrere Schulbuchverleger versichert, dass sie technologisch darauf vorbereitet seien. Die Daten wären sowieso digital vorhanden und man könne einen E-Book-Reader für Schüler schnell mit den entsprechenden Inhalten aufladen. Nur die Lehrer seien auf das digitale Schulbuch noch nicht vorbereitet, ja nicht einmal bei der Ausbildung künftiger Pädagogen nähme man die technologischen Entwicklungen der Jetztzeit hinreichend zur Kenntnis – ganz abgesehen davon, dass bisher so gut wie keine Curricula auf der Basis digitaler Schulbücher entwickelt worden seien. Die Angst der Lehrer und Professoren vor den ihnen technisch überlegenen

Schülern und Studenten sei wohl die Ursache für den abgebremsten Digitalisierungsprozess in unserer Pädagogik.

Andere Länder scheinen in dieser Frage schon weiter zu sein. Man hört immer wieder Gerüchte aus China, dass dort Schulkinder bald mit E-Books ausgestattet werden sollen. Und dieser Tage ließ der kalifornische Gouverneur Arnold Schwarzenegger offiziell verlauten, dass in seinem Bundesland das gedruckte Schulbuch sehr bald abgeschafft werde. Schulbücher seien »veraltet, schwer und teuer«. Und Kalifornien sei der »Weltmarktführer in Technologie und Innovation«, also müsse es bei der Einführung von E-Books in Schulen vorangehen. Für eine Generation, die das Lesen mit einem interaktiven E-Book und das Schreiben mit einem elektronischen Stift lernt, wird das gedruckte Buch vermutlich nichts mehr als ein Relikt aus verschwundenen Zeiten sein.

Die aktuellen Probleme einer den Buchverlagen nahestehenden Branche zeigen deutlich, dass die Einschläge auch für unsere Branche näher kommen. Die in Amerika tobende Diskussion um das Aussterben der gedruckten Tageszeitungen spiegelt eine dramatische Situation wider, die auch auf den Buchmarkt übergreifen könnte.

Steve Ballmer, seit 2000 Geschäftsführer von Microsoft und mit einem auf 11 Milliarden Dollar geschätzten Privatvermögen einer der reichsten Menschen der Welt, prophezeite im August 2008 im Gespräch mit der *Washington Post*, dass es spätestens in zehn Jahren keine gedruckten Tageszeitungen mehr geben werde. Bis dahin werde die »ganze Welt der Medien, Kommunikation und Werbung umgekrempelt«, und anstelle gedruckter Zeitungen würden Nachrichten im Netz gelesen.

Tatsächlich befindet sich die amerikanische Presse in der größten Krise ihrer Geschichte. Ausgerechnet ein Jahr nach der Gründung eines 450 Millionen Dollar teuren und über 75 000 Quadratmeter großen Museums der Tagespresse, des *Newseums*, in bester Lage Washingtons, sind die Aktienkurse, Vertriebserlöse und Werbeeinnahmen so gut wie aller amerikanischen Zeitungen drastisch eingebrochen. Beilagen werden eingestellt, Mitarbeiter entlassen, Zeitungen verkauft oder geschlossen. Nur noch ein Drittel aller jungen Menschen zwischen 18 und 24 Jahren greifen in Amerika wenigstens einmal in der Woche zur Tageszeitung, und auch bei den Älteren nimmt der Tageszeitungskonsum von Jahr zu Jahr ab. Nach Berechnungen amerikanischer Experten hat das Internet die Tageszeitung als Hauptinformationsquelle bereits überholt. Dies geht auch am Qualitätsjournalismus in Amerika nicht spurlos vorbei: Immer mehr Tageszeitungen schließen aus Kostengründen ihre Rechercheabteilungen. Dieser letale Prozess wird dadurch beschleunigt, dass viele Nachrichtenmedien die Meldungen und Berichte von Qualitätszeitungen einfach kopieren und für die eigene Berichterstattung verwenden. »Es kann nicht sein, dass nach aufwendiger Recherche Berichte entstehen, die andere im Internet suchen, finden und für eigene monetäre Zwecke nutzen. Oder dass Journalisten in Kriegen und Krisen ihr Leben aufs Spiel setzen, und andere durch ›Abgreifen‹ im Netz davon profitieren«, beschwerte sich Michael Segbers von der *dpa* unlängst im Berliner *Tagesspiegel*. Der Dienst GoogleNews unterstützt die journalistischen Plagiatoren, indem er die Nachrichten der Welt thematisch in umfangreichen Listen zusammenführt und leichter auffindbar macht.

Obwohl die Buchverlage noch nicht annähernd so von der Digitalisierung betroffen sind wie die Musikindustrie oder die Zeitungsverlage, sollten wir nicht aus den Augen verlieren, dass die ehemals wichtigste Marke unserer an Markenprodukten nicht besonders reichen Branche bereits der Konkurrenz aus dem Internet weichen musste – die Brockhaus Enzyklopädie.

DIE WELT DER BUCHKULTUR
WIRD EINE GOOGLE-WELT – WENN WIR UNS NICHT DAGEGEN WEHREN

WENN man den Namen Google googelt, tauchen mehr als zweieinhalb Milliarden Suchergebnisse auf – in 0,11 Sekunden. Wem wird bei dieser Korrelation nicht schwindlig? Die *Times* kürte Gutenberg 1997 zum Mann des Jahrtausends, und es würde niemanden wundern, wenn man in neunzig Jahren die Google-Gründer Larry Page und Sergei Brin zu den Männern des 21. Jahrhunderts wählen würde. Google ist unter wirtschaftlichen, kulturellen und technischen Gesichtspunkten das wohl erstaunlichste Phänomen des Internetzeitalters. Mit seinem kostenlosen Suchmaschinendienst, mit Google News, Google Maps, Goole View, Google Mail, der Google Bildsuche, Google Videos und YouTube, das auch zum Giganten gehört,

Google Kalender und vielen anderen Diensten, die das kalifornische Unternehmen anbietet, kommt man an dem multifunktionalen und globalen Dienstleister im Netz kaum noch vorbei.

Der Anspruch des Unternehmens, »die Informationen der Welt zu organisieren und allgemein nutzbar und zugänglich zu machen«, lässt Google in Verbindung mit seinem Motto »Don't be evil« als Wohltäter erscheinen. Aber schon die Tatsache, dass die werbefinanzierte Suchmaschine weltweit geschätzte 80 Prozent aller Suchanfragen organisiert, macht stutzig. Und Googles Versuch, sich als größte Bibliothek der Welt und neuerdings auch als globaler Buchhändler zu etablieren, führt zu skeptischen Überlegungen. Denn Google ist längst aufgebrochen, um aus der Welttextmasse das größte Werbeumfeld aller Zeiten zu generieren. »Die Firma Google betreibt ihr planetares Kleinanzeigenkraftwerk, indem sie Dämme einreißt«, befand Peter Glaser am 24. November 2008 in der *Berliner Zeitung*. »Das Unternehmen verwandelt das Wissen der Welt in einen gigantischen Reklamerand ... Google macht die Buchkultur zu einer untergeordneten Funktion seines globalen Geschäftsmodells.« Und dabei geht das populärste Unternehmen der Welt mitunter recht rabiat vor.

Mit dem erklärten Ziel der Digitalisierung aller jemals erschienenen Bücher begann Google 2004, die Buchbestände führender amerikanischer Bibliotheken einzuscannen. Inzwischen beteiligen sich auch europäische Bibliotheken an diesem Projekt, in Deutschland ist die Bayerische Staatsbibliothek mit von der Partie. Etwa sieben Millionen Bände befinden sich derzeit in Googles Online-Bibliothek. Das Einverständnis der Bibliotheken erkaufte sich Google mit der Überlassung der Digitalisate, die Kosten für die Scanvorgänge übernahm das kalifornische Unternehmen.

Auf den ersten Blick eine sogenannte Win-win-Situation, oder auf Deutsch: Jeder hat etwas davon. Wirklich jeder? Nein, nicht wirklich, denn die von Google eingescannten Bücher lassen sich grob in drei Kategorien einteilen. Bei der einen Gruppe handelt es sich um urheberrechtsfreie Werke, also Bücher, deren Autoren über siebzig Jahre tot sind. Diese Texte darf jeder ungefragt reproduzieren und kommerziell verbreiten, sofern er dabei nicht die Rechte anderer, beispielsweise die von Übersetzern, verletzt. Hinter diese Gruppe von Büchern können wir also einen Haken machen. Aber schon bei der zweiten Kategorie wird es kritisch. Hierbei handelt es sich um sogenannte verwaiste Werke. Darunter sind vergriffene Bücher zu verstehen, deren Autoren oder Rechtsinhaber nicht mehr auffindbar sind. Diese Bücher unterliegen zwar noch urheberrechtlichen Bestimmungen, sind aber rechtefrei, weil keine Anspruchsberechtigten auszumachen sind. So sieht es jedenfalls Google – im Gegensatz zum geltenden Urheberrecht. Die dritte Gruppe setzt sich aus Titeln zusammen, die teilweise sogar noch lieferbar, also ganz zweifellos durch das Urheberrecht geschützt sind.

Google hat zwischen diesen sehr unterschiedlichen Rechtsverhältnissen keinen Unterschied gemacht und eingescannt, was in den Bibliotheken vorhanden war, ohne bei den Rechtsinhabern die Genehmigung dazu einzuholen. Unter den von Google eingescannten Büchern finden sich schätzungsweise 100 000 Werke deutscher Autoren. Im Jahr 2005 haben schließlich fünf große amerikanische Verlage mit Unterstützung der Association of American Publishers wegen der zahlreichen Urheberrechtsverletzungen Klage gegen Google eingereicht. Auch die Author's Guild, die Vereinigung amerikanischer Autoren, klagte. Google selbst findet sich zu Unrecht auf der Anklagebank, schließlich arbeite man an einer gigantischen Archivierung des verschriftlichten Weltwissens. Eine Topmanagerin von Google, Marissa Mayer, erklärte in diesem Zusammenhang, Googles Digitalisierungsprojekt könne man mit der Bedeutung der Mondlandung vergleichen. Wer gegen eine solche Mission das Urheberrecht ins Feld führe, hätte die Vision von Google nicht verstanden.

Die amerikanische Autorenvereinigung hat im Namen der Autoren eine Sammelklage eingereicht, eine sogenannte »Class Action«. An dieser Stelle wird es etwas kompliziert, denn die Besonderheit dieser Class Action besteht nach amerikanischem Recht darin, dass eine Entscheidung dann für alle Betroffenen gilt, also auch für alle nichtamerikanischen Autoren. Selbstverständlich wurden für diesen Rechtsstreit die besten und teuersten Anwälte beschäftigt, so dass sich allein die Anwaltskosten im Lauf des Verfahrens für jede Streitpartei auf mehrere Millionen Dollar summierten. Daraufhin trafen sich die Kläger und die Beklagte zu Verhandlungen, um einen Vergleich zu erzielen. Dadurch trat der amerikanische Verlegerverband faktisch der Class Action bei. Am 18. Oktober reichten die Parteien ihren Vergleichsvorschlag, das sogenannte »Google Settlement«, beim South District Court in New York ein.

Das Google Settlement hat einen Umfang von 334 Seiten und ist eine im Detail nur für juristische Experten verständliche Vereinbarung. Deshalb sollen hier nur die wichtigsten Inhalte des Vergleichsvorschlages erwähnt werden. Danach darf Google vergriffene Bücher – also auch solche, die noch nicht urheberrechtsfrei sind – in jeder Form zugänglich machen, auch als E-Books. Google kann Werbung auf Seiten mit Buchinhalten und Datenbankzugriffe für institutionelle Nutzer wie Bibliotheken und Hochschulen verkaufen. Google darf auch lieferbare Bücher zu den oben genannten Zwecken nutzen, wenn die Rechteinhaber dem ausdrücklich zustimmen.

Dafür trägt Google die Kosten des Rechtsstreits in Höhe von etwa 45 Millionen Dollar. Weiter zahlt Google 60 Dollar pro Buch an jeden Rechtsinhaber, der anschließend entscheiden kann, ob Google das Werk kommerziell verwerten darf. Falls Autor oder Verlag dem zustimmen, erhält der Rechtsinhaber 63 Prozent der von Google erwirtschafteten Erlöse. Ferner finanziert Google die Einrichtung eines Registers, mit dessen Hilfe Verlage und Autoren künftig ihre Rechte anmelden können. Insgesamt soll sich Googles finanzielle Leistung auf etwa 125 Millionen Dollar summieren.

Das klingt auf den ersten Blick nach einem fairen Deal. Man muss dabei aber bedenken, dass Google sich mit diesem Betrag faktisch die Verwertungsrechte an über sieben Millionen Büchern sichert, für alle Zeiten und für etwa 18 Dollar pro Buch. Und ist diese Vereinbarung erst einmal unter Dach und Fach, wird Google vermutlich weitere Vereinbarungen über die Bücher anstreben, die das Unternehmen noch einscannen wird. In jedem Fall aber wird Google mit diesem Vergleich zum weltweit größten Inhaber von Rechten an gedruckten Büchern. Der Vorsitzende des deutschen Übersetzerverbandes Hinrich Schmidt-Henkel hat den Fall im *Börsenblatt* kommentiert: »Übrigens führe man sich einmal vor Augen, was der Casus Google im Kern bedeutet: Ein Konzern begeht einen Rechtsbruch und will ihn im Nachwege gerichtlich sanktionieren und weltweit verbindlich machen lassen. Nationales und internationales Recht sollen ausgehebelt und durch ein ›Eigenrecht‹ ersetzt werden, das für die speziellen Unternehmenszwecke maßgeschneidert ist, zum Nutzen und Frommen des Börsenwerts ... Wenn Google nicht doch noch von Gerichten oder von der Politik gestoppt wird, liegt ein bemerkenswerter Fall von funktionierender Kleptokratie und der Übernahme der Legislative durch die Wirtschaft vor – etwas zivilisatorisch höchst Bedenkliches.«

Gegen die Vereinbarungen des Google Settlements kann Einspruch erhoben werden, worüber am 7. Oktober 2009 vor dem South District Court verhandelt werden soll. Der Ausgang dieses Verfahrens ist also derzeit nicht mit Sicherheit abzuschätzen. Deutsche Rechtsexperten sind sich noch nicht einig, ob das Google Settlement rechtswirksam wird. Wenn dies geschieht, liegt es letztlich an den Verlagen und Autoren, aber auch an den privaten und institutionellen Nutzern, ob und wieweit sich Google mit seinem neuen Service am Markt behaupten kann.

Google tritt dann als größter Bibliothekar und globaler Buchhändler auf und wäre seinem Ziel, »die Informationen der Welt zu organisieren und allgemein nutzbar und zugänglich zu machen«, ein großes Stück näher gekommen. Ob zu unser aller Wohl, das wird sich dann noch zeigen.

DIE OPEN-ACCESS-BEWEGUNG VERTRITT EIN BERECHTIGTES ANLIEGEN, BENUTZT ABER POPULISTISCHE ARGUMENTE UND FAVORISIERT FEHLGELEITETE MODELLE

MACHEN wir uns nichts vor: Die internationalen Buchkonzerne aus den STM-Disziplinen (Science. Technology, Medicine) haben ihre oligopolartige Stellung im Bereich der wissenschaftlichen Zeitschriften im letzten Jahrzehnt dazu genutzt, die Schraube bei den Bezugspreisen so stark anzuziehen, dass viele Bibliotheken ihre Abonnements abbestellen mussten. Quasi in Notwehr und befördert durch die neuen Kommunikationsmöglichkeiten im Internet hat sich innerhalb der Wissenschaftsgemeinschaft eine Bewegung entwickelt, die für eine kostenlose Verbreitung wissenschaftlicher Inhalte im Netz plädiert und unter dem Namen Open Access bekannt geworden ist. Dagegen ist zunächst nichts einzuwenden. Es steht selbstverständlich jedem frei, Inhalte zum kostenlosen Download ins Netz zu stellen. Dabei ist nur zu bedenken, dass das Internet aus einem riesigen Meer von Informationen besteht und dass es Instanzen bedarf, die diese Informationen prüfen und organisieren. Genau in dieser

Frage ist es zum Streit zwischen den Hochschulen und einer Allianz der Wissenschaftsorganisationen einerseits, vielen Fachbuchautoren andererseits und schließlich den traditionellen Anbietern wissenschaftlicher Texte, also den Verlagen, gekommen.

Die Hochschulen und Wissenschaftsorganisationen fordern »eine für den Leser entgeltfreie Publikation ... von Forschungsergebnissen, die durch den Einsatz öffentlicher Mittel und damit zum Nutzen der Forschung und Gesellschaft insgesamt erarbeitet wurden«, heißt es in einer »Gemeinsamen Erklärung der Wissenschaftsorganisationen« vom 25. März 2009. Dies ist auch das stärkste und immer wieder ins Feld geführte Argument: Es könne nicht angehen, dass staatlich subventionierte Forschungsergebnisse nach ihrer Publikation von staatlichen Institutionen wie Bibliotheken mit einem erneuten Einsatz staatlicher Mittel von Verlagen gekauft werden müssen. Daraus leitet sich die Forderung vieler staatlicher Hochschulen und Forschungseinrichtungen ab, ihre wissenschaftlichen Mitarbeiter sollen die Ergebnisse ihrer Forschungen auf institutseigenen Servern kostenlos zur Verfügung stellen.

Diese Argumentation klingt auf den ersten Blick schlüssig. Nur wie sieht es mit den vielen materiellen Produkten aus, die staatlich subventioniert werden: Kohle, landwirtschaftliche Produkte und Schiffe – um nur einige Beispiele zu nennen. Wer kommt hier auf die Idee, eine kostenlose oder kostenreduzierte Abgabe von den Herstellern zu fordern, weil der Staat die Produktion subventioniert hat? Wie im Bereich der Kunst setzt sich seit Jahren auch in der Wissenschaft ein Trend durch, der das Recht an immateriellen Gütern und somit auch an ihrem Wert relativiert und schließlich auf eine Enteignung der Urheber hinausläuft.

Die Forderung nach einer kostenlosen Publikation wissenschaftlicher Forschungsergebnisse auf hauseigenen Servern verstößt außerdem gegen Artikel 5 Absatz 3 des Grundgesetzes, der dem Forscher das unentziehbare Recht verleiht, selbst zu entscheiden, ob, wo und wie er seine Werke veröffentlichen möchte. Deshalb greift diese Forderung tief in die aus gutem Grund gesetzlich verankerte Wissenschaftsfreiheit ein. Man kann aus der staatlichen Finanzierung der Forschung, anders als bei der privatwirtschaftlichen Auftragsforschung, eben nicht ableiten, dass diese Ergebnisse wissenschaftlichen Forschens zum Eigentum des Finanziers, also des Steuerzahlers oder des Staates werden. Der Eigentümer der Forschungsergebnisse bleibt immer noch der Wissenschaftler selbst – so will es auch das Grundgesetz.

Der Inhaber des Lehrstuhls für Arbeitsrecht und bürgerliches Recht an der Ludwig-Maximilians-Universität in München, Volker Rieble, hat in diesem Zusammenhang in der *FAZ.NET* vom 28. April 2009 noch auf ein anderes Problem hingewiesen. Staatlich finanzierte Universitäten oder Forschungseinrichtungen, die die Arbeiten ihrer Mitarbeiter auf eigenen Servern erstveröffentlichen, würden damit gewissermaßen zu Staatsverlagen. »Für eine ›öffentlich-rechtliche Grundversorgung‹ mit wissenschaftlichen Fachzeitschriften, finanziert vom Steuer- oder Studiengebührenzahler, fehlt die verfassungsrechtliche Grundlage.« Die Aufgaben staatlicher Forschungseinrichtungen enden dort, wo »über den eigenen ›Werk- und Wirkbereich‹ der Universität hinaus Wissenschaftspublizistik betrieben wird. Das ist keine gesetzliche Aufgabe der Universität und mithin verboten – schon nach den Landeshochschulgesetzen ... Solange eine gesetzliche Grundlage fehlt, wird man den Großforschungseinrichtungen die Berechtigung zu wissenschaftsverlegerischer Betätigung absprechen müssen.«

Das vielleicht größte Missverständnis in dieser Diskussion ist jedoch, dass es sich bei Open-Access-Publikationen um kostenlose Veröffentlichungen handele. Sie sind zwar für den Nutzer kostenfrei, keinesfalls aber kostenneutral für die Institution, die sie veröffentlicht. Auch eine Open-Access-Publikation muss formatiert und gestaltet werden. Man muss zu ihrer Speicherung Server zur Verfügung stellen, die gekauft, gewartet und gehostet werden müssen. Dazu sind eigene Mitarbeiter oder fremde Dienstleister zu bezahlen. Kaum jemand wird ernsthaft bezweifeln wollen, dass privatwirtschaftliche Unternehmen diese Leistung unter dem Strich kostengünstiger erbringen als staatliche Institutionen. Ganz abgesehen davon, dass im Falle einer institutionellen Selbstveröffentlichung die Universität als staatlich subventionierter Konkurrent der Privatwirtschaft auftritt – letztlich ohne finanzielles Risiko und mit all den Folgen, die eine so gestützte Publikationsweise mit sich bringt.

Schließlich soll hier noch darauf hingewiesen werden, dass der Publikation in einem Verlag eine Textbewertung und ein Lektorat vorausgeht, also eine Werkprüfung, die für das Renommee des Forschers von entscheidender Bedeutung ist.

Die S T M -Verlage haben längst aus den Fehlern der Vergangenheit gelernt und bieten der Forschung heute zahlreiche Publikationsmöglichkeiten an. Es fehlt hier der Raum, um die unterschiedlichen Publikationsmodelle von Springer Science + Business Media, Walter de Gruyter und vielen anderen darzulegen, da diese Modelle sehr differenziert sind und in einem lebendigen Wettbewerb miteinander stehen. Jedenfalls ist aus Sicht der Verlage das Thema Open Access kein Streitpunkt mehr, sofern die Universitäten die Freiheit der Forschung und Lehre und die Geltung des Urheberrechts auch bei der Publikation von Forschungsergebnissen anerkennen.

DIE POLITIK WIRD SICH ENTSCHEIDEN MÜSSEN, OB SIE VOR EINER RECHTSMISSBRÄUCHLICHEN REALITÄT KAPITULIERT ODER ORDNUNGSPOLITISCHE MASSNAHMEN ERGREIFT, UM DAS URHEBERRECHT ZU VERTEIDIGEN, OPEN-ACCESS-MODELLEN EINEN VERBINDLICHEN RECHTLICHEN RAHMEN ZU GEBEN UND DIE INTERNET-PIRATERIE ZU BEKÄMPFEN

DIE Kreativitäts- und Kulturwirtschaft trägt 61 Milliarden Euro zum Bruttoinlandsprodukt bei und gehört damit zu den gewichtigsten Wirtschaftszweigen Deutschlands – im Branchenvergleich liegt sie vor der Chemie- und knapp hinter der Automobilindustrie. Dies geht aus dem *Jahrbuch der Kulturwirtschaft* hervor. Schon deshalb sollte die Politik sich darum kümmern, dass die Rechte der Urheber wirksam geschützt werden. Doch eine rein ökonomische Betrachtung wird der Kreativitäts- und Kulturwirtschaft nicht gerecht. Wenn die Gesellschaft will, dass auch in Zukunft kulturelle Inhalte entstehen, dann muss sie sicherstellen, dass die Künstler, die diese Werte schaffen, auch weiterhin dafür entlohnt werden.

Gegen diese Auffassung wird gern eingewandt, dass auch zu urheberrechtslosen Zeiten Kunst entstanden und vermarktet worden ist. Wir müssen also nicht eine kunstlose Zeit befürchten, wenn das Urheberrecht an die Zustände im Internet angepasst, also faktisch abgeschafft würde. Mein Blick in die Geschichte der Buchkultur aber hat gezeigt, dass die Entwicklung des Urheberrechts nicht nur die ökonomische Situation der Autoren verbessert hat. Sie hat vor allem ihren rechtlichen Status entscheidend verändert. Auch in unserer Zeit kann die Mehrzahl der Autoren nicht allein von ihren Werken leben. Aber sie verfügen über das rechtliche Eigentum daran. Sie können darüber frei verfügen und es juristisch abgesichert auf dem Markt anbieten, der letztlich über den Erfolg oder Misserfolg entscheidet.

Trotz aller mahnenden Stimmen und verheerenden Erfahrungen aus der Musik-, Film- und Buchwirtschaft konnte sich die Politik im Frühjahr 2009 nicht entschließen, dem illegalen Kopieren urheberrechtlich geschützter Werke im Internet entgegenzutreten. Im Januar musste die Geschäftsführerin des von illegalen Downloads besonders betroffenen Hörverlags, Claudia Baumhöver, konstatieren, dass es in Berlin »nicht den politischen Willen [gibt], dieses Problem tatsächlich in seiner Fundamentalität zu sehen. Spätestens im Jahr 2020 wird man die Regierung Merkel dafür verantwortlich machen, dass die Kreativen dieses Landes komplett enteignet worden sind.«

Im gleichen Monat schlug Justizministerin Brigitte Zypries nach einem Gipfeltreffen in ihrem Ministerium eine freiwillige Lösung beim Kampf gegen illegale Internet-Downloads vor. Sie lehnte eine stärkere Verantwortung der Internet-Provider ab. »Den Gipfel werteten die Provider nun als Erfolg«, meldete das *Handelsblatt* am 29. Januar. »Eric Berger, Geschäftsführer von Freenet, sieht die Branche nicht in der Verantwortung: ›Ein Betreiber einer Autobahn wird auch nicht dafür haftbar gemacht, wenn jemand die Autobahn benutzt, um zu einer Straftat zu fahren.‹« Was für ein einfaches, eingängiges Bild! Nur fährt man im Internet nicht auf der Datenbahn *zu* einer Straftat. Im Gegenteil ermöglichen die Datenbahnen des Internets erst die Straftaten des illegalen Downloads.

Der *Heidelberger Appell* des Literaturwissenschaftlers Roland Reuß vom 22. März 2009, den drei Monate später bereits 2584 Autoren, Verleger und Publizisten unterzeichnet hatten und dessen Intention vom Börsenverein des Deutschen Buchhandels unterstützt wird, führte zu einem Umdenken der Politik und einer Neubewertung des Problems des illegalen Downloads in der Öffentlichkeit. Der Bundesbeauftragte für Kultur und Medien, Staatsminister Bernd Neumann, hat in einer Grundsatzrede auf den Buchtagen des Börsenvereins des Deutschen Buchhandels am 18. Juni 2009 eindringlich für den Erhalt und die Stärkung des Urheberrechts plädiert und die zuständige Justizministerin unmissverständlich aufgefordert, endlich die notwendigen

Schritte zur Verfolgung der Internet-Piraterie einzuleiten. Inzwischen wurde erkannt, dass dieses Problem auch international angegangen werden muss, und es ist zunächst einmal erfreulich, dass sich nun die Europäische Kommission mit diesem Thema beschäftigt.

Bündnis 90 / Die Grünen schlagen eine sogenannte Kulturflatrate zur Lösung des Problems der Internet-Piraterie vor. Analog zur staatlich geregelten Rundfunk- und Fernsehfinanzierung soll eine monatlich zu entrichtende pauschale Gebühr erhoben werden, die dann an die Urheber geschützter Werke ausgeschüttet wird. Die Grünen sind der Auffassung, dass auf diesem Weg die gegensätzlichen Interessen der Verbraucher und der Künstler auf faire Weise austariert werden. Ein von den Grünen in Auftrag gegebenes Gutachten kommt zu dem Ergebnis, dass eine Kulturflatrate zwar grundsätzlich verfassungskonform ist, jedoch gegen das deutsche Urheberrecht verstößt, das zu diesem Zweck geändert werden müsste.

Faktisch würde die Einführung einer Kulturflatrate die Kapitulation des Gesetzgebers vor der im Internet herrschenden Rechtlosigkeit bedeuten. Die medienpolitische Sprecherin der Bundestagsfraktion der Grünen, Grietje Staffelt, versuchte im April 2009, diese Bankrotterklärung schönzureden:»Wir wollen die Nutzer von Tauschbörsen entkriminalisieren.« Grietje Staffelt lässt dabei völlig unberücksichtigt, dass eine Kulturflatrate nicht nur den Diebstahl durch einzelne Bürger legalisiert, sondern auch die mafiosen Strukturen, die diesen Diebstahl erst ermöglichen.

Warum kommt eigentlich niemand auf die Idee, eine Benzinflatrate zu fordern, oder eine Flatrate für Lebensmittel oder für Mineralwasser, das doch als nationale Ressource eigentlich allen Bürgern gehört? Hier zeigt sich erneut das gegenwärtige Missverhältnis im Umgang mit materiellen und immateriellen Gütern. Die große Errungenschaft eines ausgeprägten Immaterialgüterrechts droht zum Opfer eines Zeitgeistes zu werden, der die Eigenschaften *billig* oder *kostenlos* zum Grundrecht erheben möchte.

Die Einführung der Kulturflatrate würde für die Künstler ihre Enteignung bedeuten, denn sie würde das private geistige Eigentum in ein öffentliches Gut umwandeln. Der Urheber kann nicht mehr darüber entscheiden, wie und in welchem Umfang sein Werk genutzt werden darf. Bei einer Kulturflatrate würde die Unterschiedlichkeit geistiger Leistungen unberücksichtigt bleiben. Unter ökonomischen

Gesichtspunkten stellt eine Kulturflatrate das schnell zusammenge-
strickte Kochbuch und ein literarisches Hauptwerk, den aktuellen Hit
des Siegers von *Deutschland sucht den Superstar* und eine neu einge-
spielte Symphonie von Bach auf eine Stufe.

Für die Buchverlage und die Musikindustrie würde eine Kulturflatrate den Untergang bedeuten. Wer eine Flatrategebühr von fünf
Euro monatlich bezahlt und sich dafür unbegrenzt im Internet bedienen darf, wird kaum noch Geld für analoge Produkte ausgeben.
Die Kulturwirtschaft hat zwar mit einer gewissen Verzögerung auf die
Digitalisierung reagiert, aber sie hat inzwischen entsprechende Geschäftsmodelle im Rahmen des Urheberrechts entwickelt. Mit iTunes
und Libreka, um nur zwei Beispiele zu nennen, stehen zwei Down-
loadplattformen zur Verfügung, von denen man legal geschützte Inhalte im Netz erwerben kann. Eine Kulturflatrate würde diese von der
Privatwirtschaft entwickelten Geschäftsmodelle torpedieren.

Es kann nicht bestritten werden, dass der gegenwärtige Zustand
der faktischen Rechtlosigkeit im Internet Politik und Gesellschaft vor
unlösbar erscheinende Probleme stellt. Das Internet hat unsere Welt
wie kein anderes Medium verändert. In diktatorischen Systemen ist
es oft der einzige Weg zur Information, Meinungsbildung und zur
Organisation eines legitimen Widerstandes. In freien Gesellschaften
aber prallen der Anspruch auf kostenlosen Zugang zu allen kulturellen
Inhalten und das Recht der Urheber auf ihr geistiges Eigentum und
dessen angemessene Vergütung aufeinander. Die globale Finanzkrise
hat gezeigt, dass die Politik sehr wohl in der Lage ist, globale Probleme energisch anzugehen. Die Politik wird sich entscheiden müssen,
ob sie das Eigentumsrecht an immateriellen Gütern sichern oder vor
einer rechtsmissbräuchlichen Praxis kapitulieren will.

Bundespräsident Horst Köhler hat in einem Interview mit dem
Börsenblatt seine Meinung dazu eindeutig formuliert: »Das Urheberrecht schützt nicht nur den kulturellen Wert schöpferischer Leistungen, sondern auch ihren materiellen Wert ... Ich finde es nicht gut,
dass viele inzwischen durch die Möglichkeiten des Internet einen
Anspruch auf kostenlose Nutzung künstlerischer und geistiger Produktion zu haben glauben. Das ist eine Art geistiger Ausbeutung oder
gar Enteignung. Letztlich wird die künstlerische und geistige Vielfalt
Schaden nehmen, wenn die Schöpfer oder Erfinder der Inhalte davon
selbst keinen angemessenen Nutzen haben.«

AUSGERAUBTE LITERATUR

Wer einzelne Themen der Buchkultur ver-
tiefen möchte, sei auf die weiterführenden
Fachbücher von Marion Janzin / Joachim
Güntner und Reinhard Wittmann verwiesen,
deren Lektüre für mich unverzichtbar war.
Nicht ins Quellenverzeichnis aufgenommen wurden zahlreiche Artikel aus
Tages- und Wochenzeitungen, die im Text
selbst nachgewiesen sind.
Ich danke allen Vordenkern für ihre wertvollen Anregungen.

BELLETRISTIK

Vespasiano da Bisticci, *Große Männer und
Frauen der Renaissance. Achtunddreißig
biographische Portraits*, München 1995.
Umberto Eco, *Der Name der Rose*,
München 1986.
Daniel Kampa, Daniel Keel (Hrsg.), *Warum
lesen? Warum nicht? Gedanken und Sprü-
che*, Zürich 2008.
Else Lasker-Schüler, *Der Prinz von Theben
und andere Prosa*, München 1986.
Martial, *Epigramme*, Düsseldorf;
Zürich 2002.
Martial, *Epigramme*, Frankfurt am
Main 2000.

SACHBÜCHER, BIOGRAPHIEN,
NACHSCHLAGEWERKE &
AUSSTELLUNGSKATALOGE

Jan-Pieter Barbian, *Der Börsenverein in den
Jahren 1933 bis 1945.* In: *Der Börsenverein
des Deutschen Buchhandels 1825-2000.
Ein geschichtlicher Aufriss*, Frankfurt am
Main 2000, S. 91–117.
Konrad F. Bauer, *Aventur und Kunst*, Frank-
furt am Main 1940.
Sven Birkerts, *Die Gutenberg Elegien. Lesen
im elektronischen Zeitalter*, Frankfurt am
Main 1997.
Karl Corino (Hrsg.), *Gefälscht! Betrug in
Literatur, Kunst, Musik, Wissenschaft und
Politik*, Nördlingen 1988.
Digitale Bibliothek, Sonderband, *Legendäre
Lexika* (Brockhaus, Herder, Herloßsohn,
Meyer, Pierer), Berlin 2006.
Digitale Bibliothek, Bd. 55, *Geschichte des
Altertums* (Droysen, Mommsen, Burck-
hardt, von Pöhlmann, Meyer), Berlin 2004.

Wolfgang Drews, *Gotthold Ephraim Lessing:
In Selbstzeugnissen und Bilddokumenten*,
Reinbek 2005.
Wolfgang Emmerich, *Paul Celan*,
Reinbek 1999.
Paul Englisch, *Meister des Plagiats oder die
Kunst der Abschriftstellerei*, Berlin 1933.
John Felstiner, *Paul Celan. Eine Biographie*,
München 1997.
Egon Friedell, *Kulturgeschichte der Neuzeit.
Die Krisis der europäischen Seele von
der Schwarzen Pest bis zum Weltkrieg*,
München 1965.
Stephan Füssel, *Gutenberg und seine Wir-
kung*, Frankfurt am Main 2004.
Stephan Füssel, *Johannes Gutenberg*,
Reinbek 2007.
Fritz Funke, *Buchkunde. Ein Überblick über
die Geschichte des Buches*, Wiesbaden
2006.
Susanne Gaschke, *Klick: Strategien gegen die
digitale Verdummung*, Freiburg 2009.
Réginald Grégoire, Léo Moulin, Raymond
Oursel, *Die Kultur der Klöster*, Stuttgart
und Zürich 1995.
Matthias Hageböck, *Kunst des Bucheinban-
des. Historische und moderne Einbände der
Herzogin Amalia Bibliothek*, Berlin 2008.
Eva-Maria Hanebutt-Benz (Hrsg.), *Die Kunst
des Lesens. Lesemöbel und Leseverhalten
vom Mittelalter bis zur Gegenwart*, Frank-
furt am Main 1985.
Michael Heinemann, *Georg Friedrich Händel*,
Reinbek 2004.
Fritz Hemburg (Hrsg.), *Abenteuer des Lesens.
Jahrbuch der Raubdrucker*, Büxenstein 1986.
Georg Holzherr, *Die Benediktsregel. Eine
Anleitung zu christlichem Leben*, Düsseldorf
und Zürich 2000.
Erik Hornung, *Geist der Pharaonenzeit*,
München 1992.
Marion Janzin, Joachim Güntner,
*Das Buch vom Buch: 5000 Jahre Buch-
geschichte*, Hannover 2007.
Bruno Kaiser (Hrsg.), *Der gefälschte Don
Quijote. Literarische Missetaten aus drei
Jahrhunderten*, Berlin 1957.
Thomas Keiderling, *Geist, Recht und Geld.
Die VG Wort 1958-2008*, Berlin 2008.
Peter Krawietz u. a. (Hrsg.), *Gutenberg
– aventur und kunst. Vom Geheimunter-
nehmen zur ersten Medienrevolution*,
Mainz 2000.
Horst Kunze, *Das große Buch vom Buch. Eine
Geschichte des Buches und des Buchgewerbes
von den Anfängen bis heute*, Berlin 1983.

Wilhelm H. Lange, *Das Buch im Wandel der Zeiten*, Frankfurt am Main 1951.

Christoph Links, *Das Schicksal der DDR-Verlage. Die Privatisierung und ihre Konsequenzen*, Berlin 2009.

Alberto Manguel, *Eine Geschichte des Lesens*, Berlin 1998.

Richard Mummendey, *Von Büchern und Bibliotheken*, Darmstadt 1984.

Hugh Barr Nisbeth, *Lessing. Eine Biographie*, München 2008.

Pierre-Joseph Proudhon, *Was ist das Eigentum? Untersuchungen über den Ursprung und die Grundlagen des Rechts und der Herrschaft*, Graz 1971.

Matthias Quercu, *Falsch aus der Feder geflossen. Lug, Trug und Versteckspiel in der Weltliteratur*, München 1964.

Tim Renner, *Kinder, der Tod ist gar nicht so schlimm! Über die Zukunft der Musik- und Medienindustrie*, Berlin 2008.

Michael Roesler-Graichen, Ronald Schild (Hrsg.), *Gutenberg 2.0 – Die Zukunft des Buches*, Frankfurt am Main 2008.

Frank Rossi, *Die Brille. Eine Geschichte der Sehhilfen*, Leipzig 1989.

Wolf-Dieter Roth, *Piratensender. Geschichte und Praxis*, Baden-Baden 2004.

Gisela Schmalz, *No Economy. Wie der Gratiswahn das Internet zerstört*, Frankfurt am Main 2009.

S. H. Steinberg, *Die schwarze Kunst. 500 Jahre Buchwesen*, München 1958.

Wilfried Stroh, *Latein ist tot, es lebe Latein! Kleine Geschichte einer großen Sprache*, Berlin 2008.

Siegfried Unseld, *Goethe und seine Verleger*, Frankfurt am Main 1991.

Peter Weidhaas, *Zur Geschichte der Frankfurter Buchmesse*, Frankfurt am Main 2003.

Reinhard Wittmann, *Geschichte des deutschen Buchhandels*, München 1991.

WISSENSCHAFTLICHE & JURISTISCHE LITERATUR

Walter Bappert, *Wege zum Urheberrecht*, Frankfurt am Main 1962.

Horst Blanck, *Das Buch in der Antike*, München 1992.

Roger Chartier, Guglielmo Cavallo (Hrsg.), *Die Welt des Lesens. Von der Schriftrolle zum Bildschirm*, Frankfurt am Main 1999.

Severin Corsten u. a. (Hrsg.), *Lexikon des gesamten Buchwesens*, Stuttgart 1987.

Annette Dortmund, *Römisches Buchwesen um die Zeitenwende*, Wiesbaden 2001.

Andreas Fingernagel (Hrsg.), *Romanik, Geschichte der Buchkultur Bd. 4/1 und 4/2*, Graz 2007.

Eberhard Fuchs, *Urheberrechtsgedanke und -verletzung in der Geschichte des Plagiats unter besonderer Berücksichtigung der Musik*, Stuttgart 1983.

Otto Mazal, *Geschichte der Buchkultur, Bd. 1: Griechisch-römische Antike*, Graz 1999.

Otto Mazal, *Geschichte der Buchkultur, Bd. 3: Frühmittelalter*, Graz 2003.

Alfred Noe (Hrsg.), *Geschichte der Buchkultur, Bd. 6: Renaissance*, Graz 2008.

Louis Pahlow u. a. (Hrsg.), *Grundlagen und Grundfragen des geistigen Eigentums*, Tübingen 2008.

Fedor Seifert, *Von Homer bis Richard Strauß. Urheberrecht in Geschichten und Gestalten*, Wilhelmshaven 1989.

Moritz Sondheimer, *Vespasiano da Bisticci: ein Florentiner Handschriftenhändler des fünfzehnten Jahrhunderts*. In: Conrad Höfer (Hrsg.), *Von Büchern und Menschen. Festschrift. Fedor von Zobeltitz zum 5. Oktober 1927*, Weimar 1927.

Alois Troller, *Immaterialgüterrecht*, Basel 1983.

Elmar Wadle (Hrsg.), *Historische Studien zum Urheberrecht in Europa*, Berlin 1993.

Hans Widmann, *Geschichte des Buchhandels vom Altertum bis zur Gegenwart*, Wiesbaden 1952.